ullstein

Das Buch

Die Sehnsucht nach Abenteuer und Wildnis hat Matt Graham seit frühester Kindheit geprägt. Seit er fünfzehn Jahre alt ist, verbringt der Survival-Experte jedes Jahr sechs Monate allein in der Wildnis von Utah. Er ist Triathlet, Rock-Climber und der zurzeit weltbeste Athlet in der Disziplin des Atlatl – dem Schleudern prähistorischer Speere. Er jagt mit dem Langbogen, beherrscht Judo, Tae Kwan Do, Wushu Kungfu und gerbt Leder mit einer Lösung aus tierischem Hirnsaft.

In seinem außergewöhnlichen Buch nimmt Matt Graham den Leser mit auf eine Reise in die Steinzeit, in das Herz der Wildnis. Er schildert seine größten Outdoor-Abenteuer und erklärt, was es bedeutet, ein Leben als Jäger und Sammler zu führen und sich völlig abgenabelt von jeglicher Zivilisation durch die Wildnis zu schlagen. Überdies verrät er uralte Überlebenstechniken und zeigt, wie sich das Verhältnis des Menschen zur Erde und Umwelt verändert, wenn man als Teil von ihr lebt.

Der Autor

Matt Graham unterrichtet »Primitive Skills« an der Outdoor Survival School in Boulder (Utah) und begleitet ein therapeutisches Programm für gefährdete Jugendliche. Wo andere aufgeben, schlägt er sich mit einfachsten Mitteln durch. Der praktizierende Steinzeitler ist einer der weltweit besten Athleten im Atlatl, dem Schleudern prähistorischer Speere.

Josh Young ist Journalist, u. a. für die *New York Times* und das *LIFE Magazine*, und war Co-Autor zahlreicher Sachbücher, von denen fünf auf der *New-York-Times*-Bestsellerliste standen.

MATT GRAHAM
mit JOSH YOUNG

DAS HERZ DER WILDNIS

Meine Abenteuer als Jäger und Sammler

Aus dem Amerikanischen von
Nina Pallandt

Ullstein

Besuchen Sie uns im Internet:
www.ullstein-taschenbuch.de

Die Originalausgabe erschien erstmals im Juli 2015 unter dem
Titel *Epic Survival. Extreme Adventure, Stone Age Wisdom,
and Lessons in Living From a Modern Hunter-Gatherer* bei
Gallery Books, an imprint of Simon & Schuster Inc., New York.

Ungekürzte Ausgabe im Ullstein Taschenbuch
1. Auflage Februar 2017
© für die deutsche Ausgabe Ullstein Buchverlage GmbH,
Berlin 2015 / Ullstein extra
© Matt Graham and Josh Young, 2015
Umschlaggestaltung: zero-media.net, München
Titelabbildung: © Ace Kvale
Satz: Pinkuin Satz und Datentechnik, Berlin
Gesetzt aus der ITC Legacy Serif
Druck und Bindearbeiten: CPI books GmbH, Leck, Germany
ISBN 978-3-548-37684-4

INHALT

Dieses Buch ist all jenen gewidmet, die die Natur als Geschenk betrachten, die auf sie achten, sich an ihr erfreuen, sie bewahren und von ihr lernen wollen.

DAS HERZ DER WILDNIS

Das Leben, das ich führe, unterscheidet sich grundlegend von dem der meisten Menschen, und dennoch ist es ein Leben, aus dem die moderne Gesellschaft entstanden ist. Während die Existenz der meisten dem pulsierenden Rhythmus der Metropolen, den Anforderungen der heutigen Welt unterliegt, einer steten Taktung von Nullen und Einsen, wird mein eigenes von der Natur diktiert und wirkt, zumindest auf den ersten Blick, sehr viel gefährlicher.

In den letzten zwanzig Jahren habe ich die Entwicklung des digitalen Zeitalters weitgehend ignoriert und stattdessen ein Jäger-und-Sammler-Leben geführt, so wie die Menschen es vor Tausenden oder gar Hunderttausenden von Jahren getan haben. Dabei habe ich gelernt, dass die Wildnis ein Ort der Wahrheit ist und eine Bereicherung für jeden darstellt, der bereit ist, sich ihr zu unterwerfen.

Viele Menschen bemühen sich nach Kräften, das Leben zu genießen, und fühlen sich trotzdem leer, ohne genau zu wissen, weshalb. Für mich lag der Schlüssel zum Glück in grünen Wiesen, steinigen Pfaden und wilden Flüssen. Ich musste die Wildnis entdecken und besser begreifen – dieser Entschluss war wie ein Befreiungsschlag für mich. Meine Beine trugen mich an jene Orte, an die ich gehen *musste*. Taten sie es nicht, brauchte ich auch nicht dort zu sein.

Ich begab mich in die Wildnis, lediglich mit einem Lendenschurz und selbstgemachten Sandalen bekleidet und mit einer Decke, einem Steinmesser und einer Tüte Chia-Samen ausgestattet. Einmal habe ich ein halbes Jahr lang ganz allein in der Wildnis gelebt, um meine physischen und mentalen Grenzen auszutesten. Dabei hat mein Körper eine unfassbare Wandlung vollzogen – mein Zahnstein löste sich, mein Atem wurde angenehm süß, und mein Haar wuchs merklich dichter. In der Anfangsphase, als mein Körper all die Giftstoffe ausschied, war ich zu nichts zu gebrauchen, danach jedoch konnte ich unfassbar schnell laufen und aus zwanzig Metern Entfernung mit dem Speer einen Fisch fangen. All meine Sinne waren hellwach, und je härter die Anforderungen an meinen Körper waren, umso besser gelang es mir, Energie aus der Natur zu ziehen.

Den Großteil meines Lebens habe ich autonom gelebt, überall auf der Welt, in traditionellen Wigwams, Erdhäusern oder sonstigen primitiven Hütten ohne Strom und Abwasserversorgung – in den Bergen von Utah, am Fuße des schneebedeckten Grand Canyon, in einer Hütte aus Bananenblättern im Dschungel von Kauai. Ich habe Feuer aus Baumrinde, Kletterpflanzen, Salbeisträuchern, Tamariskenzweigen und dem Sprungbein einer Kuh gemacht, um mich zu wärmen und etwas zu kochen. Um überleben zu können, musste ich zum geschickten Jäger werden. Meine Lieblingswaffe war die Speerschleuder. Ich perfektionierte meine Technik so weit, dass ich sogar den amtierenden Weltmeister schlug.

Ich bin Tausende von Kilometern gelaufen und habe dabei jeden Winkel der Wildnis im Westen der USA erkundet, der mich zu sich rief. Bei meinen Exkursionen trug ich selbstgemachte Sandalen aus Yucca-Fasern, um einen besseren Kontakt zum Boden zu haben. Ich bin durch die Berge der Sierra Nevada gelaufen, durch die Mojave-Wüste, die Sonoran-Wüste, den Grand Canyon, das Tal des Todes und quer durch Kalifornien, stets auf Du und Du mit der Tier- und Pflanzenwelt. Ich hatte es nicht eilig, wollte nicht nur einer von vielen Besuchern sein, der sich nicht anpassen kann. Wenn ich spürte, dass ich an einem Ort etwas lernen sollte, blieb ich tage- oder sogar wochenlang und lauschte, was das Land mir sagen wollte.

Ich will weder prahlen noch anderen meinen Lebensstil aufzwingen, sondern lediglich von meinen Erkenntnissen berichten. Ich will zeigen, wozu Körper und Geist in der Lage sind, wenn man sie an ihre Grenzen bringt, und wie die Natur uns helfen kann, sich ihrer anzunehmen. Ich erhoffe mir, durch meine Erlebnisse den Horizont anderer Menschen zu erweitern.

Eine der wichtigsten Erkenntnisse meines Lebens abseits der Zivilisation ist, dass man wachsamer wird und genauer hinsieht. Wir modernen Menschen – und ich weiß, wovon ich rede, weil ich der Wildnis immer wieder für eine Weile den Rücken gekehrt habe – können derart abstumpfen, dass wir uns nicht länger umsehen und den Wert der kleinen, einfachen Dinge nicht erkennen, die wir direkt vor unserer Nase haben. Wir fahren von der Arbeit nach Hause oder gehen durch die Stadt und können uns nicht einmal die Hälfte dessen merken, was wir unterwegs gesehen haben. Entscheidet man sich jedoch für ein Leben fernab der Zivilisation, ist man gezwungen, seine Umgebung extrem aufmerksam wahrzunehmen. Ich bin überzeugt, dass diese extreme Wahrnehmung dabei hilft, sich selbst besser kennenzulernen und auch die eigenen Beziehungen zu anderen Menschen klarer zu sehen.

In der Wildnis ist alles von essentieller Bedeutung. Ein Moment der Unachtsamkeit kann einen das Leben kosten. Das mag dramatisch klingen, ist aber die schlichte Wahrheit. Ein Leben fernab der Zivilisation streift alles Künstliche ab, mit dem Ergebnis, dass man sich nach der Rückkehr nicht mehr denselben Zerstreuungen hingeben kann. Immer wieder stelle ich an mir fest, dass ich mich meinem Gegenüber mit meiner gesamten Aufmerksamkeit widme und ganz genau zuhöre, was mir derjenige zu erzählen hat, statt darauf zu schielen, ob mir jemand eine SMS schickt. (Ja, ich habe ein Handy.)

Ein Leben in der Wildnis lehrt einen, was man braucht, um am Leben zu bleiben. Sämtliche Sinne sind geschärfter, das Gehör und das Sehvermögen verbessern sich maßgeblich. So etwas kann regelrecht süchtig machen, weil man erst jetzt erkennt, welches Potential in einem steckt – und manch einer will mehr davon.

Genau das fällt mir an den Schülern meiner Survival-Exkursionen auf. Wir begeben uns für einen Monat in die Wildnis, in dessen Verlauf die Schüler eine unglaubliche Entwicklung vollziehen. Manchmal fordern sie sich selbst so sehr, dass sie eine regelrechte Erleuchtung erfahren, gleichzeitig lechzen sie nach Cheeseburgern und einem Eis. Nach ihrer Rückkehr in die Stadt können sie sich alles kaufen, wovon sie wochenlang geträumt haben, aber wenn der Wildnis-Kick erst einmal nachgelassen hat, kommen sie wieder, um ihn sich ein weiteres Mal zu verschaffen.

Hat man erst einmal begriffen, was die Wildnis aus einem herausholen kann, entwickelt man den Drang, dieses Gefühl in den Alltag zu integrieren, auch wenn man nicht sofort seinen Job hinschmeißt und zum Jäger und Sammler wird. Wir wissen, welche Wirkung die Natur auf Großstädter haben kann. Unsere heutige Gesellschaft hat längst den Bezug zu der Erde unter unseren Füßen verloren. Die Mehrzahl lebt in einer Welt aus Stahl und Beton, fernab vom Erdreich. Ich will den Menschen helfen, diese Welt hinter sich zu lassen und wieder Erde unter den Füßen zu spüren.

Also lassen Sie uns auf die Reise gehen. Genießen Sie die Landschaft auf unserem Trip durch den Südwesten der USA. Sehen Sie den Sternenhimmel über den Bergen. Genießen Sie die Stille in den Felshöhlen. Schwitzen Sie vor Angst, wenn ein Puma nachts um Ihr Zelt schleicht. Spüren Sie die Schmerzen, wenn Sie durch einen Meter hohen Schnee im Grand Canyon stapfen. Erleben Sie das Hochgefühl, quer durch Kalifornien zu laufen. Bleiben Sie stehen, um an den Rosenblättern zu schnuppern und sie zu probieren – genauer gesagt, die Knospen. Lernen Sie, wie die Natur das Leben schafft und erhält.

All das ist eine wahre Geschichte, die sich vielleicht gestern, vielleicht aber auch vor Tausenden von Jahren ereignet hat. Das spielt keine Rolle. Auf Du und Du mit der Natur zu sein, das ist es, was zählt. Wenn wir uns zu Fuß auf die Reise machen, werden unsere Fußsohlen ebenso neue Schätze finden wie unsere Herzen.

SURVIVAL-REGEL #1:

FINDE DEINEN EIGENEN WEG

Ich werde alles tun, was nötig ist, um autark und im Einklang mit der Natur zu leben. Ich will leben wie die amerikanischen Ureinwohner (und auf noch primitivere Weise vermutlich sogar unsere frühesten Vorfahren). Ich werde einen Weg finden, meine Bindung zur Erde zu stärken und ihr mehr zu geben, als ich ihr nehme. Auf den ersten Blick scheint das in einer modernen Industriegesellschaft unmöglich, aber ich werde zu zeigen versuchen, dass es sehr wohl möglich ist.

Am einfachsten gelingt der Einstieg, indem man allmählich seine Ansprüche auf ein Minimum herunterfährt. Dadurch gelange ich an einen Punkt, an dem ich losziehen und meinen Einfluss auf die Natur erkennen kann, indem ich mich ihrer bediene, ohne sie zu zerstören.

Die meisten Menschen beuten die Erde gnadenlos aus. Sie fahren mit dem Wagen oder dem Bus zur Arbeit, produzieren Unmengen an Müll und bluten durch ihren Lebensstil die natürlichen Ressourcen aus. Kaum einer tut es aus böser Absicht, sondern weil es schlicht keine Alternative gibt.

Ich habe den Eindruck, dass die Erde allmählich stirbt und ununterbrochen, aber vergeblich versucht, sich davon zu erholen, was die Menschen ihr tagtäglich antun. Mein ökologischer Fußabdruck wird einmal nicht ganz so tief sein wie der von anderen, aber das ist meine ganz eigene Entscheidung.

Dabei möchte ich keinesfalls über all jene urteilen,

die anders leben als ich. Neutral zu bleiben ist ziemlich schwierig, aber diese Lektion gilt im Prinzip für jeden: Man glaubt, über etwas Bescheid zu wissen, und bildet sich ein Urteil, nur um festzustellen, dass man sich eben doch getäuscht hat.

Für mich ist die Wildnis deshalb so faszinierend, weil ich dort fortwährend lerne, dass ich im Grunde gar nichts weiß. Ich bin sicher, dass ich auch eine spirituelle Verbindung finden werde, allerdings mache ich mir keine Illusion darüber, dass es schnell gehen wird. Vielmehr wird es Jahre dauern, bis ich die Zusammenhänge begreife. Aber ich weiß, dass es mir gelingen wird, weil ich bereit bin, mein Leben dabei aufs Spiel zu setzen.

1

EIN GOLDENER SONNENAUFGANG

Ich lag auf einem Felsvorsprung in der Nähe des Clouds Rest, einem schmalen, rund zwölfhundert Meter hohen Granitgrat in gut zweitausendsiebenhundert Metern Höhe. Die Dunkelheit war hereingebrochen. Ringsum lag Schnee. Ich war fünfzehn Meter hoch auf ein Plateau von der Größe einer Parkbank geklettert, in der Hoffnung, dass mich hier oben die Bären nicht erwischten.

Die Erkenntnis, welcher Lebensweg der richtige für mich war, hatte ich einer losen Verkettung von Ereignissen zu verdanken – genau dieselbe, die mich auch hierhergeführt hatte. Als ich sieben war, trennten sich meine Eltern, und meine Mom und ich zogen nahezu jedes Jahr um. Irgendwann – inzwischen war ich sechzehn – zogen wir beim damaligen Freund meiner Mutter ein, dessen Wohnung eine Dreiviertelstunde von meiner Schule entfernt lag. Dies und meine Unlust, den ganzen Tag die Schulbank zu drücken, führten dazu, dass die klassische Schulbildung immer mehr an Bedeutung für mich verlor.

In den normalen Schulbetrieb hatte ich eigentlich nie so richtig gepasst. Zwar war ich unglaublich wissbegierig, aber acht Stunden am Tag in einem Klassenzimmer eingesperrt zu sein und nur eine Stunde draußen herumlaufen und spielen zu dürfen war nicht das Richtige für mich. Das Verhältnis stimmte einfach nicht: Ich musste die Hälfte des Tages im Freien verbringen, und zwar in der Natur, auch wenn ich es damals noch nicht wusste. Im Lauf der Zeit genügte es mir nicht mehr, mit einem Holzschläger einen Ball zu schlagen, auf einem Spielfeld herumzurennen und auf viereckige Polster zu hüpfen; nein, ich brauchte das Runde und Ovale der Natur.

Von meinem Pult aus malte ich mir die Welt draußen aus, um mich nicht so eingesperrt zu fühlen. Ich war schlicht nicht dafür geschaffen, den ganzen Tag bloß trockene Informationen zu verarbeiten. Auf jeder Schule, die ich besuchte, war ich der beste Sportler. Ich war kräftig gebaut, dazu wendig und konnte schnell laufen.

Der Wendepunkt kam sehr früh, in der zweiten Klasse, als wir unsere Geschichtsbücher beim Kapitel über die amerikanischen Ureinwohner aufschlugen. Auch heute noch erinnere ich mich, wie mich die Abbildung einer wunderschönen Speerspitze berührte. Obwohl ich es damals noch nicht ausdrücken konnte, spürte ich, dass der Mensch, der diese perfekt geformte Speerspitze erschaffen hatte, jemand Besonderes gewesen sein musste. Dieses Werkzeug war nicht wie die, die ich aus der Eisenwarenhandlung kannte. Es hatte eine Seele.

Während ich dieses Wunderwerk bestaunte, erklärte die Lehrerin, dass wir uns auch mit dem spirituellen Glauben der amerikanischen Ureinwohner beschäftigen würden, warnte uns jedoch, jene würden »Gott nicht so kennen wie wir«. Dass die amerikanischen Ureinwohner in Gottes Augen angeblich weniger wert waren als wir, machte sie nur noch interessanter für mich. Denn schon damals wusste ich, dass die Welt nicht bloß aus den religiösen Dogmen einer Dorfschule bestand.

Je enger mein Kontakt mit der Natur wurde, umso mehr wuchs meine Distanz zum Schulalltag. Wie die meisten Jungs war auch ich glühender Fan von Superhelden. Superman war cool, aber letztlich war es Tarzan, der mein Herz gewann, weil er in der Wildnis lebte und sowohl die Menschen als auch den Dschungel beschützte. Ich war hin und weg von seinen körperlichen Fähigkeiten und der Tatsache, dass er in perfekter Harmonie mit der Welt rings um ihn herum lebte.

Ich wollte Tarzan sein, auch wenn ich nicht recht wusste, wie ich das bewerkstelligen sollte.

Besonders genoss ich immer die Zeit in unserer Hütte in Lake Arrowhead. Mein Vater war leidenschaftlicher Hobbynaturkundler. Er brachte mir alles Wichtige über Pflanzen bei und nahm mich mit auf die Wachteljagd. Auf unseren langen Wanderungen erklärte er mir die landschaftlichen Begebenheiten und ließ mich an Pflanzen riechen.

Diese Ausflüge und die Wochenenden während des Jahres, wenn meine Mutter mit mir an den Strand fuhr, zeigten mir, wie lebendig ich mich dort draußen fühlte. In den Bergen wie im städtischen Park fühlte ich mich ganz anders als in Gebäuden oder mit Asphalt unter den Füßen.

Menschen verwirrten mich sehr häufig, die Mechanismen der Natur hingegen erschienen mir stets logisch und nachvollziehbar.

Mit siebzehn erlaubten mir meine Eltern, mein Leben selbst in die Hand zu nehmen, und ich zog in den Yosemite Nationalpark. Es war das ideale Alter, um sich mit der Wildnis auseinanderzusetzen. Ich hatte die Kraft der Jugend auf meiner Seite und keine Familie, für die ich sorgen musste. Es war Spätherbst. Ich nahm einen Job in einer Eisdiele an, und als sie zum Saisonende schloss, arbeitete ich die nächsten sechs Wochen in einer Cafeteria. Ich legte mich mächtig ins Zeug und bekam besondere Veranstaltungen und Catering-Events zugeteilt. Das Beste an dem Job war allerdings, dass ich nur an zwei Tagen pro Woche arbeiten musste.

Das gab mir genug Freiheit, die Natur in meinem Lebensrhythmus zu entdecken.

So kam es, dass ich im schlimmsten Schneesturm des gesamten Winters auf einem Felsvorsprung in Gipfelnähe des Clouds Rest landete, mit Bären als einziger Gesellschaft. Und dort oben geschah etwas Seltsames. Statt mich gefangen zu fühlen, überkam mich ein Gefühl der Freiheit, nicht nur, weil ich dort sein *wollte*, sondern weil ich es *musste*. Ich war auf den Clouds Rest geklettert, weil ich gewusst hatte, dass es dort etwas für mich zu entdecken gab.

Etwas, das größer war als ich.

In dieser Zeit stand Wandern im Yosemite ganz hoch im Kurs. An ihren freien Tagen oder Wochenenden packten die jungen Leute aus der Gegend ihren Rucksack, um irgendwo in der freien Natur zu campen. Für mich waren diese Trips bloß Touristenausflüge. Mein erster Rucksacktrip sollte etwas ganz Besonderes, ein etwas verrücktes Abenteuer sein, daher beschloss ich, den Clouds Rest zu erklimmen.

Es war Winter, und ich hatte ein langes Wochenende frei. Überall lag Schnee, bei Temperaturen zwischen höchstens fünf Grad während des Tages und minus zehn Grad nachts. Ich zog Shorts, Socken, Schuhe und eine mitteldicke Fleecejacke an und beschloss, mit minimalem Gepäck loszuziehen: einem besonders leichten, wasserabweisenden Biwaksack, der mir Schutz vor den Elementen bot.

Ich wollte zuerst den Clouds Rest erklimmen und dann weiter zum Half Dome wandern, mit so wenig Proviant wie möglich, um herauszufinden, was das Land mir anbot.

Einst galt der Half Dome als nicht besteigbar. In einem Bericht aus dem Jahr 1865 hieß es, er sei »wahrscheinlich der einzige von all den hohen Bergen des Yosemite, auf den niemals ein Mensch einen Fuß gesetzt hat und wohl auch niemals jemand einen Fuß setzen wird«. Zehn Jahre später bezwang ihn George Anderson, jener Bergsteiger, der auch die Drahtseile verlegte, die heute noch verwendet werden. Mittlerweile kann jeder einigermaßen trainierte Bergsteiger den Gipfel erreichen.

Kollegen hatten mich im Vorfeld gewarnt, der Clouds Rest sei ein heimtückischer Berg und die winterlichen Bedingungen seien viel zu brutal für eine erste lange Wochenendtour, noch dazu, da ich ganz allein losziehen wollte – und in Shorts! Aber ich musste ihn sehen.

Ich rannte den Berg förmlich hinauf. Währenddessen brach ein Schneesturm los. Nach gut elf Kilometern, etwa der Hälfte der Strecke, befindet sich eine Art Basislager, das sich jedoch merklich leerte. Alle strebten ins Tal zurück und warnten mich, der Sturm hätte enorm zugelegt, was mich in meinem Entschluss weiterzugehen nur noch bestärkte.

Etwas trieb mich an, dort hinaufzugehen und den Berg mitten im Schneesturm zu erleben.

Ich kam am Little Yosemite Valley vorbei und schlug den Weg zum Clouds Rest ein. Nach einer Weile erreich-

te ich die Baumgrenze und schließlich einen Aussichts-
punkt gut drei Kilometer unterhalb des Gipfels. Vor mir
erstreckte sich eine weiße Schneelandschaft. Der Schneefall wurde immer schlimmer, die Sichtweite betrug nicht
einmal drei Meter. Da ich mich so schnell bewegte, war
mir trotz meiner Shorts nicht kalt.

Der Berg zog mich geradezu magisch an. Die meisten Menschen hätten die Situation als gefährlich empfunden, ich hingegen verspürte keine Angst um meine
Sicherheit. Das hier war kein idiotischer Egotrip, um
anderen etwas zu beweisen, sondern ich unternahm diese Wanderung ausschließlich für mich. Ich wusste, dass
mir nichts passieren würde, solange ich nur die richtigen
Entscheidungen traf. Ich würde mich nicht in Gefahr begeben und von meiner Angst leiten lassen. Diese Grenze
würde ich keinesfalls überschreiten.

Jeder hat seine ganz eigene Art, mit Angst umzugehen.
Ich bin der Überzeugung, dass Menschen, die fest hinter
ihrem Tun stehen und ehrlich zu sich selbst und ihrer
Umwelt sind, die Angst überwinden können. Es geht
niemals nur um uns allein. Vielmehr steht eine größere
Macht hinter uns, die uns bestimmte Dinge tun lässt.

Die feste Überzeugung, sich auf dem richtigen Lebensweg zu befinden, kann uns helfen, unsere Ängste in den
Griff zu bekommen.

Nichtsdestotrotz ist ein gewisses Maß an Angst durchaus ratsam und auch völlig normal, da es einen davon
abhält, überstürzte Entscheidungen zu treffen; schwierig
und gefährlich wird es erst, wenn man im Begriff steht,
das Falsche zu tun. Unkontrollierbare Angst macht sich
immer dann bemerkbar, wenn man sich zur falschen Zeit
am falschen Ort befindet und unvorbereitet ist. Entweder war man von Anfang an auf dem falschen Dampfer,

oder aber man hat irgendwo unterwegs das Ziel aus den Augen verloren.

Der Schneesturm tobte und tobte, fast an der Grenze zum Whiteout. Obwohl sich der Gipfel des Half Dome unmittelbar vor mir befand, konnte ich ihn nicht erkennen, also ließ ich mich von meinem Gefühl leiten. Wann immer ich an eine Klippe gelangte und nicht weiterkam, machte ich kehrt und schlug eine andere Richtung ein.

Schließlich stand ich vor einer Felswand. Ich lauschte, versuchte zu verstehen, was das Land mir riet. Ab und zu drang ein vereinzelter Lichtstrahl durch das Schneegestöber. Nach einer Weile machte ich eine kleine Kuppe direkt vor mir aus, knapp fünfzehn Meter an der Felswand hinauf.

Augenblicklich war mein Interesse geweckt. Was mochte dort oben sein? Ich beschloss, die schneebedeckte Felswand hinaufzuklettern, was sich als einigermaßen leicht erwies, da die Wand bei weitem nicht so hoch war, wie ich vermutet hatte.

Oben befand sich ein Plateau von etwa ein mal zwei Meter. Ich versuchte auf der anderen Seite nach unten zu sehen. Normalerweise hätte sich mir ein atemberaubender Ausblick auf das gesamte Yosemite Valley geboten, doch im Moment war die Sicht gleich null. Ringsum herrschte nichts als Schneegestöber. Ich ging davon aus, dass die Klippe vor mir steiler war als jene, die ich gerade überwunden hatte, aber das würde ich erst herausfinden, wenn der Schneefall nachgelassen hatte.

Ich beschloss, die Nacht auf dem Vorsprung zu verbringen. Zwar gab es hier überall Bären, aber die würden sich bestimmt nicht über meine Verpflegung hermachen. Ich hatte mir sagen lassen, dass Bären keine Neunzig-Grad-Felswand erklimmen konnten.

Der Schneefall wurde immer dichter, und der Wind frischte noch mehr auf. Ich packte meinen Biwaksack aus und legte mich hin. Angst hatte ich keine, stattdessen war ich lediglich neugierig, was der Sturm mit mir anstellen würde.

Diese Nacht war meine erste Geduldsprobe in der Wildnis. Ich würde die ganze Nacht oder noch länger auf dieser Kuppe ausharren und die Kraft des Sturms respektieren müssen. Ich bekam kein Auge zu. Der Wind war einfach zu heftig. Während die Böen an meinem Biwaksack zerrten, rollte ich mich ganz eng zu einem Ball zusammen. Schutz bot er praktisch keinen, deshalb war ich innerhalb kurzer Zeit nass bis auf die Knochen.

Ich begann zu beten, nicht für meine Sicherheit, sondern um ein Geschenk.

Und mitten im Sturm bekam ich es.

Obwohl ich, völlig durchnässt und ausgekühlt, dort oben lag, mit einem Gefühl, als hätte jemand ein eiskaltes Handtuch über mir ausgebreitet, fror ich nicht. Etwas sagte mir, dass etwas passieren würde, nur wusste ich nicht, was. Ich hatte kein bisschen Angst, eben weil ich auf etwas absolut Außergewöhnliches wartete. Vielleicht darauf, dass die Kuppel abbrechen und davonfliegen würde.

Irgendwann kurz vor Tagesanbruch schlief ich endlich ein.

Als ich die Augen aufschlug, erfuhr ich, woher der Clouds Rest seinen Namen hatte. Die Sonne schien mir ins Gesicht. Ich hob den Kopf und sah einen strahlend blauen Himmel. Auf Höhe des Vorsprungs, auf dem ich lag, erstreckte sich eine scheinbar endlose Wolkendecke. Ich befand mich unmittelbar über den Wolken, die aussahen, als könnte ich aufstehen und über sie hinweggehen. Einen kurzen Moment war ich sogar versucht, es auszuprobieren. Bis heute habe ich nie mehr so etwas gesehen, weder auf einem Berg noch aus einem Flugzeug, das beim Anflug die Wolkendecke durchbricht.

Ich setzte mich auf und betrachtete den Sonnenaufgang. Es war pure Magie. Der Wolkenteppich färbte sich leuchtend orange. Das ganze Spektakel dauerte etwa eine Stunde, dann war die Sonne vollends aufgegangen, und die Wolken hatten ihre gewohnte weiße Farbe wieder angenommen. Der Himmel war klar, weit und breit kein Anzeichen eines neuerlichen Schneesturms.

Ich packte meine nassen Sachen zusammen und verließ meinen Wolkenturm. Am Fuß der Felswand bemerkte ich frische Bärenspuren im Schnee. Offensichtlich hatte einer der Burschen versucht, zu mir nach oben zu gelangen und sich meinen Proviant unter den Nagel zu reißen. Ich bekam ihn nie zu Gesicht und hatte auch nie das Gefühl, ernsthaft in Gefahr gewesen zu sein.

Völlig unversehrt kehrte ich ins Tal zurück, ohne unterwegs einer Menschenseele zu begegnen. Der Sturm hatte sie alle vertrieben.

Ich war an einen Ort gegangen, von dem mir alle abgeraten hatten. Trotzdem hatte ich mein Ziel weiterverfolgt, weil mir eine innere Stimme gesagt hatte, dass ich es tun sollte, um etwas Bestimmtes zu erleben – und dann diesen Sonnenaufgang auf diesem unbeschreiblichen Wolkenteppich gesehen. Dieses Erlebnis war für mich wie ein Zeichen und bestärkte mich in der Entscheidung für meinen außergewöhnlichen, nicht-akademischen Lebensweg. Doch als ich nach meiner Rückkehr versuchte, anderen Menschen von meinem Erlebnis zu erzählen, war es, als würde ich gegen eine Wand reden. Im Vergleich zu dieser einzigartigen Nacht und dem darauffolgenden Morgen fühlte sich die reale Welt plötzlich farblos und leer an.

Der Kontrast war so gewaltig, dass ich anfing, zwischen der künstlichen Welt eines konventionellen Lebens und der Wildnis als der wahren Welt zu unterscheiden. Wenn ich mich ausschließlich mit der Natur beschäftigte, würde ich die Welt stets aus einem anderen Blickwinkel betrachten als alle, die innerhalb der modernen Gesellschaft lebten.

Aber ich war bereit, mich auf diese Reise zu begeben.

2

SPAGAT ZWISCHEN ZWEI WELTEN

Das Ende meiner Jugend schien mich geradewegs in den Abgrund des Erwachsenseins zu katapultieren. Ich war fest davon überzeugt, dass meine Entscheidung, herumzuziehen und die verschiedensten Orte zu erkunden, mich zu einem Leben abseits der Zivilisation führen und schließlich erden würde. Es war meine Version der Rucksacktour durch Europa, um mich selbst zu finden und zu beschließen, welches Leben ich künftig führen wollte.

Eine Wintersaison verbrachte ich in Mammoth Lakes, wo ich einen Job bei einem Skiverleih fand und in meiner Freizeit Wanderungen durch die Wildnis unternahm. Ich kam auf die Idee, sämtliche Nationalparks abzuklappern und immer für ein paar Monate zu bleiben. Ich startete sogar einen Rundruf, um herauszufinden, wo ich einen Job finden könnte. Schließlich bekam ich ein Angebot, als Begleiter auf einem Ausflugsboot im Everglades Nationalpark in Florida zu arbeiten, das ich um ein Haar auch annahm, am Ende aber doch ausschlug, weil ich das Gefühl hatte, die Sierra Nevada noch nicht genau genug kennengelernt zu haben. Die Sierras waren mein Zuhause, deshalb wollte ich sie erkunden.

Ich war mit einem Rucksack voller Vorurteile über das Verhältnis der Menschen zur Umwelt in den Yosemite Park gekommen. Eigentlich fand ich Leute, die mit dem Einkaufskorb auf den Markt gingen, statt Papiertüten zu benutzen, arrogant und affig. Im Yosemite ging es ziemlich »öko« zu. Dies war das erste Mal, dass ich mit dieser Lebenseinstellung konfrontiert war.

Aber das Land verpasste mir einen gehörigen Tritt in den Hintern und lehrte mich eine Lektion: Ob das Verhalten der Leute nun heuchlerisch sein mochte oder nicht, für denjenigen, der mit seiner Jutetasche auf den Markt ging, war es in diesem Moment ein Versuch, die Natur zu schützen und zu bewahren. Ich lernte auch, dass ich meinen eigenen Weg finden musste, die Ideale eines natürlicheren Lebensstils zu leben.

In dem Moment, als ich mich dazu entschloss, spürte ich, wie sich etwas in mir veränderte. Sowie ich anfing, mich mit den sogenannten *primitive skills* – der Fähigkeit, einfachste Waffen herzustellen und das ursprüngliche Leben unserer Vorfahren zu führen – auseinanderzusetzen, suchte ich nach Mitteln und Wegen, im Alltag die Zerstörung der Natur aufzuhalten. Zu dieser Zeit lebte ich im Sequoia National Park. Meine Ernährung war sehr einfach und gesund: Ich aß hauptsächlich Reis, Linsen und wilde Kräuter; prozessierte, also industriell verarbeitete Lebensmittel und jegliche Form von Zucker lehnte ich kategorisch ab.

Außerdem schwor ich mir, mich acht Monate lang in kein Fahrzeug zu setzen. Ich hatte schon immer eine Aversion gegen Autos gehegt und vertrat die Ansicht, dass sie für viele unserer Umweltprobleme verantwortlich waren. Ohne Autos wären die Leute gezwungen, ihrer Umgebung mit größerem Respekt zu begegnen, weil sie tagtäglich mit ihr konfrontiert wären und ihr nicht einfach entfliehen könnten. Die meisten Menschen lieben ihre Autos mit all dem technischen Ausstattungsschnickschnack heiß und innig, aber wer will sich schon mit den Abgasen auseinandersetzen?

Wenn Sie mich fragen, sind Autos und öffentliche Verkehrsmittel nicht nur schuld an der Umweltzerstörung, sondern auch an der mangelnden Fitness und fehlenden Gesundheit der Leute und dem moralischen Verfall der Gesellschaft im Allgemeinen. Jeder Versuch, gegen die Natur anzukämpfen, hat seinen Preis. Während wir versuchen, unsere Bedürfnisse auszubalancieren, müssen wir uns überlegen, welche Kompromisse wir einzugehen bereit sind. Zur Natur zurückzukehren ist ein Versuch, uns selbst zu finden, und Menschen, die so etwas nicht tun, sind am Ende meist unglücklich mit ihrem Leben. Gelingt es Menschen dagegen, diese Balance zu finden, schenkt sie ihnen einen gewissen Seelenfrieden und geistige Gesundheit.

Ich habe sogar versucht, etwas gegen den übertriebenen Einsatz von Autos zu unternehmen. Als Bill Clinton Präsident war, schrieb ich ihm einen Brief, in dem ich ihn bat, mehr Rad- und Laufwege einzurichten, die tatsächlich von A nach B führen, am besten parallel zu Stadt- und Landstraßen. Es erschien mir absurd, dass wir lauter Autobahnen ohne Seitenstreifen bauen, wo niemand Rad fahren oder wandern kann, ohne in Lebensgefahr zu geraten. Wären die Straßenränder mit Rindenmulch ausgelegt, hätte das Ganze gleich ein viel natürlicheres Flair. Außerdem könnte man Wanderwege bauen, die ein wenig abseits der Schnellstraßen verlaufen, so dass Radfahrer und Wanderer ein bisschen mehr von der Landschaft zu sehen bekommen.

Mit seinem Bestreben, möglichst schnelle und praktische Lösungen zu finden, hat der moderne Mensch kurzerhand seine Kunstfertigkeit und seine Bindung zur Natur geopfert. Für mich jedoch gehen diese beiden Begriffe Hand in Hand. Die Natur ist ein künstlerisches Meisterwerk, aber wenn wir die Landschaft mit Hochhäusern und Freeways zupflastern, verlieren wir unweigerlich den Bezug dazu. Finden wir hingegen heraus, wie wir bereichernde Dinge in unseren Alltag integrieren, wie beispielsweise zu Fuß durch einen besonders schönen Ort zu spazieren, können wir uns diese Kunstfertigkeit bewahren. Im Einklang mit der Natur zu leben und nicht jeden Baum sofort zu fällen ist ein Zeichen dafür, dass wir Teil dieses Kunstwerks sein wollen.

Als Folge meines Anti-Auto-Gelöbnisses begab ich mich auf eine dreitägige Lauftour, wobei ich nicht wie üblich vierzig, sondern hundert Kilometer am Tag zurücklegte. Es war eine sehr intensive Erfahrung. Eine solche Strecke war ich bislang nicht einmal annähernd gelaufen.

Nach meiner Weigerung, in ein Fahrzeug zu steigen, hatte ich das Durchhaltevermögen und die Kraft bekommen, etwas zu tun, was nur die wenigsten Menschen schaffen, auch wenn sie noch so gut trainiert sind. Und ich spürte, dass das Laufen meine Instinkte für den Boden unter meinen Füßen geschärft hatte.

Für mein Privatleben war das Ganze jedoch eine echte Herausforderung. Wenn Freunde mich zu einer Party hundertdreißig Kilometer von meinem Zuhause entfernt einluden, joggte ich hin. Schwierig war auch, sich mit einem Mädchen zu verabreden. Selbst die abenteuerlustigsten Frauen hatten keine Lust, acht Kilometer zum Restaurant und wieder zurück zu gehen. Meine Freunde bewunderten mich zwar, konnten aber nicht recht nachvollziehen, wie jemand sich das Leben mit Absicht schwerer machte. Ich hingegen empfand es eher umgekehrt: Dass ich es mir viel leichter machte.

Im Lauf der Zeit hatten sich meine läuferischen Fähigkeiten im Nationalpark herumgesprochen. Anfangs hatte ich in der Reservierung gearbeitet, doch nun bot mir die Parkverwaltung einen Job im Such- und Rettungsteam an, wo ich bei Notrufen eingesetzt werden sollte, bei denen möglichst schnelle Hilfe zu Fuß erforderlich war.

Eines Nachmittags befand sich das Team auf der Suche nach einem verirrten Teenager, der gemeinsam mit seinen Freunden auf einem Tagesmarsch durch den Park unterwegs gewesen war. Er hatte sich von der Gruppe getrennt, war aber nie im Dorf angekommen. Die Suche konzentrierte sich auf das Gebiet, wo er zuletzt gesehen worden war. Tag eins endete ergebnislos.

Als wir auch am zweiten Tag keine Spur von ihm fanden, studierte ich die Karten und fragte den diensthabenden Ranger, ob sie ein Gebiet abgegrast hätten, das mehrere Kilometer vom ursprünglichen Suchradius entfernt lag, worauf er meinte, so weit hätte der junge Mann doch nie kommen können. Ich erklärte ihm, dass er es meiner Meinung nach noch viel weiter geschafft haben könnte.

Normalerweise laufen Menschen, die sich verirrt haben, im Kreis und versuchen, sich zu orientieren. Aber nachdem die Suchmannschaft das Gebiet zwei geschlagene Tage vergeblich kreisförmig durchkämmt hatte, war klar, dass er einen anderen Weg genommen haben musste.

Der Weg, auf dem ich ihn vermutete, führte bergab. Die meisten Menschen gehen lieber bergab als bergauf, wenn sie sich verirren. Auf dem Weg ins Tal war die Umgebung grüner und feuchter geworden, deshalb musste er angenommen haben, dass er hier irgendwo Wasser finden würde. Das war ein logischer Gedanke. Hinzu kam, dass ich selbst einige Zeit mit der Erkundung dieser Gegend zugebracht hatte und mir vorstellen konnte, welchen Weg er einschlagen könnte.

Viereinhalb Tage später fand der Junge eine Straße, wo ihn ein Autofahrer sah – genau in der Gegend, die ich vermutet hatte.

Der leitende Ranger war tief beeindruckt von der Genauigkeit meiner Prognose. Meine Kenntnisse des Terrains in Verbindung mit meinen läuferischen Fähigkeiten und meiner Freude, Menschen aufzustöbern, bestätigten ihn in seinem Entschluss, mich ins »Akut-Team« zu schicken. Gemeinsam mit einem anderen, ebenfalls durchtrainierten Ranger sollte ich dort akute Notrufe entgegennehmen und zu Fuß zur Unglücksstelle laufen oder wandern.

Wochen später ging ein Notruf ein. Ein Teenager war mit einem Freund zu einer Wanderung aufgebrochen, der jedoch zurückgegangen war, weil er zur Arbeit musste. Der andere Junge hatte zwei weitere Nächte in der Wildnis verbringen wollen. Drei Tage waren vergangen ohne ein Lebenszeichen von ihm.

Mein Kollege und ich liefen den Wanderweg ab, die gesamte Strecke im Zickzack bis zu der Stelle, wo er zuletzt gesehen worden war. Unterwegs kamen wir bei einem Wasserfall vorbei, der knapp zehn Kilometer entfernt lag. Etwas sagte mir, dass der Junge hier irgendwo sein musste – teils, weil ich die Landschaft gewissermaßen »lesen« konnte, aber auch aus einem Bauchgefühl heraus.

Verständlicherweise war der Ranger skeptisch. Der Fundort, den ich im Auge hatte, war weit von dem Punkt entfernt, an dem der Teenager das letzte Mal gesehen worden war. Dennoch willigte er ein, haltzumachen und mich ein paar Minuten suchen zu lassen.

Ich fand keine Fußspuren, deshalb verlegte ich mich darauf, das Wasser zu »lesen«. Konzentriert betrachtete ich den nahe gelegenen Wasserfall, während sich vor meinem geistigen Auge ein Bild zusammenfügte.

Okay ... wenn jemand vierhundert Meter stromaufwärts diesen Wasserfall herunterfällt und bewusstlos ist, wo könnte er dann sein? Stromabwärts. Vielleicht unter diesem Felsbrocken dort drüben.

Ich ging ein Stück stromabwärts und kletterte auf den Felsbrocken, als mich ein scharfer Schmerz durchfuhr, als wäre mein Blinddarm gerissen. Ich kletterte über die Steine hinweg auf die andere Seite und versuchte, unter den Felsbrocken zu spähen, während mich der andere Ranger leicht irritiert beobachtete.

Die Strömung war ziemlich stark, deshalb hatte ich Mühe, den Grund des Flusses auszumachen. Ich wechselte die Position, konnte aber nichts erkennen, das nach einer Leiche aussah. Ich zog mein Hemd aus.

»Kann ich reingehen?«, rief ich meinem Kollegen zu.

»Das ist nicht deine Aufgabe«, antwortete er. »Wenn du etwas siehst, müssen wir das Taucherteam rufen.«

»Sehen tue ich nichts, aber ich spüre, dass da etwas ist.«

Wir debattierten noch kurz weiter, aber er bestand darauf, die Taucher zu rufen.

Allerdings warnte ich ihn, dass es nur so eine Ahnung

sei. Ich war einundzwanzig, gerade einmal ein paar Wochen dabei und bei weitem noch kein erfahrener Spurenleser, deshalb wollte ich keinesfalls Ressourcen verschwenden, nur weil ich so eine Ahnung hatte.

Zweifel hin oder her, mein Kollege hatte mich genau beobachtet und war zu dem Schluss gelangt, dass ich recht haben könnte, auch wenn die Chancen nicht allzu groß waren. Außerdem hatten wir sonst nichts in der Hand, also rief er das Taucherteam.

Stunden später fanden sie die Leiche des jungen Mannes genau unter dem Felsen, der mir ins Auge gestochen war.

Es war ein sehr trauriges Ende, doch der leitende Ranger war von meinen Fähigkeiten überzeugt. »Ich habe schon eine Menge Einsätze geleitet und bin ausgebildeter Fährtensucher, trotzdem habe ich keine Ahnung, wie Matt auf die Idee kam, dass unter dem Fels eine Leiche liegen könnte. Ich kann es mir nur so erklären, dass er mediale Fähigkeiten besitzt. Ohne Matt hätten wir den Jungen nie gefunden. Und dafür sind wir dankbar. Die Suche hätte vermutlich zwei Wochen gedauert und eine Million Dollar gekostet, ohne dass etwas dabei herausgekommen wäre.«

Tatsache ist, dass sie den Leichnam niemals gefunden hätten, weil er fast zehn Kilometer entfernt lag. In dieser Gegend gab es praktisch keine Fährten. Wir hatten unsere Suche im Kiefernwald begonnen, aber oberhalb des Wasserfalls bestand der Untergrund zu hundert Prozent aus Granit. Es gibt zwar hochspezialisierte Fährtensucher, die auch Spuren auf Stein finden, aber so ein Experte gehörte nicht zum Team.

Ich bot an, mit den Eltern des Jungen zu sprechen, doch der oberste Ranger meinte, es sei das Beste, sich an die offizielle Vorgehensweise zu halten. »Trotzdem hast du der Familie geholfen. Durch deine Arbeit können sie jetzt von ihrem Sohn Abschied nehmen und die Tragödie verarbeiten«, meinte er.

Die restliche Saison bis Oktober verlief ohne größere Zwischenfälle. In diesen sieben Monaten gab es zwei Suchaktionen, die jedoch bei weitem nicht so dramatisch endeten. Ich blieb beim Such- und Rettungsteam, wo ich weiter meine Arbeit zu Fuß erledigen konnte.

Danach hatte ich das Gefühl, weiterziehen zu müssen. Ich wollte die Wildnis erkunden. Meine gesamte Ausrüstung wog gerade einmal zehn Kilo: ein normaler Schlafsack und ein Biwaksack, ein paar Sachen zum Wechseln, mehrere Paar selbstgemachte Sandalen und eine Handvoll Karten. Ich verstaute alles in meinem Rucksack und joggte nach Osten, in Richtung Sierra Nevada. Ein konkretes Ziel hatte ich nicht.

Am Tag meines Aufbruchs tobte ein für die Saison ungewöhnlich früher und heftiger Schneesturm. Die Sicht betrug gerade einmal drei oder vier Meter. Doch als ich die Berge erreichte, zeigte sich ein Streifen blauer Himmel, der mich über den Pass zu führen schien.

Meinen ersten Stopp legte ich am Kern River Canyon ein, einem herrlichen Tal, das auch den Naturforscher John Muir in Begeisterung versetzt hat. Dieses Tal zählt heute noch zu meinen Lieblingsorten auf der Welt. Von dort aus konnte man den Mount Whitney sehen, mit 4421 Metern der höchste Berg der USA außerhalb Alaskas, dessen Schmelzwasser in den Kern River fließt und spektakuläre Wasserfälle erschaffen hat.

Einer von Muirs Lieblingsplätzen waren die heißen Quellen, die auch ich bereits mehrere Male besucht hatte. Für jemanden mit guter Kondition und Know-how stellt diese Wanderung kein allzu großes Problem dar, und da der nächstgelegene Sammelpunkt fast fünfundsechzig Kilometer entfernt liegt, hat man sie fast immer für sich alleine.

Ich blieb vier Tage, um mich zu sammeln und zu Kräften zu kommen, entspannte mich in den heißen Becken, kochte Tees, sammelte Pflanzen und angelte. Tee aus Kiefernadeln ist ein besonderer Genuss und gehört außerdem zu den gesündesten Tees überhaupt. Man zerdrückt die Kiefernadeln zu einer Art Brei, den man in kochendes Wasser gibt. Er enthält viele Antioxidanzien, die bei regelmäßigem Konsum lebensverlängernd wirken können.

Auf einem meiner Streifzüge begegnete ich einem Mann, der behauptete, er hätte sein Zelt im unteren Teil des Tals aufgeschlagen und sei zu den heißen Quellen gewandert. Ich fragte ihn, wie lange er schon in der Gegend sei. »Vier Wochen«, antwortete er, was ich ihm allerdings nicht ganz abkaufte. Er sah eher wie der typische Geschäftsmann aus und nicht wie jemand, der sich wochenlang durch die Wildnis schlug.

Er erzählte mir, dass er Produzent für Budweiser-Werbespots war und nur deshalb so lange hier hätte bleiben können, weil ein Hubschrauber ihn regelmäßig mit Proviant versorgen würde. An der Stelle, wo ich mein Lager aufgeschlagen hatte, wäre das nicht möglich gewesen, aber er campierte an der Grenze zwischen dem Park und dem Wald, wo ein Hubschrauber durchaus landen konnte.

Ich verbrachte die Nacht bei den heißen Quellen. Wir

zündeten ein Lagerfeuer an und unterhielten uns, wenn auch nur über Banalitäten. Er faselte ununterbrochen von den Budweiser-Spots, die er an den unterschiedlichsten Orten der Welt gedreht hatte; der Mann betrachtete die Umgebung mit völlig anderen Augen als ich. Wir standen vor demselben Wasserfall, der sich über den Granitfels ergoss, doch er maß ihm eine gänzlich andere Bedeutung bei: Während ich mir vor Augen hielt, dass dieser Wasserfall zum Erhalt der Tier- und Pflanzenwelt beitrug, war er für ihn lediglich die perfekte Location für eine Bierwerbung.

Ich blieb etwa eine Woche lang bei den heißen Quellen, dann machte ich mich auf den Weg gen Süden, an der Sierra entlang.

Die Sierras sind ein von Norden nach Süden verlaufender Gebirgszug mit einer steilen Ost- und einer sanfter abfallenden Westseite: Auf der Ostseite sind es vierundzwanzig Kilometer bis zum Kamm, von der Westseite her weit über achtzig. Ich folgte dem Kamm etwa hundertdreißig Kilometer in Richtung Süden, bis zu der Stelle, wo die Mojave-Wüste beginnt.

In einem Städtchen namens Tehachapi machte ich halt. Insgesamt war ich zweihundertzehn Kilometer weit gegangen. Mein Marsch über die Sierra bildete den perfekten Abschluss meines Projekts, mich über mehrere Monate ausschließlich zu Fuß fortzubewegen.

Meine autofreie Lebensphase beendete ich auf eine sehr traditionelle Art: Ich stellte mich an den Straßenrand, streckte den Daumen aus und trampte in Richtung Huntington Beach, wo meine Mutter wohnte.

3

AUF MEINE ART

Ich war hin- und hergerissen. Einerseits hatte ich mich für ein ungewöhnliches Leben entschieden, andererseits war ich blutjung und hatte das Gefühl, meinen Platz in der normalen Welt wiederfinden zu müssen. Es ging nicht darum, möglichst viel Geld zu scheffeln, in meiner Welt war Geld etwas, womit man sich Wünsche erfüllte. Vielmehr versuchte ich, mir darüber klarzuwerden, wo genau ich hingehörte.

Zugegebenermaßen hatte ich mich auf meinem Marsch durch die Sierras manchmal einsam gefühlt. Zwar war ich begeistert, zu lernen, wie die Wildnis auf mich reagierte und ich auf sie, gleichzeitig fehlte mir das Leben in der Stadt, mit meinen Freunden abzuhängen und solche Dinge. Ich wollte nicht gezwungen sein, mich zwischen beiden Welten entscheiden zu müssen, sondern das Beste aus beiden für mich herausholen, wusste aber nicht, ob es möglich war und, falls ja, wie ich es anstellen sollte.

Ich verbrachte den Winter in Huntington Beach, wo ich in der Baufirma meines Vaters arbeitete, der einen Vertrag mit dem Flugzeugbauriesen McDonnell Douglas hatte. Das Leben dort bestand nicht nur aus Stahl und Beton, ich genoss es, am Meer zu leben und surfen gehen zu können. Es war auch eine Art Rückkehr in meine alte Heimat.

Das normale Arbeitsleben war mir durchaus vertraut, schließlich hatte ich nie große Mühe gehabt, einen Job zu finden. Die Menschen mochten mich, weil sie meine Hingabe und meine Entschlossenheit spürten. Arbeitgeber schätzten diese Eigenschaft sehr, aber ich wollte nicht in der Tretmühle bleiben.

Als ich versuchte, wieder Kontakt mit den Leuten von früher aufzunehmen, die mittlerweile verheiratet waren und ihren Jobs nachgingen, begriff ich, dass jeder sein Leben auf eine ganz individuelle Weise führt. Es gibt Abschnitte, in denen man als Einzelgänger lebt und doch nicht allein ist. Zu dieser Zeit befand ich mich in einer Phase, in der ich mich als Persönlichkeit weiterentwickelte und reifte. Ich wollte Teil einer Gemeinschaft sein und Freunde haben, was das Alleinsein nur noch schwieriger machte.

Allein zu sein ist eine Bereicherung, wenn man abseits der Zivilisation lebt und eins mit der Natur sein will, weil man so unglaublich viel zurückbekommt. Auch wenn die Tiere und Pflanzen nicht im eigentlichen Wortsinn mit einem reden, entsteht trotzdem eine Art Kommunikation. Es ist absolut einzigartig. Ist man allein in der Wildnis, versucht man ständig, einen tieferen Sinn zu begreifen, aber es ist niemand da, der einem hilft, ihn wirklich zu begreifen. Selbst die stärksten Persönlichkeiten fühlen sich über kurz oder lang irgendwie einsam.

Nur die allerwenigsten bringen die mentale Stärke und die Geduld auf, die man braucht, um ganz allein zu sein. Ich wusste zwar, dass ich allein leben konnte, hatte aber weder das eine noch das andere, um über einen längeren Zeitraum hinweg für mich zu bleiben.

Die meisten Menschen in meiner Umgebung setzten

»Alleinsein« damit gleich, auf der Couch zu sitzen und Chips zu futtern. Aber ich spreche von etwas völlig anderem. Selbst wenn man ein Buch liest, ist man im Grunde nicht allein, da man in die Gedankenwelt eines anderen Menschen eintaucht. Allein in der Wildnis zu sein ist sehr schwierig. Man ist sich selbst auf Gedeih und Verderb ausgeliefert, muss stets aufmerksam sein und alles wahrnehmen, was um einen herum passiert.

Dass ich nichts besaß und folglich nichts hatte, wofür es sich zurückzukommen lohnte, war hilfreich. Alle meine Habseligkeiten passten in einen Rucksack oder eine Reisetasche. Und was nicht hineinpasste, verschenkte ich. Meine einzige Bindung war die zu einer Handvoll Freunden und zur Natur, deshalb brach ich frohen Mutes auf, obwohl ich immer noch nicht recht wusste, was ich wollte und wohin ich gehörte.

Meine Erfahrungen in der Wildnis verhalfen mir in mancherlei Hinsicht zu einem tiefschürfenden Verständnis, das teilweise weder andere noch ich selbst so richtig begreifen konnten. So dankbar ich für das neu gewonnene und bemerkenswerte Wissen war, führte es mir auch meine wachsende Distanz zum Rest der Gesellschaft vor Augen. Mein Umfeld hatte den Eindruck, ich wollte »kein cooler Typ, sondern so was wie ein Eremit« sein, wie ein Bekannter es ausdrückte. Außerdem fiel mir auf, dass ich immer weniger Freunde hatte und es mir immer schwerer fiel, mich mit Menschen über Alltäglichkeiten auszutauschen.

Manche, denen ich begegnete, stellten sich unter einem »Leben im Einklang mit der Natur« ein primitives Dasein für Leute mit wenig Intelligenz vor. Dabei ist es alles andere als einfach, autark und von der Natur zu leben. Vielmehr ist ein hohes Maß an angeborener und erlernter Intelligenz notwendig, um sich an die natürlichen Veränderungen anzupassen. Gelingt einem dies nicht, wird ein Überleben unmöglich. Erwiesenermaßen steigert ein Jäger-und-Sammler-Leben sowohl das körperliche als auch das seelische Wohlbefinden.

Ein naturnaher Lebensstil kann zudem eine ganze Reihe von Zivilisationskrankheiten heilen. Der renommierte Naturforscher und Ökologe Paul Shepard hat mehrere aussagekräftige Studien über prähistorische Naturvölker durchgeführt, mit dem Resultat, dass Menschen, die über die Jahrtausende hinweg nahezu ausschließlich in einem Jäger-und-Sammler-Umfeld gelebt haben, die Nähe zur Natur brauchen, um emotionales und psychologisches Wachstum zu entfalten.

Von Shepard stammt auch die These, dass die Entwicklung weg vom umherziehenden Jäger und Sammler und hin zum sesshaften Ackerbauern nicht nur unsere Umwelt, sondern auch uns selbst zerstört hat. Indem wir unseren angeborenen Drang, uns in der Wildnis aufzuhalten, negieren, haben wir uns unserer natürlichen Umgebung beraubt, was uns eine Vielzahl psychischer und physischer Probleme und Krankheiten beschert hat.

Ich wusste nur, dass ich meine bereichernden Naturerlebnisse nicht zugunsten irgendeiner Party eintauschen wollte. An diesem Punkt meines Lebens beschloss ich, dass ich mich nicht gegen das Wissen verschließen wollte, das die Natur mir darbot und mit dem ich anderen helfen konnte, sondern vielmehr meiner Berufung folgen, egal, welchen Preis ich dafür zahlte. Ich musste ein besserer Vermittler zwischen Mensch und Natur werden, um anderen die Sprache der Erde näherbringen zu können. Also machte ich es mir zum Ziel, Freunde und andere Menschen mit den Gesetzen der Wildnis vertraut zu machen.

Vor meiner Rückkehr nach Huntington Beach war ich praktisch überall zu Fuß unterwegs gewesen. Ich hatte Kalifornien nicht nur der Länge nach durchquert, sondern auch versucht, es bis in den hintersten Winkel zu erkunden. Überall auf meinen *Hikes*, wie Wildniswanderungen nach englischem Vorbild auch genannt werden, lernte ich neue Menschen kennen. Dabei fiel mir auf, wie sehr sie im Hamsterrad ihrer Existenz steckten und dass sie ihre Freiheit nahezu vollständig eingebüßt hatten. So wie sie wollte ich unter keinen Umständen werden. All diese Menschen waren in einem System gefangen, das ihren Verstand und ihren Körper verkümmern ließ. Das machte mir Angst, und ich schwor mir, niemals in dieselbe Falle zu tappen.

Mittlerweile war ich dem Ziel, mich von der Natur zu ernähren, ohne sie dabei zu zerstören, ein gutes Stück näher gekommen. Aber mit meiner Rückkehr in die Gesellschaft fiel mir auf, wie viele Menschen sich bewusst oder unbewusst daran beteiligten, den Planeten zu zerstören. Also fragte ich mich, was ich als Einzelperson tun könnte, wenn ich mich heraushielt und einfach mein Ding machte. Ich begriff, dass mein Leben nicht nur daraus bestand, meine Beziehung zur Wildnis zu pflegen, sondern dass ich auch andere dazu ermutigen wollte.

Stets wachsam zu sein ist eine der wichtigsten Maximen, die mich das Leben abseits der Zivilisation gelehrt hat. Im Gegensatz zu meinen Freunden, die sich noch nicht einmal die Hälfte der Dinge merken konnten, die sie auf der Heimfahrt oder bei einem Spaziergang durch Huntington Beach gesehen hatten, nahm ich kleinste Details in meiner Umgebung wahr.

Trotzdem achtete ich darauf, nicht zu missionarisch zu werden, sondern lediglich zu zeigen, wie man es machen könnte. Wenn man mich darum bat, ließ ich andere an meiner Liebe für die Natur gern teilhaben und erzählte meine Geschichten all jenen, die sie hören wollten. Mein Hauptaugenmerk legte ich jedoch darauf, diesen Lebensstil aktiv vorzuleben. Jemanden mit Worten überzeugen zu wollen, würde nicht funktionieren, das war mir klar. Ich suchte zwar immer noch nach Antworten, maßte mir aber niemals an, über andere zu urteilen. Stattdessen erschuf ich mir meine ganz eigene Vorstellung von einem umweltverträglicheren Lebensstil. Für mich funktionierte das Ganze, und ich hoffte, dass er auch anderen zusagen würde, wenn sie bereit waren, ihn sich genauer anzusehen. Gleichzeitig wunderte ich mich, wie wenig Interesse ich damit hervorrief, und konnte mich nur fragen, was damit nicht stimmte.

Während ich meine Fähigkeiten immer weiter schulte, wurde ich zum Überlebenskünstler, zum *Survivalisten*: Ich forderte mich unablässig und ging an meine Grenzen. Es war eine Gratwanderung. Jeden Tag lief ich hundertfünf Kilometer vom Death Valley bis in die Sierras. Alle paar Monate saß ich auf einem Berggipfel und fastete einen Tag und zwei Nächte. Ich lief barfuß durch den Schnee, schlief auf dem Holzboden, um meine Knochen und mein Gewebe abzuhärten, und duschte mitten im Winter mit eiskaltem Wasser.

All das hat mir zu der Erkenntnis verholfen, dass die Wildnis mein Lebensweg werden sollte. Ich war so felsenfest von meinem Tun überzeugt, dass ich notfalls auch dafür mein Leben gegeben hätte. Gleichzeitig glaubte ich, dass die Wildnis meine guten Absichten erkannte und mich daher nicht töten würde.

SURVIVAL-REGEL #2:

BEHERRSCHE DEINEN KÖRPER

Da ich kein Auto besitze, konzentriere ich mich auf drei andere, natürliche Fortbewegungsmethoden: Laufen, Klettern und Schwimmen. Wenn ich sie beherrsche, gelange ich überall hin.

Schwimmen ist wichtig, weil ich am Meer aufgewachsen bin und mir lange Strecken sehr liegen, außerdem ist es perfekt, um sich abzukühlen. Es wird Situationen geben, in denen ich ein Gewässer durchqueren muss, um mich in Sicherheit zu bringen.

Klettern ist wichtig, weil die Erde nun mal nicht topfeben ist. Wenn ich nicht lerne, einen Felsen sachkundig zu erklimmen, bringe ich mich bei meinen Exkursionen unweigerlich in Gefahr. Daher muss ich Klettern lernen, um Berge zu überwinden oder einen Felsvorsprung zu erreichen, auf den ich mich zurückziehen kann, damit sich die Tiere nachts nicht über meinen Proviant hermachen.

Laufen ist die wichtigste Fortbewegungsmethode, um von A nach B zu gelangen, weil es mich zu den Orten bringt, die ich erkunden will. Außerdem befähigt es mich, die wichtigsten Aufgaben in der Natur zu bewältigen, wie beispielsweise Nahrung zu jagen oder bei einem Unwetter Unterschlupf zu suchen.

Gleichzeitig wird mir bewusst, dass ich nicht mit der Natur konkurrieren kann, auch wenn ich körperlich in einer noch so guten Verfassung bin. Die Wildnis wird mich zerstören, sollte ich das versuchen. Ich kann mich nicht von einer Klippe stürzen und davon ausgehen, dass ich wie ein Gummiball nach oben katapultiert werde, oder in eine Blitzflut springen und unversehrt wieder auftauchen.

Abgesehen davon ist es völlig sinnlos. Weshalb sollte ich gegen etwas so Schönes, Reales ankämpfen wollen? Gegen etwas, das in Wahrheit ein Teil von mir ist?

Trotzdem lässt sich ein Problem nicht leugnen: So schön die Natur sein mag, so brutal ist sie auch. Das macht den Menschen Angst. Jedoch zwingt uns diese Grausamkeit, stets wachsam zu bleiben, und solange ich meine körperliche Kraft einsetze, um mich mit dieser Tatsache zu arrangieren, statt sie zu bekämpfen, wird mir nichts passieren.

4

MUSKELPROTZ-MATT

Ich litt unter Höhenangst. Die war durch vage Erinnerungen ausgelöst worden, wie ich im Zirkus arbeite
und dabei in den Tod stürze. Ich habe keine Ahnung,
was solche Erinnerungen zu bedeuten haben oder woher
sie kommen. Manche glauben, es hätte etwas mit Rein-
karnation zu tun. Ich weiß nicht recht, was ich glauben
soll, fest steht jedoch, dass diese Gedanken immer wieder
hochkamen. Mir war klar, dass ich meine Höhenangst
überwinden und ein versierter Kletterer werden musste,
wenn ich mit der Natur eins werden und ein Jäger-und-
Sammler-Leben führen wollte.

Die körperliche Seite am Klettern lockte mich, und ich
hoffte, dass mir meine körperliche Kraft helfen würde,
meine Angst zu überwinden. Ich war als Sportler aufgewachsen und führte ein sehr körperbetontes Leben.
Wann immer ich Kletterer sah, fiel mir auf, wie gut sie in
Form waren. *So durchtrainiert will ich auch aussehen*, dachte
ich jedes Mal.

Dies waren meine ursprünglichen Überlegungen, die
jedoch schon bald in den Hintergrund rücken sollten.
Nach einer Weile ging es mir weniger um mich selbst,
sondern um die Kunst des Kletterns an sich. Es wurde
zum Tanz, zur Meditation mit der Felswand. Im Mittel-
punkt stand der Wunsch, der Natur zu lauschen, sich

ihrem Rhythmus anzupassen, und nicht, dem Felsen meine Körperlichkeit aufzuzwingen.

Klettern zu lernen war eher ein mentaler als ein physischer Prozess. Meine einzige offizielle Einführung bestand aus einem Anfängerkurs in einer Bergsteigerschule, wo man mir die Grundkenntnisse im Umgang mit dem Seil und ein paar Sicherheitsübungen beibrachte. Danach fuhr ich einfach ins nächste Tal, wo es genug Kletterer gab, die mir zeigen konnten, wie es ging.

Anfangs erklomm ich die Felswände mittels purer Muskelkraft. Ich stürzte mich darauf wie auf einen sportlichen Wettkampf, als ginge es darum, mein eigenes Körpergewicht zu stemmen oder einen Geschwindigkeitsrekord aufzustellen. Mein Draufgängertum samt mangelnder Eleganz brachte mir unter den Kletterern den peinlichen Spitznamen Muskelprotz-Matt ein, weil ich jede Herausforderung ausschließlich mit Hilfe meiner Oberarme bewältigte.

Damit hatte ich auch noch ein weiteres Hindernis, das es zu überwinden galt.

In meinen Anfängen kam es mehrmals zu dramatischen Vorfällen, meistens dann, wenn ich ohne Seil unterwegs war.

Das erste Mal blickte ich dem Tod ins Auge, als ich mit meinem Freund Jake den El Capitan, den höchsten Monolithen der Welt, besteigen wollte. Erfahrene Kletterer aus der ganzen Welt besuchen den Yosemite Nationalpark, um den gut tausend Meter hohen Granitfelsen zu bezwingen. Nachdem wir den Wanderweg hinaufgegangen waren, beschlossen wir, auf dem Rückweg eine andere Route zu nehmen – über eine steile Felsrinne rechts des Pfades, die sich über die kompletten tausend Meter zog; rein klettertechnisch ein extrem gefährliches Unterfangen. Erschwerend kam hinzu, dass der Fels sehr bröckelig und kalkig war, was das Ganze noch gefährlicher machte, außerdem waren wir beide mit Rucksack unterwegs und damit nicht besonders wendig.

Irgendwann hing ich an einer sogenannten Schuppe, einer schmalen, aus der Wand ragenden Felsplatte, direkt über Jake. Er war technisch wesentlich weiter als ich und arbeitete sich mit den Füßen Meter um Meter abwärts, während ich mich nach wie vor auf meine Oberarme verließ.

Ohne Vorwarnung brach die Schuppe zwischen meinen Fingern ab, und ich fiel, den Stein immer noch in der Hand. Irgendwann ließ ich ihn instinktiv los, um beide Hände frei zu haben.

Ich stürzte sieben oder acht Meter tief die Felswand hinunter, bis mein Rucksack auf einem Felsbrocken aufschlug, und zwar so heftig, dass ich einen Moment lang glaubte, meine Organe wären zerplatzt. Doch damit nicht genug. Durch den Aufprall wurde ich herumgerissen und schlitterte nun bäuchlings weiter den Abhang hinunter.

Hektisch griff ich nach Ästen und Steinen, bekam sie aber nicht zu fassen. Dann endlich konnte ich mich an einem Baumstamm festklammern, ehe ich eine dreißig Meter tiefe Schlucht hinabgestürzt wäre. Dort hing ich, beide Arme um den Stamm gekrallt, mit dem Oberkörper auf dem Felsvorsprung, während meine Beine frei in der Luft baumelten.

»Alles in Ordnung?«, schrie Jake etwa dreißig Meter oberhalb von mir. »Kannst du dich halten?«

»Ja«, rief ich.

»O Mann, ich dachte schon, das wär's gewesen«, meinte er.

Ich auch. Schließlich gelang es mir, mich über die Kante zu stemmen. Dies war meine erste echte Kletterlektion: Die Felswand hatte mich gewarnt, dass ich an meiner Technik arbeiten musste und mich nicht einzig und allein auf meine Kraft verlassen durfte. Der abgebrochene Fels hätte Jake am Kopf treffen können. Und hätte ich den Baumstamm nicht zu fassen bekommen, wäre ich jetzt tot.

Dieses Erlebnis war ein echter Schock, gleichzeitig motivierte es mich. Mein erster Gedanke war, dass ich nie wieder einen Kreidefelsen hinaufklettern würde. Leider gab es in meiner Gegend fast nur Kreidefelsen, und das bedeutete, ich musste anständig Klettern lernen.

Um ein richtig guter Kletterer zu werden, musste ich mich behänder bewegen. Das konnte ich nur im Alleingang lernen; ein Kletterkurs würde mir da auch nicht weiterhelfen.

Ich begann, die Felsen zu studieren. Dazu stellte ich mich an den Fuß einer Wand und starrte sie stundenlang an, um ein Gefühl für sie zu entwickeln. Diese Berge waren Teil der Natur, keine Kletterwand mit Plastikgriffen auf einer Kirmes. Stattdessen hatte Mutter Natur sie über Millionen von Jahren hinweg hervorgebracht und geformt. Ich musste lernen, sie zu respektieren.

Ich beschloss, mich zudem an einfacheren Felswänden ohne Seil zu versuchen, um herauszufinden, wie ich mich am besten bewegen sollte. Auf diese Weise würde ich meine Angst verlieren, es nicht bis nach oben zu schaffen. In dieser Zeit lernte ich, es zu genießen, wie der Fels mich über sich hinwegtrug, und es gelang mir, Klettern als eine Art anmutigen Tanz mit der Natur zu betrachten statt als Überlebenskampf eines Mannes gegen die Elemente.

Die neue Einstellung war hilfreich, aber ich musste auch dringend meine Technik verbessern. Also lernte ich, das Gewicht besser zu verteilen und mich so zu bewegen, wie die Felswand es von mir verlangte. Hat man diesen Punkt erst einmal erreicht, fühlt es sich seltsamerweise an, als würde man der Natur etwas zurückgeben. Alles in der Natur spendet Energie und nimmt sie im Gegenzug in sich auf.

Sagen wir, ein Kletterer arbeitet sich an einer Felsspalte empor, wo Eichhörnchen herumklettern und Pflanzen wachsen. Die Eichhörnchen stehen durch Laute und Bewegungen in steter Kommunikation miteinander, während sie um das Futter rangeln. Pflanzen verfügen über andere Kommunikationsmethoden, die wir bislang noch nicht durchblicken.

Stellen wir uns nun vor, dieser Kletterer bringt einen Ghettoblaster mit, wirft seine Heavy-Metal-Musik an und schwingt sich in die Felswand. Durch sein Wuchten und Stemmen lösen sich einzelne Felsstücke, aber das ist ihm egal. Er klettert einfach weiter. Vielleicht tritt er auf einen losen Felsbrocken, der die Spalte hinunterrollt. Dabei reißt er womöglich die Behausung eines Eichhörnchens oder ein Falkennest mit in die Tiefe. Selbst wenn der Schaden auf den ersten Blick nicht erkennbar ist, jagt er den Tieren einen Heidenschreck ein und sorgt für ein heilloses Durcheinander. Was er natürlich nicht merkt, weil er sich gar nicht darum schert.

Versucht jedoch ein Kletterer mit Konzentration, Aufmerksamkeit und Entschlossenheit die Felswand zu erklimmen, könnte es sogar passieren, dass ein Adler oder ein Falke, der sein ganzes Leben in freier Natur verbracht hat, vorbeifliegt und die Art und Weise bewundert, wie der Kletterer die Felswand bewältigt. Vielleicht beschert ihm der Anblick ja einen tollen Tag. Der Vogel ist Teil der Natur, und der Kletterer gibt der Natur in gewisser Weise etwas zurück, auch wenn sich das ein wenig seltsam anhören mag.

Andererseits ist es gar nicht so abwegig. Als ich anfing, mit etwas mehr Feingefühl zu klettern, flogen häufiger Falken vorbei, die mir zusahen. Das hatte es früher nicht gegeben.

Etwa ein Jahr nachdem ich mit dem Klettern angefangen hatte, fiel mir auf, dass Peter Croft, einer der berühmtesten Kletterer der Welt, immer wieder auftauchte und mir zusah. Wenn ich nach unten blickte und merkte, dass er mich beobachtete, fragte ich mich unwillkürlich, was er von mir denken mochte. Dass ich gleich in den Tod stürzen würde, weil ich ohne Seil dreißig Meter hoch geklettert war? Er sah mir stundenlang zu, aber wann immer ich wieder festen Boden unter den Füßen hatte, war er verschwunden.

Ich wusste von anderen, dass er ein ziemlich schüchterner Typ war. Eines Tages lief ich seiner Frau in der Stadt über den Weg und fragte sie, weshalb er mir zusah. »Er beobachtet dich gern, weil du kletterst, als würdest du den Berg lieben und achten«, meinte sie.

Das war ein Riesenkompliment. Allem Anschein nach war ich von Muskelprotz-Matt zu einem geachteten Kletterer avanciert. Das hatte ich nur der Tatsache zu verdanken, dass es mir gelungen war, der Stimme der Felswand zu lauschen und mich ganz auf sie einzulassen, statt die Natur zu bekämpfen.

Wenn man allzu krampfhaft und mit Gewalt versucht, ein Ziel zu erreichen, kommt man meistens nicht allzu weit; viel befriedigender ist es, wenn man zur Zusammenarbeit bereit ist, sei es mit der Natur oder mit anderen Menschen, selbst wenn es im Zusammenspiel mit etwas Unbeweglichem wie einer Felswand ist. Bei den besten Kletterern merkt man erst, wie schwierig ein Fels war, wenn sie stürzen. Bis zu diesem Augenblick sind sie stets anmutig und völlig entspannt bei der Sache. Nur die Unerfahrenen stöhnen, ächzen, kämpfen, hangeln sich mühsam vorwärts und lassen dabei ihre Technik und Konzentration auf der Strecke – und schaffen es am Ende vermutlich doch nicht. Stattdessen sehen sie wie wirre Spinnen aus, die nicht wissen, wie sie weiterkommen sollen, und mal hierhin, mal dorthin klettern.

Klettern ist wie ein Puzzle. Man betrachtet die ersten drei bis fünf Meter der Felswand und setzt im Geiste seine *Moves*. Wie ist die Abfolge? Wohin lege ich meine Hand? Ich sehe eine geologische Tasche im Stein, entstanden durch eine Pflanze, die eingeschlossen war und verrottet ist. Könnte sie zu instabil sein? Falls ja, muss ich meine Schritte verkürzen, um mich vorsichtig vorzutasten.

Die Gefahr ist beim Klettern steter Begleiter. Selbst als ich an Sicherheit gewonnen hatte, gab es einige heikle Situationen. Die erste war ein Free Solo (also allein und ohne Seil) am Half Dome im Yosemite Park. Von meiner ersten Rucksacktour wusste ich noch, dass es eine einfache Route über die Südseite gab, eine über mehrere hundert Meter verlaufende Quarzader. Nach gut hundert Metern gelangte ich zum neuralgischen Punkt.

Aus dem Kletterführer wusste ich, dass alles vom nächsten Schritt abhing. Man muss eine knapp drei Meter hohe Kante überwinden, um in die Ader zurückzukehren. Beim Klettern mit Seil klinkt man sich hier ein, um im Notfall zur Ader hinüberzuschwingen. Ohne Seil war der Move riskanter als die meisten anderen Klettertouren der Kategorie fünf bis sechs.

Ich hielt inne und versuchte, mich innerlich auf den Move vorzubereiten. Im Geiste konnte ich ihn ganz klar sehen, aber meine Fußposition war nicht stabil genug. Ich beschloss, dass es das Risiko nicht wert war. Also kletterte ich über die Ader zurück bis zum Fuß der Wand.

Das Ganze war ein wenig unbefriedigend, deshalb beschloss ich, eine anspruchsvollere Route nach unten zu nehmen. Statt über den Trail entschied ich mich für eine Schlucht, die ich jedoch rückwärts bewältigen musste, weil sie so steil war. Der Untergrund war ziemlich lose. Das Ganze erinnerte mich an mein Abenteuer am El Capitan, nur war dieser Abstieg technisch deutlich anspruchsvoller.

Etwa auf halber Höhe hatte ich das Gefühl, alles gut im Griff zu haben. Ich entdeckte ein Seil, das an der Wand herabhing. Da das Gelände zunehmend steiler wurde, beschloss ich, es zur Sicherheit zu verwenden. Ich legte die Hand darum und setzte meinen Abstieg fort.

Nach wenigen Metern gab der Granit unter meinen Füßen plötzlich nach, und ich geriet ins Rutschen. Mit der rechten Hand umfasste ich fest das Seil, für dessen Halt ich mittlerweile dankbar war. Das Problem ist, dass ein dreihundert Meter langes Seil ziemlich viel Spiel hat, weshalb ich weiter die Schlucht hinunterrutschte.

Nach sieben, acht Metern merkte ich, dass das Seil immer straffer wurde, so straff, dass ich meine zweite

Hand hinzunehmen musste und schließlich mit meinem ganzen Körpergewicht daran hing. Doch das Seil war so lang und ich klammerte mich mit so viel Kraft daran fest, dass es sich in Gummi verwandelte und mich aus der Schlucht herauskatapultierte.

Wie Tarzan an seiner Liane segelte ich in über zweihundert Metern Höhe über die Felswand des Half Dome. Um nicht gegen den Fels zu knallen, stieß ich mich mit den Füßen ab, so dass ich wie ein Pendel umherschwang. Verzweifelt sah ich mich nach einem Punkt um, den ich ansteuern konnte. Weit und breit war kein Mensch in Sicht.

Ich schwang weiter hin und her. Nach einer Weile dämmerte mir, dass das Seil nicht bis zum Boden reichte und ich hilflos am blanken Felsen des Half Dome festsaß.

Irgendwann entdeckte ich eine Verschneidung – zwei Gesteinsplatten, die in einer innen liegenden Kante aufeinandertreffen – mit einem kleinen Plateau. Mit ein bisschen Glück könnte ich es erreichen und mich hochschwingen, aber ich merkte schnell, dass das Seil mich nicht zum Plateau, sondern zu einer Felsspalte etwa zehn Meter weiter unten beförderte.

Mit voller Wucht prallte ich in die Spalte, schob blitzschnell die Hand dazwischen und klammerte mich fest, dann hob ich die Füße an und schob sie ebenfalls zwischen die Steinplatten. Zumindest konnte ich mich hier einen Moment ausruhen und mir die einfachste Abstiegsroute überlegen. Ich überprüfte das Seil noch einmal, gelangte aber zu dem Schluss, dass es nicht reichen würde.

Das Plateau befand sich lediglich zehn Meter über mir und schien leicht erreichbar. Sicherheitshalber klemmte ich das Seil in der Spalte fest, für den Fall, dass ich es später brauchen sollte, und machte mich an mein Solo in rund einhundertzwanzig Metern Höhe (Schwierigkeitsgrad fünf Punkt acht – für einen unerfahrenen Kletterer mit Seil ziemlich sportlich, ohne Seil jedoch eine echte Herausforderung).

Schließlich erreichte ich das Plateau, zog mich hoch und ging auf die andere Seite, um von dort aus einen leichteren Abstieg zu suchen. Aber es gab keinen. Stattdessen führten sämtliche Wege auf der Direttissima über den blanken Felsen nach unten. Die Spalte, wo ich das Seil zurückgelassen hatte, war der einfachste Weg, allerdings war es zu kurz und daher völlig nutzlos.

Also kletterte ich vom Plateau herunter und in die Spalte zurück. Das Seil ließ ich hängen und machte mich an den Abstieg. Die Klettertour war vorüber. Ich musste es nur noch schaffen, unbeschadet nach unten zu gelangen. Ganz langsam arbeitete ich mich voran, bis ich wieder sicheren Boden unter den Füßen hatte.

Nachdem ich meinen peinlichen Spitznamen abgelegt hatte und ein erfahrener Kletterer geworden war, legte ich eine Kardinalsregel für mich fest: Kein Free Solo an einer Wand, die ich schon einmal mit dem Seil erklommen hatte. Diese Regel brach ich nur ein einziges Mal.

Es passierte auf einer Route, die ich mehrere Male mit dem Seil absolviert hatte. Wann immer ich dort oben war, dachte ich, wie perfekt sie für ein Solo wäre: gut fünf Seillängen (eine Seillänge beträgt sechzig Meter) bei einem Schwierigkeitsgrad von fünf Punkt acht beziehungsweise fünf Punkt neun. Aber der Abwechslung wegen beschloss ich, in der Fünf-Punkt-zehn-Variante zu klettern.

Die Variante lief super. Die ersten fünfzig Meter legte ich an einer schmalen Fingerspalte zurück; ich war sicher, dass es das perfekte Solo wäre. Ich kam an zwei anderen Kletterern mit Seilen vorbei. Für jemanden mit Seil ist es immer ein wenig seltsam, einen Kollegen ohne Seil vorbeiklettern zu sehen.

Dann gelangte ich zum heiklen Teil. Rechts neben einer Spalte befand sich eine Ausbuchtung, die mittels zweier Handklemmen und eines etwas unorthodoxen Reibungsschrittes überwunden werden musste. Ich führte den Move aus. Anfangs hatte ich die Sache noch im Griff, aber sobald ich mich aufrichtete, drohte mein Fuß abzurutschen.

Mein Herz begann zu rasen. *Ruhig Blut*, dachte ich und klammerte mich am Fels fest. Es wäre eine Katastrophe, wenn die Kletterer, die ich gerade überholt hatte, zusehen müssten, wie ich an ihnen vorbei in die Tiefe stürzte.

Direkt über mir musste ich noch eine weitere Ausbuchtung überwinden. Mittlerweile bereute ich meinen Entschluss bereits. Ich hatte meine Regel gebrochen, die ich eigentlich aufgestellt hatte, um fokussiert zu bleiben und meine Ziele nicht aus den Augen zu verlieren.

Ich schaffte es zur nächsten Ausbuchtung. Mein Herz raste immer heftiger. Ich hatte gute zweihundert Meter hinter mir und sah, dass das Ganze viel zu gefährlich war.

Ich schaffte es zwar, heil zurückzukommen, aber dies war das letzte Mal, dass ich gegen meine oberste Regel verstieß.

Jeder verantwortungsbewusste Kletterer sollte sich grundsätzlich die Frage stellen, ob er auch den Abstieg schaffen wird. Jeder einzelne Schritt will wohl überlegt sein. Außerdem muss man sich im Klaren sein, dass es bei jeder Route einen Punkt geben kann – auch wenn man es noch so weit geschafft hat –, an dem man beschließt, dass man nicht weiterkommt und umkehren muss. In diesem Fall steht Sicherheit an oberster Stelle, nicht das eigene Ego. Auch wenn man die Wand wie seine Westentasche kennt, sich selbst muss man besser kennen.

Das Klettern war eine sehr wichtige Phase auf meinem Weg, die Natur besser kennenzulernen. Und ein echtes Vergnügen. Im Fels zu sein, war ein erhebendes Erlebnis und eine der wenigen Erfahrungen, bei der es mir gelang, alle störenden Gedanken aus meinem Kopf zu verbannen und mich stattdessen nur auf eine einzige Sache zu konzentrieren.

In dieser Phase meines Lebens war ich mit Meditation noch nicht vertraut. Deshalb nahm das Klettern diesen Platz ein. Beim Klettern leerte sich mein Kopf so weit, dass ich mich entspannen und voll und ganz der Natur hingeben konnte. Und nur wer sich ganz dem Berg hingibt, kann ein guter Kletterer werden.

Wichtig ist vor allen Dingen, sich von seinen Gedanken zu lösen. Über den körperlichen Aspekt kann der Kletterer gar nicht nachdenken, weil unglaubliches technisches Geschick nötig ist, um die Balance zwischen Händen und Füßen zu wahren. Man muss mit größter Behutsamkeit ans Werk gehen und nicht mit Kraft, sonst ist die Karriere an der Wand sehr kurz.

5

DIE EINSAMKEIT DES LANGSTRECKEN-LÄUFERS

Seit meinem sechsten Lebensjahr ist das Laufen ein fester Bestandteil meines Lebens. Es schenkt mir das Gefühl von Freiheit und dient mir als Fortbewegungsmittel, um die Natur zu entdecken. Mein Vater nahm mich regelmäßig mit zum Joggen, und ich war begeistert, wenn er seine Strecken variierte, damit ich nicht immer dasselbe zu sehen bekam. Schon in diesem Alter wusste ich, dass mir das Laufen ein Lächeln aufs Gesicht zauberte und die perfekte Methode war, um meine Umgebung zu erkunden.

Während der Highschool lief ich leidenschaftlich gern. Ich schaffte vierhundert Meter in zweiundfünfzig Sekunden, während Erwachsene im Vierhundertmeterlauf mit knapp fünfundvierzig Sekunden eine Olympische Goldmedaille bekamen. Aber ich wollte Ebenen durchqueren und Berge hinauflaufen und nicht auf einer Aschebahn um einen Sportplatz rennen. Ich lief nicht um meiner Fitness willen, sondern um meine Umgebung wahrzunehmen, so wie meine Vorfahren.

Als ich mit siebzehn in die Sierra Nevada zog, lief ich jeden Tag, anfangs zehn Kilometer, dann den Half Dome hinauf, insgesamt rund dreißig Kilometer. Ich war der festen Überzeugung, dass niemand mehr als 42,195 Kilometer, sprich die Marathondistanz, laufen konnte. Erst als ich mich eingehender mit dem Laufen und der Frage auseinandersetzte, was es für meinen Lebensstil bedeutete, änderte sich alles von Grund auf.

Als ich anfing, mich ernsthaft fürs Laufen zu interessieren, war das ganze Land im Joggingfieber. Jeder glaubte, laufen zu müssen, was dazu führte, dass eigens Laufschuhe dafür entwickelt wurden. Die Hobbyjogger kauften diese Schuhe massenweise und legten so den Grundstock für einen milliardenschweren Absatzmarkt.

Ich besaß einen Laufschuh, der wie ein Mokassin aufgebaut war, mit minimaler Dämpfung unter den Fersen und ganz ohne im Vorderfußbereich. Man konnte problemlos die Sohle durchbiegen und hatte trotzdem perfekten Halt darin.

Nachdem ich meine Schuhe regelrecht zu Tode gelaufen hatte, kaufte ich mir ein zweites Paar, denen ich ebenfalls den Garaus machte. Doch als ich ein neues Paar brauchte, gab es diese Schuhe plötzlich nirgendwo mehr. Also rief ich beim Schuhhersteller an und fragte, weshalb sie die Produktion eingestellt hätten. Der Kundenberater meinte, zu viele Kunden hätten sich über blaue Flecken an den Fußsohlen beschwert, weil sie auf Steine getreten seien, deshalb hätte man beschlossen, den Schuh vom Markt zu nehmen. Schließlich gab es eine überarbeitete Version mit künstlich aufgepumpter Ferse und dicker Dämpfung am Vorderfuß.

Schon bald wurde der Markt von ähnlichen Schuhen förmlich überschwemmt, allerdings kam ich mit den neueren Modellen überhaupt nicht zurecht. Ich weiß noch, dass ich ein Paar dieser Schuhe mit Gelfüllung in der Hand hielt und dachte: Mit dieser Dämpfung mache ich doch meinen Körper kaputt, weil meine Füße den natürlichen Kontakt zum Untergrund verlieren. Also beschloss ich, mit Alternativen herumzuexperimentieren.

Ich fing an, in meinen Kung-Fu-Schuhen zu laufen, durch deren dünne Sohle ich den Untergrund spüren konnte. Die Idee dazu kam mir, weil ich von meinem Kampfkunsttraining daran gewöhnt war, mit den Händen Holz zu zerschlagen, um möglichst viel Knorpelmasse und Gewebe aufzubauen. Dieses Training beschert Sportlern kräftige, gesunde Hand- und Fingergelenke. Dieselbe Strategie wollte ich bei meinen Füßen anwenden.

Dem Mythos der Sportschuhhersteller nach erhöht eine möglichst starke Dämpfung die Laufqualität. Weil dadurch die Gelenke geschont und Verletzungen minimiert würden. Aus zahlreichen Langzeitstudien wissen wir allerdings, dass mit Laufschuhen eher Verletzungen heraufbeschworen als verhindert werden.

Dr. Irene Davis, Sportwissenschaftlerin an der University of Delaware, hat Läufer in Laufschuhen und barfuß untersucht. Ihre Studie zeigt, dass der Läufer in Laufschuhen als Erstes mit der Ferse auf dem Boden aufkommt, was wiederum eine starke Erschütterung hervorruft, die sich durch das gesamte Bein bis in die Wirbelsäule fortsetzt. Beim Barfußlaufen hingegen ist dieser Aufprall weniger heftig, da der Läufer mit dem Mittelfuß auftritt, was die Erschütterung im Bein verringert.

Dr. Davis und einige ihrer Kollegen haben nachgewiesen, dass Laufschuhe eher schädlich sind, da der Läufer seinen Fuß übermäßig nach innen dreht. Bei einer normalen Innenpronierung trifft die äußere Fersenkante als Erstes auf dem Boden auf, dann rollt der Fuß im Fünfzehn-Grad-Winkel nach innen ab, so dass das Körpergewicht gleichmäßig auf dem Fuß verteilt wird. Wird der Fuß jedoch zu weit innen aufgesetzt, gerät diese Verteilung durcheinander, und der Knöchel stabilisiert den Körper nicht mehr anständig. Beim Barfußjoggen ist die Pronierung jedoch genau richtig.

Durch die unmittelbare Berührung erhalten die Fußsohlen kontinuierlich Informationen vom Untergrund, was dem Läufer erlaubt, sich innerhalb kürzester Zeit an veränderte Gegebenheiten anzupassen. Indem man jeden Teil des Fußes einsetzt, verhindert man Überlastung und schädigende Erschütterungen im Knöchelbereich und in den Beinen. Tritt man mit dem nackten Fuß auf einen Felsbrocken, legt sich die Fußsohle um ihn herum und absorbiert die Erschütterung, wohingegen die harte Sohle des Laufschuhs abrutscht, mit der Folge, dass man sich im schlimmsten Fall sogar den Knöchel verstaucht.

Ich beschäftigte mich schon sehr früh mit dem Barfußjoggen. Nach meinem Umzug in den Yosemite Nationalpark lief ich oft ohne Schuhe, sogar im Winter. Ich stellte fest, dass eine Laufrunde im Schnee ein gutes Konditionstraining war und die Durchblutung förderte. Kalte Füße waren ein Fremdwort für mich, weil die Kapillaren in meinen Fußsohlen unablässig stimuliert wurden.

In dieser Zeit beschäftigte ich mich mit der Frage, welche Sandalen fürs Laufen geeignet wären, und ich fand heraus, dass sie wesentlich besser geeignet waren als irgendwelche schicken Joggingschuhe. Ich fing an, mit unterschiedlichen Materialien zu experimentieren – Yuccafasern, Rohleder, normales Leder, ausgelatschte Flipflops und alte Autoreifen. Ziel war es, Schuhwerk zu finden, das einem Mokassin möglichst nahe kam, um eine natürliche Laufhaltung einnehmen und in ständigem Kontakt mit dem Untergrund sein zu können.

Rohledersandalen sind perfekt zum Laufen. Sie werden aus den Häuten größerer Tiere wie beispielsweise Elchen angefertigt. Entfernt man das Fell nicht, sind sie natürlich viel kuscheliger und eignen sich besonders gut bei Kälte. Die rauen Borsten verbessern die Bodenhaftung auf bestimmten Untergründen wie feuchtem Lehm. Anfangs sind Rohledersandalen knüppelhart, es fühlt sich an, als würde man auf Plastik laufen. Erst nach einer Weile geben sie nach und passen sich den Füßen an.

Die Haltbarkeit von Rohledersandalen hängt von der Qualität des Ausgangsmaterials ab. Leder aus dem oberen Halsbereich eines Elchs kann bis zu vierhundertachtzig Kilometer lang halten, das dickere Büffelrohleder sogar mindestens neunhundert oder gar über tausend. Gerben kann die Haltbarkeit sogar noch verlängern, weil sich das Rohleder beim Laufen dem Untergrund besser anpasst und sich damit gleichmäßiger abnutzt.

Yucca-Sandalen haben gleich mehrere Vorteile: Sie können überall geflochten werden, wo es Yucca-Palmen gibt, außerdem müssen dafür keine Tiere getötet werden. Ich habe festgestellt, dass Yucca-Sandalen einen guten Bodenkontakt gewährleisten. Wenn sie fest geflochten sind, geben die Fasern auf Erdreich und selbst auf nassen Steinen einen guten Halt, was vor allem bei der Jagd wichtig ist, da ich aus einem stabilen Stand heraus besser werfen kann. Darüber hinaus sind sie atmungsaktiv und folglich sowohl bei Hitze als auch bei Kälte angenehm zu tragen. Der Nachteil ist, dass es relativ lange dauert, sie zu flechten, und sie schnell abnutzen. Weiter als siebzig Kilometer kommt man mit ihnen nicht.

Ein weiterer Vorteil von Sandalen ist, dass sie leicht herzustellen sind und sich außer Yucca noch viele andere

Fasern dafür eignen. Egal, wo ich bin, wenn ich in einem Fluss eine Sandale verliere, kann ich mir innerhalb einer Stunde eine neue flechten. Auf manchen Inseln gibt es bestimmte Rinden- oder Pappelfasern, die sich perfekt dafür eignen. Auch mit Agaven funktioniert es – wenn man es geschickt anstellt, springt sogar noch ein Tequila dabei heraus, wie einer meiner Freunde im Scherz einmal meinte.

Sandalen aus Pflanzenfasern eignen sich auch ideal für die Jagd, da man sich nahezu geräuschlos in ihnen bewegen kann. Gleichzeitig sind sie die perfekte Wahl, wenn man keine Spuren hinterlassen will. Wegen der Fasern ist der Sohlenabdruck kaum erkennbar. Daher sind sie besser geeignet als die Standardtechnik beim Militär, Fell auf die Schuhsolen zu kleben, um vom Feind nicht verfolgt werden zu können.

In extremen Survival-Situationen haben Gummisandalen die größte Haltbarkeit bewiesen. Sandalen aus knapp zwei Zentimeter dickem Gummi können bis zu zehn Jahre halten. Hergestellt werden sie aus alten Gürtelreifen, die es an jeder Ecke gibt, vorzugsweise aus den Seitenwänden, weil die weniger steif sind. Darin ist kein Stahl verarbeitet, stattdessen bieten sie eine natürliche Krümmung und somit quasi ein eingebautes Fußbett. Das Tragegefühl mag vielleicht nicht so natürlich und leicht sein wie bei Sandalen aus Yuccafasern oder Rohleder, dafür imitiert Reifengummi die Knorpelstruktur des menschlichen Körpers. Lediglich am Anfang bekommt der Läufer vielleicht wunde Füße, da es einige Zeit dauert, bis sich ihre Knorpelstruktur abgehärtet hat.

Sandalen bieten einen natürlicheren Laufkomfort als Mittelfuß-Laufschuhe mit Standardeinlagen für zweihundertfünfzig Dollar. Nachdem ich auf Sandalen um-

Vollzwirn-Rohledersandalen
mit Fell

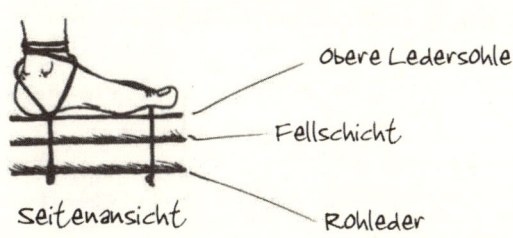

Obere Ledersohle

Fellschicht

Seitenansicht

Rohleder

Der Fellbesatz gibt dem Fuß etwas mehr Halt, dämmt und verringert die Herstellungszeit; außerdem läuft sich das Fell erst ab, wenn auch die Rohledersohle an Qualität verliert.

Yucca-Sandalen

1,5 Meter Seil
(6 Millimeter)

Seil mit den
Yucca-Fasern
umwickeln.

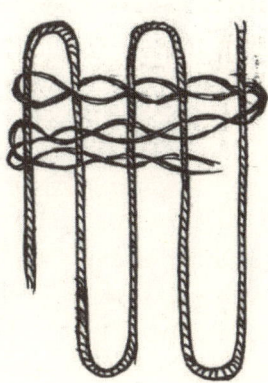

Sandalen mit Sohlen aus Autoreifen

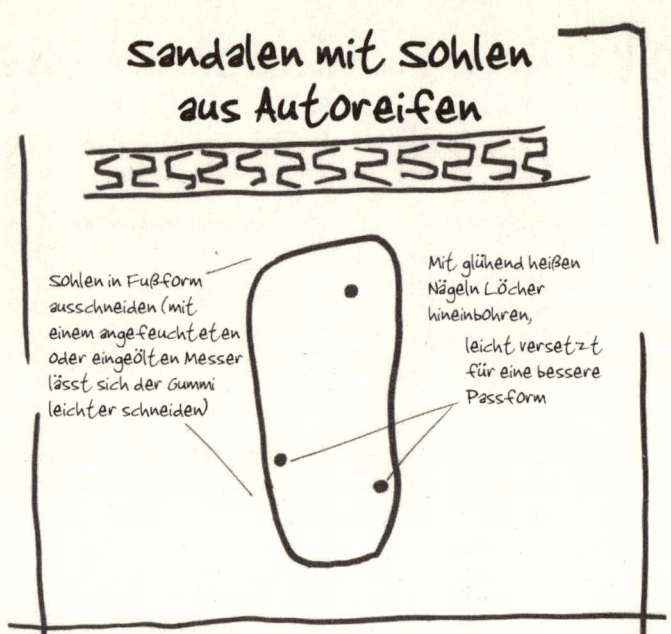

Sohlen in Fußform ausschneiden (mit einem angefeuchteten oder eingeölten Messer lässt sich der Gummi leichter schneiden)

Mit glühend heißen Nägeln Löcher hineinbohren, leicht versetzt für eine bessere Passform

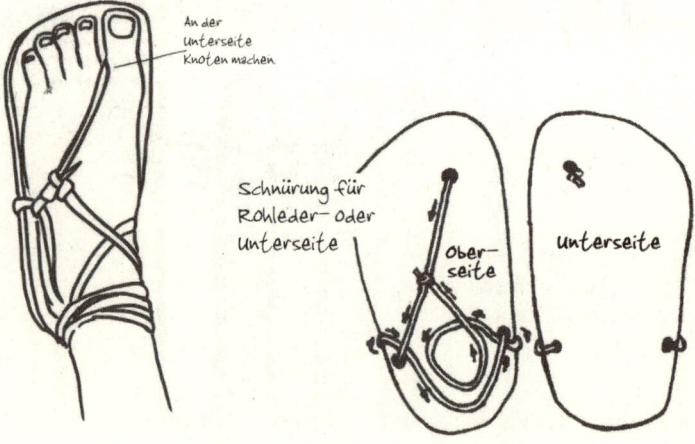

Schnürung für Rohleder- oder Gummisandalen

An der Unterseite Knoten machen

Schnürung für Rohleder- oder Unterseite

Oberseite

Unterseite

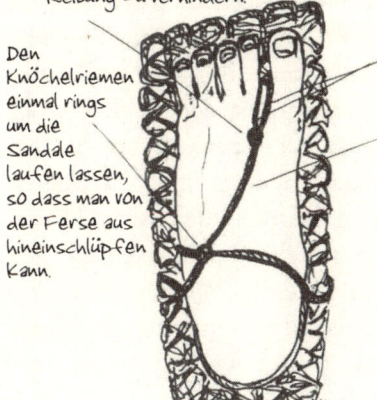

Der Zehenknoten verläuft durch die Sohle und wird ein zweites Mal verknotet, um Halt zu geben und Reibung zu verhindern.

Beide Schnüre verlaufen zwischen großer und zweiter Zehe.

Die Riemen sollten nicht zu dick sein, damit sie nicht auf dem Fußrücken reiben können.

Den Knöchelriemen einmal rings um die Sandale laufen lassen, so dass man von der Ferse aus hineinschlüpfen kann.

gestiegen war und mir einen natürlichen Laufstil angewöhnt hatte, gehörten Schmerzen in Hüften, Knöcheln oder Knien der Vergangenheit an.

Zudem stellte ich fest, dass ich dank der Sandalen besseren Kontakt mit dem Untergrund hatte. Ich liebe das Gefühl, der Erde nahe zu sein.

Selbst in der Zeit, als ich Barfußjoggen und Joggen in Sandalen ausprobierte, verband mich keine echte Leidenschaft mit dem Laufen. Meine Beziehung zum Laufen änderte sich erst mit knapp zwanzig, als ich in der städtischen Leihbibliothek in der Ausgabe vom Mai 1976 des *National Geographic* auf einen Bericht über die Tarahumara-Indianer stieß, die mühelos lange Strecken laufen können. Die besten Läufer schaffen siebenhundert Kilometer in zwei Tagen, was mehr als sechzehn Marathons entspricht; ein durchschnittlich trainierter Tarahumara kann mehr als hundertsechzig Kilometer zurücklegen, ohne Pause zu machen oder unter Schmerzen zu leiden.

Bis heute gelten die Tarahumara als die besten Läufer der Welt; das Laufen ist bereits seit dem sechzehnten Jahrhundert fest in ihrer Kultur verankert, sowohl als Ausdruck ihrer Sportlichkeit wie auch als Überlebensstrategie. Bei den Tarahumara wurden die Post und sonstige Nachrichten zu Fuß zugestellt und Tiere gejagt. Für einen passionierten Langstreckenläufer war der Artikel überaus inspirierend, am spannendsten fand ich jedoch die Information, dass die Tarahumara in selbst hergestellten Sandalen liefen.

Damals ging die Hälfte meines Verdienstes für neue Laufschuhe drauf, außerdem litt ich unter einer Reihe laufbedingter Beschwerden wie dem Schienbeinkantensyndrom, chronischen Schmerzen im rechten Knie und Verletzungen der Kniesehne und war schon länger auf der Suche nach Alternativen.

Mir war sofort klar, dass ich zu den Tarahumara reisen musste, um mir ihre Sandalen anzusehen, ihre Lauftechnik zu analysieren und mir neues Wissen anzueignen.

Als ich aufbrach, wusste ich lediglich, dass die Tarahumara in der Barranca del Cobre lebten, der sogenannten Kupferschlucht im südwestlichen Teil des mexikanischen Bundesstaats Chihuahua, etwa zwei Stunden südlich der Grenze von Arizona. Die Kupferschlucht ist ein riesiges Gebiet aus sechs Barrancas, deshalb musste ich mich für einen Ausgangspunkt entscheiden. In den meisten Artikeln wurde eine Kleinstadt namens Creel empfohlen, also fuhr ich mit dem Bus hin, stieg aus und lief los.

Ich machte mich mit dem Fortbewegungsmittel auf die

Suche nach ihnen, für das sie so berühmt waren – zu Fuß. Die Wände der Schluchten waren grünlich verfärbt, was auf das oxidierte Kupfer zurückzuführen ist und der Gegend ihren Namen gegeben hat. Ansonsten war die Landschaft extrem trocken. Ich kam an Dörfern vorbei und lernte eine Handvoll Indianer kennen, allerdings fühlte ich mich nicht wohl dabei, in ihren geschützten Lebensraum einzudringen. Die meiste Zeit beobachtete ich die Männer beim Laufen und verschaffte mir einen Eindruck von ihrem Alltag. Eines stimmte: Sie liefen unablässig. Die Pfade waren in ständigem Gebrauch, und eigentlich sah man nie jemanden gemütlich dahinschlendern.

Zehn Tage verbrachte ich damit, das Land kennenzulernen und zu versuchen, mir den Laufstil der Tarahumara anzueignen. Ihnen beim Laufen zuzusehen war der reinste Genuss. Sie liefen genauso, wie man laufen sollte: aufrecht, mit durchgedrückter Wirbelsäule und nach unten zeigenden Zehen, so dass sie zuerst mit dem Mittelfuß statt mit der Ferse aufkamen. Besonders bemerkenswert waren ihre Gesichtszüge: Weder schnitten sie vor Anstrengung Grimassen, noch ächzten und stöhnten sie. Stattdessen lag stets ein Lächeln auf ihren Zügen, wenn sie ihr Land durchquerten.

Die wichtigste Erkenntnis war, wie man den Fuß am besten auf dem Boden aufsetzen sollte. Die Tarahumara haben begriffen, dass die Nerven in den Füßen so empfindlich sind wie die im Genitalbereich. Folglich liegt der Schlüssel zum Erfolg bei der Bewältigung langer Strecken darin, möglichst behutsam mit ihnen umzugehen. Die Tarahumara wissen auch, dass beim Laufen eine Federmasse wirkt, die potentielle Energie durch Sehnen und Bänder in kinetische Energie umwandelt.

Dieses Volk hat mir gezeigt, dass das Laufen zu einem

spirituellen Teil des Lebens werden kann. Für sie ist das Laufen etwas völlig Natürliches, so wie Wasser, das nach unten fließt und dabei die Felder vor dem Verdorren bewahrt. Sie nähen ihre Kleider aus farbenfrohen Stoffen, weshalb sie aus der Ferne wie bunte Blumen aussehen, wenn sie den Pfad entlanglaufen.

Ich habe mir auch ihre Sandalen ganz genau angesehen und zu meinem Erstaunen festgestellt, dass sie lediglich aus harten, schweren Gummiplatten bestanden. Unglaublich, dass sie sich in so etwas Hartem und Steifem fortbewegen können. Die meisten Leute glauben, Gummi sei weich und nachgiebig, aber diese Indianer sind keine wohlhabenden Menschen und müssen sich daher mit LKW-Reifen zufriedengeben, die, wenn man sie gebraucht kauft, spottbillig sind und selbst bei ihren Wahnsinnsstrecken fünfzehn Jahre oder länger halten.

Noch schockierter war ich, als ich eine dieser Sandalen in der Hand hielt. Jedes der Dinger wog mindestens anderthalb Kilo.

Ich hatte meine ledernen Huaraches mitgenommen, die den Sandalen der Tarahumara ähnelten, bevor sie auf Reifengummi umgestiegen waren, und auf großes Interesse stießen. Viele staunten, wie schnell ich in diesen leichten Lederschuhen laufen konnte. Als ich bei einem späteren Besuch mit meinen Sandalen aus leichtem Gummi ankam, waren die Indianer fast ein wenig neidisch und baten mich, ihnen auch welche mitzubringen, wenn ich sie das nächste Mal besuchen kam.

Die Auswirkungen, die das Laufen auf die Gesundheit der Tarahumara hat, liegen auf der Hand. Im Vergleich zu den US-Amerikanern sind sie quasi unsterblich. Abgesehen von der Bewegung trägt auch die Ernährung zu ihrer bemerkenswerten Gesundheit bei. Diabetes und Herz-Kreislauf-Erkrankungen kommen bei ihnen praktisch überhaupt nicht vor.

In vielen Artikeln wird über das Maisbier berichtet, das die Tarahumara bei ihren Festivitäten trinken. Auch Christopher McDougall beschreibt in seinem Bestseller »Born to Run« (Untertitel der deutschsprachigen Ausgabe: »Ein vergessenes Volk und das Geheimnis der besten und glücklichsten Läufer der Welt«) geradezu legendäre Zechgelage am Abend vor einem ultralangen Lauf. In Wahrheit sind solche Feierlichkeiten keineswegs an der Tagesordnung. Amerikaner haben ein vorgefertigtes Bild des ständig betrunkenen Indianers im Kopf, dabei trinken sie in Wirklichkeit nur selten das fermentierte Maisgebräu und normales Bier überhaupt nicht.

Stattdessen trinken sie hauptsächlich Tee. Wann immer ich in ein Dorf kam, stand ein großer Lehmtopf mit Kiefernadeltee auf dem Feuer. Mais besitzt in der Kultur der Tarahumaras einen sehr hohen Stellenwert, und zum Kiefernadeltee werden häufig Maistortillas gereicht. Vor allem bei den ärmeren Menschen ist Mais das Hauptnahrungsmittel schlechthin, da sie sich alles andere kaum leisten können.

Der Mais wird zuerst in Zucker und anschließend in Energie umgewandelt, so jedenfalls lautet der westliche Ernährungsansatz und die Erklärung dafür, weshalb die Tarahumara so ausdauernde Läufer sind.

Ernährungswissenschaftler lehren uns, die verbrannte Energie x durch die Kalorienzahl y zu ersetzen. Auf der Basis dieser Kalkulation verbrennt ein durchschnittlicher Marathonläufer auf der Strecke rund zweitausendsechshundert Kalorien. Basierend auf dieser Berechnung müsste ein Tarahumara, der siebenhundert Kilometer innerhalb von zwei Tagen zurücklegt, sage und schreibe 43 500 Kalorien verbrennen.

Aber diese US-amerikanischen Kalkulationen haben bei alten Volksstämmen wie den Tarahumara oder den amerikanischen Ureinwohnern keinen Bestand. Niemand kann innerhalb kürzester Zeit 43 500 Kalorien aufnehmen oder speichern. Tatsache ist, dass sich der Stoffwechsel bei diesen Läufern im Lauf der Zeit verlangsamt und effizienter wird, indem sie unglaubliche Energiemengen verbrennen, sie jedoch nur durch relativ wenige Kalorien ersetzen.

Nehmen wir zum Beispiel die Navajo, ein Stamm amerikanischer Ureinwohner, den ich aus nächster Nähe betrachten konnte. Würden sie dieselben Kalorienmengen zu sich nehmen wie wir, würden sie innerhalb eines einzigen Monats sechs oder sieben Kilo zunehmen.

Dasselbe gilt für Kenia. Von dort kommen zahlreiche hervorragende Langstreckenläufer, die allesamt zaundürr sind und ebenfalls keine unfassbaren Kalorienmengen zu sich nehmen. Sie haben ihren Stoffwechsel im Lauf der Zeit einfach so weit heruntergefahren, dass sie nicht dieselben Kalorienmengen benötigen wie ein Durchschnittsamerikaner.

Seit ich dieses System durchblicke, versuche ich unablässig, ein effizienterer Läufer zu werden und dabei weniger Kalorien zu verbrauchen. Nach ein paar Wochen des Fastens stellte ich fest, dass ich nur noch die Hälfte Kalorien benötigte, um dieselbe Leistung abrufen zu können. Kehrt man jedoch zu seinem gewohnten Rhythmus aus drei herzhaften Mahlzeiten pro Tag zurück, ist man natürlich angeschmiert.

Wir verfügen zwar nicht über dieselben genetischen Voraussetzungen wie die amerikanischen Ureinwohner, zumindest aber können wir unseren Stoffwechsel in Trainingsphasen kurzfristig an die entsprechenden Gegebenheiten anpassen. Ich persönlich habe versucht, einen Mittelweg zu finden, der es mir gestattet, für längere Zeit in der Wildnis zu überleben.

Mir war klar, dass das Laufen für die frühen Jäger und Sammler von größter Bedeutung war. Sie liefen, um Nahrung zu jagen, um nicht von wilden Tieren angegriffen zu werden und um möglichst schnell von A nach B zu gelangen. Und vermutlich liefen die Männer, um Eindruck bei den Damen zu schinden. Ich wusste, dass ich, um in der Wildnis überleben und effizient jagen zu können, die Dynamik des Laufens verstehen musste.

Die Umstellung auf natürliches Laufen erfordert ein spezielles Training, das stufenweise erfolgen sollte. Man kann nicht einfach die Laufschuhe ausziehen, sich barfuß auf den nächsten Laufpfad begeben und davon ausgehen, dass einem hinterher nichts weh tut. Wer es doch tut, riskiert Verletzungen und Schmerzen.

Um barfuß oder in Sandalen zu laufen, muss man ein umfassenderes Verständnis für das Laufen entwickeln und sich darüber klarwerden, was den Körper tatsächlich stärker macht. Läuft man sein ganzes Leben in gepolsterten Schuhen, ist der Körper geschwächt. Das Knorpelgewebe, Gelenke wie Knie und Hüften spielen über kurz oder lang nicht mit. Steigt ein Läufer ohne Umstellungsphase von gepolsterten Schuhen auf harte Gummisandalen um, muss er sich auf schlimme Schmerzen gefasst machen. Bei der Umstellung auf Sandalen müssen zuerst die Füße gekräftigt werden. Die erste Stufe besteht darin, so häufig wie möglich barfuß zu gehen, ohne dass man Schmerzen hat. Am besten fängt man mit Spaziergängen an und steigt dann langsam aufs Laufen um. Nach einer Woche kann man beispielsweise versuchen, einen halben Kilometer barfuß zu joggen.

Je nach Wohnort kann man auch unterschiedliche Untergründe ausprobieren – am besten eignen sich Gras, Sand oder Erde. Stadtbewohner sollten ab und zu auch auf Asphalt laufen. Es geht darum, ein Gefühl dafür zu entwickeln, wo die Zehen den Erdboden berühren. Auf diese Weise werden die Fußsohlen gekräftigt und kommen weicher auf.

Im Lauf der Zeit bildet sich Knorpelmasse von einem halben Zentimeter Dicke, die den Aufprall dämpft. Sobald man das Gefühl hat, nicht mehr als Erstes mit der Ferse aufzutreten, kann auf das Training mit traditionellen, dünnersohligen Sandalen für raueren Untergrund umgestiegen werden.

Ich laufe auf jedem Gelände barfuß, mit Ausnahme von extrem heißem Sand. Aber es ist eine Frage des Tempos, jedenfalls wenn man etwas von seiner Umgebung mitbekommen will. Beim Laufen auf unebenem Terrain verpasse ich manchmal fast alles um mich herum, weil ich die ganze Zeit nur auf den Boden sehen muss, um nicht zu stolpern. Deshalb trage ich bei Läufen durch Gebiete, die ich nicht kenne, meist Sandalen.

Abgesehen davon, dass sich die Muskulatur an den Fußsohlen stärkt, entwickelt man beim Barfußjoggen mehr Sprungkraft, die eine weichere Landung ermöglicht. Läuft man mit den härteren Rohleder- oder Gummisandalen, bildet sich neue Knorpelmasse. Ein Läufer, der auf seine Gesundheit achtet, braucht ein gesundes Gleichgewicht aus allen Faktoren. Den Tarahumara beispielsweise ist bewusst, wie wichtig es ist, ab und zu einmal barfuß zu laufen, weshalb sie bei manchen Läufen auf ihre bewährten Gummisandalen verzichten.

Ich absolviere die Hälfte meiner Läufe barfuß, die andere in Sandalen mit dünnen Sohlen. Nur im Winter trage ich einen niedrigen Barfußlaufschuh mit minimaler Dämpfung.

Letzten Endes verhindert der Umstieg auf natürliches Laufen Gelenkschmerzen, das beweisen die Tarahumara und die Langstreckenläufer aus Afrika ganz eindeutig. Dort laufen auch die alten Männer noch regelmäßig. Sie haben keine Gelenkprobleme, und das nicht etwa, weil sie übermenschliche Gene besitzen, sondern weil sie im Gegensatz zu uns Westlern ihren Körper nicht durch künstliche Polster haben verweichlichen lassen.

Ist eine Runde auf dem Stepper, dem Laufband oder dem Crosstrainer eine Alternative zu einer Laufeinheit in Barfußschuhen in freier Natur? Klar. Vielleicht nicht die allerbeste, aber manchmal hat man eben keine andere Möglichkeit zu trainieren. Grundsätzlich leiden unsere Gesundheit und unser Wohlbefinden, wenn wir gegen die Natur arbeiten und stattdessen moderne Technik einsetzen, bisweilen lässt es sich nun mal nicht vermeiden.

Natürlich wäre es viel besser für den Körper, im Freien zu laufen und frische Luft einzuatmen, außerdem erhält der Muskel einen ganz neuen Reiz, wenn man draußen auf natürlichem Untergrund läuft.

Regelmäßiges Laufen verleiht dem Körper Elastizität, er nimmt die Kraft in sich auf, statt sie abzugeben. Radfahrer, die nie oder nur selten laufen, besitzen zwar die erforderliche Kraft in den Beinen, wissen aber nicht, wie man den Aufprall mindert und sich richtig abstößt. Das macht sie zu grauenhaften Läufern, weil sie sich zwar vom Untergrund abstoßen, aber nicht korrekt landen können.

Flüssig und mühelos zu laufen ist ein steter Denkprozess, der irgendwann in Fleisch und Blut übergeht. Um mit dem Laufen anzufangen, muss man sich erst einmal bewusst werden, wie man sich im Alltag bewegt, wie man geht und steht. Laufen fängt nicht damit an, sich die Schuhe anzuziehen und loszurennen. Die meisten Leute verschwenden keinerlei Gedanken daran, wie sie gehen, sondern setzen lediglich einen Fuß vor den anderen. Genau diese Technik sollte man irgendwann auch beim Laufen beherrschen.

Ich laufe aus zwei Gründen gern: Erstens lerne ich dabei neue Gegenden kennen, zweitens genieße ich die Bewegung.

Bei den Tarahumara-Männern war mir aufgefallen, dass sie beim Laufen stets lächelten. Dasselbe kann man bei Kindern beobachten. Wenn sie dieses spontane Bedürfnis überkommt, eine Sanddüne hinunterzurennen, zaubert ihnen dies ebenfalls ein Lächeln aufs Gesicht. Man kann mit Riesenschritten loslaufen, und weil der Untergrund so weich ist, kann man sich nicht weh tun, wenn man auf die Nase fällt. Glück ist ein nicht zu unterschätzender Faktor beim Laufen.

Mit dem Wissen, das ich bei den Tarahumara erlangt hatte, und meinen Erfahrungen beim Laufen mit Sandalen und ganz ohne Schuhe konnte ich mich nun darauf konzentrieren, leichtfüßig und geschmeidig zu laufen. Ein amerikanischer Ureinwohner brachte das Geheimnis des perfekten Laufens auf den Punkt: »Beim Laufen läuft man niemals über die Erde. Stattdessen bewegt sich die Erde unter deinen Füßen, und du bewegst dich bloß im Takt dazu.«

Das ultimative Laufgefühl stellt sich ein, wenn man gar nicht mehr spürt, dass man läuft. An diesen Punkt gelangt man irgendwann, wenn sich das Laufen wie etwas völlig Natürliches anfühlt. Wenn Sie den ganzen Tag laufen wollen, ist das eine perfekte Einstellung. Sie verschwenden keine Energie, sondern lassen zu, dass der Boden Ihre Bewegungen bestimmt. Es ist, als würde die Erde sich unter Ihren Füßen bewegen, während sie sich immer weiter dreht.

Die Bestätigung, dass ich an diesem Punkt angelangt war, bekam ich erst später, bei meinem zweiten Besuch bei den Tarahumara. Abgesehen von allem, was ich bei ihnen gelernt hatte, gelang es mir, eine dauerhafte Bindung zu ihnen aufzubauen. Sie gaben mir den Namen Rara Miri El Blonco, was so viel heißt wie Weißer Tarahumara oder Weißfußläufer. Eine wahre Ehre.

6

ERSTE SCHRITTE VOR DEM GROSSEN LAUF

Heutzutage redet jeder davon, die eigene Identität zu finden. Wir alle machen im Lauf unseres Lebens Erfahrungen, die in der Summe das Fundament unserer Persönlichkeit bilden. Ob bewusst oder unbewusst, jeder durchlebt unweigerlich einen Entwicklungsprozess, der ihn zu jenem Menschen macht, der er später ist.

Mit neunzehn war ich nur einer von vielen Jungs, die sich vom Rest der Menschheit abgrenzen wollten. Ich jobbte in dem Bergsteigerladen in Mammoth Lakes, aber mein eigentlicher Fokus lag darauf, meine Kletterfähigkeiten zu perfektionieren und ein besserer Langstreckenläufer zu werden. Laufen und Klettern miteinander zu verbinden, das war mein erklärtes Ziel, da mir irgendetwas sagte, dass ich damit der Reise nach meinem Ich ein Ende bereiten und den Grundstock für meine Individualität legen würde.

Eines Tages stieß ich auf ein Buch mit dem Titel »The Pacific Crest Trail, Volume 1: California«. Der Pacific Crest Trail ist ein Fernwanderweg über mehr als viertausend Kilometer von der mexikanischen bis zur kanadischen Grenze. Der mit gut zweitausendsiebenhundert Kilometer längste Teil verläuft über die gesamte Länge Kaliforniens, was ihm etwas besonders Majestätisches verleiht.

Der Trail zieht sich durch jede Klima- und Vegetationszone, die die Vereinigten Staaten zu bieten haben, und, wie der Name bereits sagt, über den Grat der beeindruckendsten Gebirgszüge der ganzen Welt mit über mehr als viertausendzweihundert Meter hohen Bergen, durch staubtrockene Wüsten, quer durch Flüsse, Städte und sogar über stark befahrene Highways.

Hauptsächlich befasst sich das Buch damit, wie Wanderer den PCT bewältigen, ein Unterfangen, für das man sich mehrere Monate Zeit nehmen sollte. Ray und Jenny Jardine haben die komplette Strecke in drei Monaten und drei Wochen absolviert, Bob Holton in hundertzehn Tagen mit einer Marathondistanz pro Tag, allerdings hat er zusätzliche sechsundvierzig Ruhetage eingelegt und kommt damit auf einen Schnitt von sechsundzwanzig Komma fünf Kilometern pro Tag. So trainiert, wie ich war, ging ich davon aus, dass ich diese Rekorde locker brechen könnte.

Zum ersten Mal hörte ich mit achtzehn vom Pacific Crest Trail. Freunde von mir überlegten damals, ihn zu wandern, doch ihn laufend zu absolvieren schien ein unerreichbarer Traum. Obwohl im Buch stand, dass man mehrere Monate dafür brauchte, waren wir uns alle sicher, ihn in kürzerer Zeit zu schaffen. Aber keiner machte die Probe aufs Exempel.

Einige meiner Freunde waren in erstklassiger Verfassung und ausgezeichnete Läufer. Bruce Davis erzählte beispielsweise, wie er den ganzen Tag lediglich mit einer Bauchtasche, einem Biwaksack und Kleidern zum Wechseln durch die Wildnis gelaufen war und die Nacht im Freien verbracht hatte, um am nächsten Tag zurückzulaufen. Das Leuchten in seinen Augen verriet mir, dass er völlig aus dem Häuschen über diese Erfahrung war.

Jahrelang brütete ich über Ideen von Langstreckenläufen. Ich überlegte, beim Western States 100-Mile Endurance Run mitzumachen, also gut hundertsechzig Kilometer zu absolvieren, oder den John Muir Trail zu laufen, der sich über knapp dreihundertvierzig Kilometer durch die Sierra Nevada erstreckt. Das Problem war, dass ich mich nicht entscheiden konnte: Wollte ich Ultramarathons laufen oder mir die Reinheit des Laufens erhalten, indem ich einfach loslief und mir meine Routen selbst erarbeitete?

Je mehr ich in dem Buch über den Pacific Crest Trail las, umso mehr reifte der Wunsch, ihn laufend zu absolvieren. Dieses Vorhaben würde mir nicht nur helfen, meine Identität zu finden, sondern mir auch viele Dinge über die Natur nahebringen, die ich bei meinen sonstigen Ultraläufen nicht lernen konnte. Also beschloss ich, auf die Wettbewerbe zu verzichten und stattdessen eine neue Seite von Kalifornien zu entdecken.

Auf den ersten Blick scheint es unmöglich, zweitausendsiebenhundert Kilometer im Laufschritt zurückzulegen, aber meine Recherchen ergaben, dass Langstreckenläufe in Wahrheit bei weitem nicht so unnatürlich sind, wie die meisten Menschen glauben. Mehrere Wissenschaftler haben in großangelegten Studien gezeigt, dass der Mensch sehr wohl über die anatomischen Voraussetzungen für extreme Distanzen verfügt.

Dank unserer kurzen Zehen ist Laufen die geeignetere Fortbewegungsmethode als Gehen. Zu dieser Erkenntnis gelangten die beiden Anthropologen Daniel Lieberman von der Harvard University und Campbell Rolian von der University of Calgary. Sie ließen fünfzehn Probanden sowohl laufen als auch auf einem druckempfindlichen Laufband gehen und stellten dabei fest, dass eine zusätzliche Zehenlänge von zwanzig Prozent den für das Laufen erforderlichen Energieaufwand verdoppelt und darüber hinaus zusätzlichen Druck auf den Fuß ausübt.

Daraus schlossen sie, dass der menschliche Körper über die idealen Voraussetzungen für lange Strecken verfügt.

Wir setzen dabei unseren Körper auf dieselbe Weise ein wie unsere hominiden Vorfahren vor Millionen von Jahren. Viele Anthropologen und Evolutionswissenschaftler vertreten die sogenannte »Endurance Running Hypothesis«, die besagt, dass der Mensch im Lauf der Evolution die Fähigkeit entwickelt hat, über lange Zeiträume hinweg zu laufen. Letzten Endes war es die Notwendigkeit, sich Nahrung zu beschaffen, die den Homo erectus zwang, sich aus seinen affenähnlichen Vorfahren zu entwickeln.

Mich bestärkten all diese Erkenntnisse nur in meinem Entschluss, die Strecke in Angriff zu nehmen, die bislang nur wenige bewältigt hatten, denn ich schloss daraus, dass mein Körper der Belastung nicht nur gewachsen sein sollte, sondern sogar darauf ausgelegt war.

Als ich meinen Freunden von meinem Vorhaben erzählte, waren alle begeistert und sprachen mir Mut zu. Einige, die ebenfalls Ultradistanzen liefen, zeigten sich jedoch zu meinem Erstaunen nicht ganz so enthusiastisch. Eigentlich hatte ich mehr Unterstützung erwartet. Ich prahlte nicht damit, dass ich vorhatte, den Rekord zu unterbieten, sondern sagte nur, dass ich den Trail absolvieren und sehen wollte, wie es mir dabei ging. Obwohl sie wussten, wie fit ich war, zeigten sie sich skeptisch, ob mein Körper der Belastung gewachsen sein würde.

Damals herrschte unter den Ultradistanzläufern die einhellige Meinung vor, dass ein Läufer erst mit etwa dreißig am Gipfel seiner Leistungsfähigkeit angelangt ist; viele Wettkampfgewinner gingen sogar eher auf die vierzig zu. Ihr Erfolgsgeheimnis war, dass sie das Rennen taktisch klüger angingen. Ein jüngerer Läufer konnte aufgrund seiner Physis zwar durchaus einen Wettkampf gewinnen, allerdings begingen die Jüngeren meist den Fehler, zu ungestüm loszulaufen. Sie wussten einfach nicht, wie sie das Tempo über achtzig oder hundertsechzig Kilometer hinweg am besten dosieren mussten.

Ich war ziemlich sicher, dass mich mein Körper nicht im Stich lassen würde, und ich trainierte wie ein Besessener. Gleich nach dem Aufwachen lief ich eine Morgenrunde über knapp achtundvierzig Kilometer im Schnee und war noch vor zehn Uhr wieder zu Hause. Pro Woche absolvierte ich rund zweihundertvierzig Kilometer bei wechselndem Untergrund. In manchen Phasen nahm ich mich selbst ganz besonders hart ran, lief am einen Tag über hundert Kilometer, am nächsten achtzig und am übernächsten noch einmal fünfundsechzig. Allerdings hatte ich dieses Pensum bislang noch nie über Wochen hinweg gehalten und folglich keine Ahnung, wie viele Kilometer ich an mehreren aufeinanderfolgenden Tagen schaffen würde.

Dafür hatte ich andere Vorteile: In dieser Phase meines Lebens hatte ich noch nie ein Auto noch auch nur ein Fahrrad besessen, sondern blieb bei meinem Vorsatz, mich konsequent von allem mit zwei oder vier Rädern fernzuhalten. Meine Fortbewegungsmethode war zu Fuß, weshalb ich buchstäblich auf Schritt und Tritt in engem Kontakt mit der Erde stand.

Die Vorstellung, den Pacific Crest Trail zu bewältigen, erfüllte mich mit großer Freude, da er nicht nur ein Stück Landesgeschichte darstellt, sondern auch für Freiheit in jeder Hinsicht steht. So gern ich querfeldein lief, erforderten diese Läufe eine Menge Denkarbeit. Das Schöne an einem Trail ist dagegen, dass man nicht nachzudenken braucht. Stattdessen packt man einfach seine Sachen und läuft los, setzt einen Fuß vor den anderen. Und am nächsten Tag tut man genau dasselbe, das hat etwas fast Meditatives.

Es war der perfekte Zeitpunkt, um den PCT zu laufen. Der Trail war gerade offiziell fertiggestellt worden; davor hatten die Wanderer auf einigen Teilstücken improvisieren müssen. Beispielsweise war eine zwanzig Kilometer lange Etappe komplett von Sträuchern und Bäumen überwuchert gewesen.

Im Mai 1996 hatte ich das Gefühl, bereit zu sein. Ich ging nach Seal Beach im Süden Kaliforniens zu meiner Familie. Von dort aus war es nicht weit zur mexikanischen Grenze, wo ich starten wollte. Ich hatte viel im Gebirge trainiert, deshalb erschien es mir sinnvoll, noch etwas auf flachem Terrain zu üben. Gleichzeitig machte ich mich an die Zusammenstellung meiner Ausrüstung. Einen Teil davon wollte ich mir in ein Tuch gehüllt um den Bauch binden, andere Sachen würde ich an die entlang des Trails verteilten Postämter schicken lassen.

Mit nur einem Minimum an Ausrüstung unterwegs zu sein war der Inbegriff der Freiheit. Ich stellte fest, dass ich meine Survival-Fähigkeiten inzwischen ausreichend entwickelt hatte, um lediglich mit einigen wenigen Sachen über eine längere Strecke hinweg zurechtzukommen.

Da sich mein Vermögen auf gerade einmal vierhundert Dollar belief, versuchte ich, einen Energieriegelhersteller als Sponsor zu gewinnen, im Austausch für ein bisschen PR. Ich schrieb zwei große Firmen an.

Die eine schickte mir hundert Riegel, die andere bot mir ihre Produkte zum Großhandelspreis an, doch am Ende stellte auch sie sechzig Gratisriegel zur Verfügung. Ich konnte ihr Zögern verstehen, schließlich kannte mich kein Mensch. Stattdessen war ich nur ein junger Mann, der behauptete, er würde quer durch Kalifornien laufen.

Wenn ich den Rekord bräche, würden sie mir garantiert die Bude einrennen und einen festen Sponsoring-Vertrag anbieten, allerdings war ich nicht sicher, ob ich ihr Angebot annehmen würde. Aber allein der Gedanke motivierte mich.

Ich besorgte mir einen Vorrat an Sonnenblumenkernen und Chia-Samen, von denen ich im Zuge meiner Recherchen über die amerikanischen Ureinwohner erfahren hatte. Der Legende nach hatten die Samen den berühmten Geronimo auf dem Kriegspfad vor dem sicheren Hungertod bewahrt. Bei vielen Stämmen gilt Chia als ein echtes Power-Nahrungsmittel – nur wenige Teelöffel davon genügten, um Hunderte von Kilometern zurücklegen zu können, behaupteten sie – und wird auch als »Samen der Götter« bezeichnet. Damals kostete ein halbes Kilo nicht mal einen Dollar, seit die Samen in Mode gekommen sind, ist der Preis auf zweiunddreißig Dollar, also knapp dreißig Euro, explodiert.

Ich verpackte meine Vorräte und veranlasste den Versand zu den Poststationen, die ich mir aus dem PCT-Führer herausgesucht hatte. Im kalifornischen Teil des PCT gab es achtzehn Postämter, die sich direkt auf dem Trail befanden. Zwar wäre ich auch ohne sie zurechtgekommen, indem ich meine Vorräte in irgendwelchen

Städten am Weg gekauft hätte, aber auf diese Weise blieb ich unabhängig und musste mich nicht darauf verlassen, was ich dort bekommen würde. Außerdem wollte ich nicht gezwungen sein, Umwege zu laufen. Am Ende entschied ich mich für fünf Poststationen.

Wie gesagt würde ich mit leichtem Gepäck laufen, da beim Laufen jedes Gramm buchstäblich noch mehr ins Gewicht fällt als beim Wandern. Ich breitete ein anderthalb mal anderthalb Meter großes Tuch auf dem Boden aus, legte meine Sachen darauf – Biwaksack, Wasserfilter, Karten, Shorts zum Wechseln, Sandalen und mein Proviant –, rollte es zusammen und band es mir um den Bauch. Über die Schulter schwang ich mir einen Wassersack. Alles hatte seinen Sinn.

Fehler durfte ich mir nicht erlauben.

7

KALIFORNIEN

Der 1. Juni 1996 war ein trockener, heißer Tag an der kalifornisch-mexikanischen Grenze. Der Boden war völlig ausgedörrt und geriffelt wie ein Kartoffelchip, weil es eine halbe Ewigkeit nicht mehr geregnet hatte. Ich trug Shorts und normale Laufschuhe, um meine Füße zu schützen. Das Tuch mit meinen Vorräten hatte ich mir um die Taille gebunden. In Campo ging ich etwa anderthalb Kilometer nach Süden, mitten in die Wüste, bis ich zu einem Stacheldrahtzaun gelangte.

»Mexiko« stand auf einem im Boden steckenden Schild, dazu ein nach Süden zeigender Pfeil. Auf einem zweiten Schild mit einem Pfeil in Richtung Norden stand »Pacific Crest Trail«. Ich nahm das PCT-Register aus der kleinen, am Pfahl angebrachten Blechdose und schrieb meinen Namen hinein, dann wandte ich mich zum Trail um, der sich kaum sichtbar durch das Gestrüpp bahnte, und lief los.

Ich verspürte keinen Adrenalinschub. Stattdessen erfüllte mich ein Gefühl der Freude, weil ich viel Neues sehen würde und meine Reise frei und unbelastet angehen konnte. Ich fühlte mich wie am Beginn eines dieser spirituellen Retreats, bei denen man seinen gesamten weltlichen Besitz hinter sich lässt.

Ich konzentrierte mich auf die erste Etappe. Die nächsten gut dreißig Kilometer gab es kein Wasser. Jegliches Grundwasser in der Gegend wurde in den Wintermonaten vom Schmelzwasser aus den Bergen gespeist, das natürlich längst versiegt war. Ich musste also vorsichtig mit meinen Vorräten sein.

Der erste Tag war brutaler als erwartet. Es war so heiß und feucht, dass meine Füße praktisch sofort anschwollen. Bereits nach einem Tag war klar, dass ich mit meinem traditionellen Schuhwerk nicht weit kommen würde, also schnitt ich abends die Kuppen ab und nahm die Zunge heraus, um meinen Zehen mehr Spielraum zu geben und sie besser spreizen zu können.

Am zweiten Tag kamen mir zwei Männer in zügigem Tempo entgegen, die, nach ihrer Ausrüstung zu schließen, lediglich einen Tagesausflug machten. Als sie näher kamen, winkte ich ihnen zu.

»Wetbacks«, sagte der eine – Wetbacks sind illegale Einwanderer aus Mexiko. »Da oben.«

Ich blieb stehen. »Sind sie gefährlich?«, fragte ich besorgt.

»Ich denke nicht«, antwortete der andere. »Aber trotzdem sind es Mexikaner.«

Ich lächelte.

»Pass gut auf«, warnte er mich.

»Mache ich.« Ich salutierte, dann lief ich weiter den Hügel hinauf. Und siehe da – kaum war ich oben, sah ich fünf Männer, die sich durch das Gestrüpp schlugen. Sie trugen verwaschene Jeans, schmutzige weiße T-Shirts und strahlten übers ganze Gesicht, überglücklich, endlich in Kalifornien zu sein, um ein neues Leben zu beginnen. Sie winkten mir zu, und ich winkte zurück.

Zu meinem Erstaunen gestalteten sich die ersten Tage äußerst schwierig. Die Hitze setzte mir gewaltig zu, und mein Körper hatte sich ganz offensichtlich noch nicht an die bevorstehende Aufgabe gewöhnt. Obwohl ich noch frisch und ausgeruht war, schaffte ich am ersten Tag gerade einmal dreißig Kilometer – und war bitter enttäuscht, dass mein Körper nicht anpassungsfähiger war.

Um den Blutfluss in den Beinen zu verbessern, suchte ich mir in den ersten Nächten einen leichten Hang aus und schlief mit dem Kopf nach unten. Dabei achtete ich darauf, dass ich nur den Oberkörper zudeckte und die Beine im Freien ließ. Am nächsten Morgen hatte ich das Gefühl, als hätten sich meine Beine ziemlich gut regeneriert, deshalb behielt ich diese Methode für den Rest meiner Reise bei.

Während der nächsten Tage schaffte ich meist vierzig bis fünfundvierzig Kilometer am Tag, was für mich nicht allzu viel war. Hier stimmt doch etwas nicht, dachte ich die ganze Zeit. Normalerweise lief ich locker fünfundsechzig am Tag. Wieso schaffte ich nicht mehr? Ließ mein Körper mich etwa im Stich?

Wie ich geahnt hatte, war die Wasserbeschaffung von Anfang an ein Problem. Es war nicht nur Sommer mit Temperaturen von fast vierzig Grad, sondern noch dazu ein besonders trockener. Die meisten, die den ganzen PCT absolvieren wollen, starten im Frühling, weil alles noch angenehm feucht vom Winter ist. Jetzt waren hingegen viele der Wasserquellen längst ausgetrocknet. An manchen Tagen fand ich überhaupt kein Wasser.

Trotzdem spürte ich, wie ich mit jedem Tag mehr zu einem Teil der Natur zu werden schien. Ich fühlte mich nicht länger wie ein Besucher, sondern als würde ich hierher gehören. So konnte ich meine Tagesdistanz stückweise erweitern, ohne das Gefühl zu haben, mich zu schinden. Ich hoffte, dass ich bald zu einem angenehmen, natürlichen Rhythmus finden würde.

Der Pacific Crest Trail führt über den Kamm der Laguna Mountains hinweg, die ich zügig hinter mich brachte, ehe ich im Schatten von Eichen weiter in Richtung Anza-Borrego-Wüste lief, wo sich das Klima drastisch änderte. Plötzlich war ich der Sonne auf Gedeih und Verderb ausgeliefert. Die Hitze und die Trockenheit waren die pure Qual.

Eines Abends wollte ich bei Einbruch der Dämmerung mein Nachtlager aufschlagen, allerdings war mir das Wasser ausgegangen. Mein Mund war wie ausgedörrt. Wenn ich jetzt schlief, würde ich am nächsten Morgen in der sengenden Sonne weiterlaufen müssen, ohne zu wissen, wann ich auf Wasser stieß und meinen Wassersack auffüllen konnte. Obwohl ich müde war, beschloss ich, die Nacht durchzulaufen, bis ich Wasser fand.

Diese Art Entscheidung musste ich bei meinen Survival-Abenteuern sehr oft treffen. Ich war gezwungen, meine akuten Bedürfnisse hintanzustellen und einen Schritt weiter zu denken. Schlaf war wichtig, noch wichtiger jedoch war Wasser.

Es stellte sich heraus, dass meine Entscheidung richtig gewesen war. Das Gelände war offen, und es gab keine Schlangen, was das Laufen höchst gefährlich gemacht hätte. Der Nachthimmel war klar und wurde von einem Dreiviertelmond erhellt, so dass ich den Trail gut erkennen konnte.

Früh am nächsten Morgen fand ich eine Wasserstelle. Ich füllte meinen Sack und lief weiter durch die Wüste.

Schon bald gelangte ich zu den San Jacinto Mountains, wo der Trail zumeist durch Gestrüpp und Unterholz führte. Der Anstieg war nichts im Vergleich zum Abstieg, der mich von über zweitausendvierhundert Metern durch nahezu sämtliche Klima- und Vegetationszonen Kaliforniens führte.

Der Abstieg war sehr steil mit vielen Serpentinen und doppelt so lang wie von der Spitze des Grand Canyons ins Tal. Da ich im Vorjahr am Grand Canyon trainiert hatte, kannte ich das Gefühl, an der Zwölfhundertmetermarke vorbeizulaufen und zu wissen, dass ich am Ende angelangt war; aber diesmal musste ich dieselbe Strecke noch mal absolvieren.

Ich schaffte es in drei Stunden, allerdings war mir mittlerweile bis auf eine winzige Menge Chia-Samen der Proviant ausgegangen. Damit würde ich auskommen müssen, bis ich entweder an einer Stadt oder der Poststation vorbeikam, wohin ich mein Päckchen geschickt hatte.

Vom Gipfel bis ins Tal waren es gut dreißig Kilometer, aber ich würde auch noch die Wüste durchqueren und dann auf der anderen Seite etwa dieselbe Stecke wieder hinauf bis nach Big Bear laufen müssen, wo ich mir dann etwas zu essen kaufen konnte.

Ich lief die sechzehn Kilometer durch die Wüste, unter der I-10 hindurch und den Berg hinauf in Richtung Big Bear. Ich spürte, wie mein Blutzuckerspiegel absackte, so dass ich sogar Mühe hatte, meine Arme im Rhythmus meiner Schritte zu heben. Meine Beine dagegen waren in so guter Verfassung, dass ich auch ohne den unterstützenden Schwung der Arme auskam und sie wie ein Affe einfach schlaff an den Seiten herabhängen ließ.

Kurz vor Big Bear sah ich in der Ferne ein Auto. Ich

befand mich auf rund achtzehnhundert Metern und dachte im ersten Moment, es wäre ein Trugbild. Doch als ich näher kam, machte ich die Umrisse einer Gestalt aus, die sich über die Motorhaube beugte. Es war das erste menschliche Wesen seit meiner Begegnung mit den fünf Mexikanern einige Tage zuvor.

Es war eine Frau, die ihre Sachen sortierte. Ich blieb stehen und erzählte ihr von meinem Projekt, doch sie zeigte sich ziemlich desinteressiert. Ich war nicht sicher, ob sie mir überhaupt glaubte. Ich fragte sie, ob sie zufällig ein paar Chips oder sonst etwas bei sich hätte, das sie mir geben könnte, damit sich mein Blutzuckerspiegel etwas stabilisierte. Sie kramte einen Schokoriegel aus ihrer Handtasche, den ich dankend annahm.

Ich lief weiter bis nach Big Bear – dankbar und froh, wieder in der Zivilisation zu sein und etwas zu essen besorgen zu können. Ich beschloss, mir von den zwanzig Dollar in meiner Reisekasse etwas zu gönnen. Und ein paar dringend benötigte Kalorien aufzunehmen. Das erste Postamt befand sich in Agua Dulce, knapp hundertachtzig Kilometer von Big Bear entfernt. Da ich sowohl Proviant als auch Geld hingeschickt hatte, brauchte ich nicht zu sparen. Ich ging ins nächste Diner und genehmigte mir einen Burger und einen Milchshake.

Danach schlug ich mein Lager außerhalb von Big Bear auf. Wegen der Höhe war es bitterkalt, doch ich sah es von der positiven Seite – durch die Kälte würden sich meine schmerzenden Beine besser erholen. Zum ersten Mal, seit ich aufgebrochen war, ergab ich mich bereitwillig den Elementen.

Am nächsten Morgen stand ich um sechs Uhr auf und machte mich auf den Weg, zuerst die Deep-Creek-Hot-Springs-Schlucht hinab, dann weiter in Richtung Mojave-Wüste. Unterwegs stieß ich auf einen Typen, der am Wegrand campiert hatte und aussah, als wäre er gerade aus dem Schlafsack gekrochen. Im Gegensatz zu einigen Wanderern, die ich in Big Bear gesehen hatte, schien er gut in Form zu sein.

Er saß inmitten seines teuer aussehenden Equipments – Zelt, Schlafsack, Kochgeschirr und Wanderstiefel; insgesamt bestimmt zwanzig Kilo schwer und frisch aus dem Globetrotter-Laden.

Ich blieb stehen. »Ich habe diesen ganzen Plunder gekauft«, erklärte er und deutete auf seine Sachen. »Und heute Nacht habe ich mir den Hintern abgefroren, obwohl mein Schlafsack eigentlich bis minus zwanzig Grad halten sollte.«

»Ach ja?« Ich bemühte mich um einen mitfühlenden Tonfall.

Genervt schüttelte er den Kopf. »Ich wollte den ganzen Trail machen, aber mit dieser Ausrüstung wird das nichts. Das war's. Vielleicht kannst du mich ja mit dem Auto mitnehmen, je nachdem, wo du stehst.«

»Ich laufe nach Norden bis zur Grenze«, sagte ich. »Und ich bin zu Fuß unterwegs.«

Er sah mich verdattert an und zeigte auf das Tuch um meinen Bauch. »Nur damit?«

Ich nickte. Er starrte mich wortlos an. Offenbar war er sich nicht sicher, ob ich ihn auf den Arm nehmen wollte oder bloß ein echt harter Knochen war. Er machte sich wieder daran, seine Sachen zu packen, und ich lief weiter.

Unterwegs dachte ich über die Leute nach, die krampfhaft versuchen, sich die Wildnis so behaglich wie möglich zu gestalten, indem sie mit einer Luxus-Ausrüstung anrücken. Wenn man den PCT tatsächlich erleben oder in freier Wildnis campen wollte, musste man wohl auf ein wenig Komfort verzichten.

Die Ironie blieb mir nicht verborgen. Ultraleichte Schlafsäcke wiegen nicht mal ein Pfund. Eigentlich hatte ich mir einen kaufen wollen, aber die zweihundertfünfzig Dollar hätten definitiv mein Budget gesprengt. Da hatte sich nun ein Typ mit so einem Luxusschlafsack den Hintern abgefroren, während ich die nächtliche Kälte genutzt hatte, um meinen schmerzenden Beinen eine raschere Regeneration zu ermöglichen.

Ich musste grinsen. Der Typ würde mindestens noch eine Stunde brauchen, bis er seinen ganzen Plunder eingepackt hatte, wohingegen ich nicht nur besser geschlafen hatte, sondern auch innerhalb von dreißig Sekunden bereit zum Aufbruch war. Ich lebte in Harmonie mit der Natur, und sie hatte sich meiner angenommen.

Rein emotional hatte es etwas von Zen, jeden Morgen aufzuwachen und zu wissen, dass ich nur eine Aufgabe hatte: nach Norden zu laufen. Größtenteils war der Pfad einen guten halben Meter breit, mit Sand oder Kies, aufgeweichter Erde oder Kiefernadeln, während sich vor mir ein scheinbar endloser Himmel erstreckte. Mit jedem Schritt, jedem Atemzug eröffnete sich mir etwas, das mich in Staunen versetzte: Pflanzen, Bäume, Tiere unterschiedlichster Größe und Gestalt. Mein Körper und mein Geist schienen eins zu sein, sich auf magische Weise zu verbinden, während ich rhythmisch einen Fuß vor den anderen setzte.

Besonders aufregend war, nie zu wissen, was mich hinter dem nächsten Hügel oder der nächsten Biegung er wartete. Kaum hatte ich etwas erblickt, war ich gespannt, was als Nächstes kommen würde. Ständig wieder aufs Neue überrascht zu werden, gehört zu meinen schönsten Erinnerungen an diesen Trip.

Allerdings gab es auch allerlei Hindernisse. Als ich die San Bernardino Mountains verließ und in die Mojave-Wüste kam, fielen Zecken über mich her. Alle paar hundert Meter musste ich stehen bleiben und sie von meinen Beinen wischen, dann lief ich weiter, nur um das Ganze nach ein paar hundert Metern zu wiederholen.

So ging es über viele Kilometer, durch das Gebiet um den Silverwood Lake, bis ich endlich die Wüste erreichte; zum Glück mit nur einer Handvoll Bissen. In den Hoden. Das Problem ist, dass man es nicht merkt, wenn sie einen beißen, aber wenn man die Viecher dann entdeckt und herauszieht, ist die Stelle tagelang wund und schmerzt.

Die Mojave-Wüste ist ein bizarrer Ort. Über eine Entfernung von knapp hundertdreißig Kilometern sah ich keine Menschenseele. Und dann, aus heiterem Himmel, führte der Trail über einen Highway direkt neben einem Lebensmittelladen – praktisch mitten im Nichts.

Ich ging hinein. Bis auf den Kassierer war der Laden leer. Ich nahm mir einen Orangensaft und einen großen Bohnenburrito und ging an die Kasse. »Sie essen wohl nicht allzu viel, was?«, bemerkte der Kassierer.

Im ersten Moment dachte ich, er wollte mich wegen meines dick belegten Burritos auf den Arm nehmen, und fragte ihn, wie er das meine. Er antwortete, am Vortag seien zwei Wanderer hier gewesen und hätten zehn riesige Eisandwiches gekauft. Dann hätten sie sich vor den Laden gesetzt und alle auf einmal verdrückt. Ich dankte ihm und ging.

Während der nächsten Kilometer dachte ich über meine seltsamen Begegnungen mit anderen Menschen nach. Die Leute, die ich kennenlernte, schienen den Trail ausnahmslos für ihre Zwecke zu nutzen: Die Mexikaner hatten ihn benutzt, um aus ihrer Heimat zu fliehen und ein neues Leben zu beginnen; die beiden Wanderer hatten versucht, mit ihrer Tagestour eine kurze Zeit ihren Alltag hinter sich zu lassen. Der Typ mit der Luxusausrüstung hatte nicht den Eindruck gemacht, als wollte er vor etwas fliehen. Ich hingegen nutzte den Pfad, um etwas zu finden.

Nach rund siebenhundertfünfundzwanzig Kilometern, auf denen ich ausschließlich meinen eigenen Proviant verzehrt hatte – von dem Burger mit dem Shake sowie dem Burrito und dem Orangensaft abgesehen –, kam ich nach Agua Dulce, um mein erstes Päckchen abzuholen. Leider war es nicht angekommen. Ich hatte die ersten beiden Päckchen am Tag vor dem Aufbruch aufgegeben und geplant, meine Mutter in regelmäßigen Abständen anzurufen, damit sie mir die beiden anderen schicken konnte.

Vermutlich war ich um einige Tage schneller als geplant. Ich war völlig ausgehungert, und bis zur nächsten Poststation in Tehachapi waren es noch über hundertsechzig Kilometer. Ich hatte gerade mal einen Dollar und zehn Cent in der Tasche und brauchte dringend etwas zu essen. Am Ende kaufte ich mir eine Tüte Maistortillas, drei halb vergammelte Bananen zum halben Preis und ein paar Limonen. Das würde für die nächste Etappe genügen müssen.

John Muir, Naturschützer und Gelehrter, bezeichnete die High Sierras einst als Berge des Lichts, weil sie zu den majestätischsten Orten der Welt zählen – Kiefernwälder, dazwischen herrlich grüne Wiesen, durch schmale Bachläufe miteinander verbundene Seen, bis zu viertausend Meter hohe, kegelförmige Granitfelsen, auf denen selbst in den Sommermonaten noch Schnee und Eis liegt. Auch Gletscher, die das ganze Jahr über nie schneefrei sind, findet man auf dem über dreihundert Kilometer langen Gebirgszug.

Kennedy Meadows gilt als das Tor zu den High Sierras. Es ist ein Gebiet auf gut achtzehnhundert Metern mit einem kleinen Resort, mehreren Campingplätzen und einer Versorgungsstation für Wanderer.

Mein drittes Päckchen hatte ich nach Kennedy Meadows geschickt. Darin befand sich mein Schlafsack, ohne den ich in diesen Höhen nicht zurechtkommen würde, da die Temperaturen weit unter den Gefrierpunkt fallen. Zum Glück war dieses Päckchen angekommen. Ich packte meine Jacke, die Vorräte und ein bisschen Geld aus und legte mir meine Bauchbinde wieder um.

Ich hielt mich nicht gern länger in den Städten auf und mied den Kontakt zu anderen Menschen, weil mir der enge Kontakt mit der Natur mehr am Herzen lag. Wie auf ein Stichwort begegnete ich meinem ersten Puma.

Ich befand mich an einer Stelle am Walker Pass, wo der Trail über einen offenen Grat führte. Parallel zu mir war ein Puma unterwegs.

Ich verlangsamte meine Schritte. Angst hatte ich nicht, aber ich war nicht sicher, wie sich der Berglöwe verhalten würde. Er ging weiter und sah sich immer wieder nach mir um. Etwa anderthalb Kilometer ging das so. Ich hoffte, dass er mich nicht als Eindringling empfand, sondern als jemanden, der gern mehr über ihn erfahren wollte. Irgendwann sah er mich an, ließ den Kopf kreisen und rannte davon.

Auf den hundertsechzig Kilometern von Kennedy Meadows bis zum Trail Pass geht es von rund zweitausend auf über dreitausendvierhundert Meter hinauf, und mit jedem Kilometer fällt die Temperatur. Ich stellte fest, dass die Nordhänge morgens, wenn ich dort unterwegs war, schnee- und eisbedeckt waren, wohingegen sich Schnee und Eis auf den Südseiten, die ich erst im Lauf des Tages erreichte, unter der Sonneneinstrahlung in eine sulzige Masse verwandelten. Umgekehrt wäre es mir deutlich lieber gewesen.

Meine Abstiegstechnik von den Nordhängen richtete sich nach der Steilheit des Geländes. Mit Hilfe von selbst angespitzten Stöcken oder scharfkantigen Felsstücken arbeitete ich mich abwärts. Gelegentlich rammte ich auch einen Stock ins Eis und schlitterte den Abhang hinunter oder benutzte ihn als Bremse. Ohne Hilfsmittel würde ich unweigerlich wie eine Flipperkugel zwischen den Bäumen umherkatapultiert werden, so viel war mir klar.

Die dreihundert Kilometer vom Mount Whitney bis nach Tuolumne Meadows führten mich über sehr bergiges Terrain. Über knapp viertausend Meter hohe Pässe ging es steil bergab ins Tal auf rund zweitausendfünfhundert Meter, ehe der nächste Pass folgte.

Mit viertausendneun Metern ist der Forrester Pass der höchste Punkt des gesamten PCT. Das Erstaunlichste war für mich, wie viele verschiedene Blumen in diesen felsigen Höhen gediehen.

Wie ein LKW-Fahrer, der sich auf seiner Tour von Stadt zu Stadt hangelt, beschloss ich, auf jedem Berg mein Nachtlager aufzuschlagen. Natürlich hatte ich auch schon früher auf Berggipfeln übernachtet, daher wusste ich, wie ich mich zu verhalten hatte. Ich suchte mir eine geschützte Stelle, um zu verhindern, dass ich Besuch von Bären auf der Suche nach einem Mitternachtssnack bekam.

An den meisten Tagen legte ich mich bei Einbruch der Dunkelheit hin und wachte bei Tagesanbruch auf, aber einige Nächte waren zu magisch, um sie zu verschlafen.

Auf dem Weg in die High Sierras hatte ich ganz oben auf dem Gipfel des Mount Baldy auf gut dreitausend Metern übernachtet, von wo aus sich ein Blick über das gesamte Becken von Los Angeles geboten hatte. Rein rational war mir das rege Treiben der Großstadt unter mir bewusst, doch lag sie so weit entfernt, dass es sich irgendwie surreal anfühlte.

Im Gegensatz dazu wurden die Sierras lediglich vom Mondschein erhellt. Weit und breit war keine Menschenseele zu sehen. Innerhalb von gerade einmal hundertsechzig Kilometern waren zehn Millionen Menschen einfach verschwunden.

In »Zen oder die Kunst, ein Motorrad zu warten« (Titel der deutschen Übersetzung) geht Robert Pirsig darauf ein, dass der Weg wichtiger sein kann als das Ziel selbst. Genauso empfand ich, als ich mit der Kaskadenkette die letzte Etappe des PCT erreichte. Im Gegensatz zu der Sierra Nevada bestanden die Kaskaden aus sanften Hügeln, was das Laufen zu einem echten Vergnügen machte. Meine Beine fühlten sich wie Räder an, die mühelos über das Gelände rollten.

Der Lassen Volcanic National Park war der schönste Teil dieser Strecke. Der Trail führt die Ostseite des Lassen Peak entlang, weit entfernt von den Touristenzentren auf der westlichen Seite. Der Lassen Peak ist ein aktiver Vulkan mit zahlreichen leuchtend blauen Geothermalseen. Der See, in den ich eintauchte, war bestimmt fast dreißig Grad warm.

Am Tag vor der Ankunft in Seiad Valley, dem Endpunkt vor der Grenze nach Oregon, lief ich hundertvierzig Kilometer weit durch einen Douglasienwald. In puncto Laufdistanz gehörte dieser Tag zu meinen besten. Ich hatte meinen Rhythmus gefunden. Am nächsten Morgen ging ich in die Stadt.

Ich hatte von dem Restaurant gehört, das PCT-Wanderern ein ganz besonders verlockendes Angebot machte: Wer drei Pfannkuchen schaffte, dessen Rechnung ging aufs Haus. Ich hatte Hunger und wenig Geld, also beschloss ich, mein Glück zu versuchen. Beim Hereinkommen fiel mein Blick auf den Koch, ein echter Koloss, der mindestens zweihundert Kilo auf die Waage brachte. Er stand mit dem Rücken zu mir, und als er einen Schritt zur Seite trat, erblickte ich das Schild, das neben ihm an der Wand hing: »Traue niemals einem mageren Koch«.

»Könnte ich bitte drei Pfannkuchen kriegen, Sir?«, fragte ich.

Der Koch musterte mich von oben bis unten – ich war mit schlanken zweiundsiebzig Kilo gestartet und lag mittlerweile schätzungsweise bei fünfundsechzig. »Wieso nimmst du nicht erst mal einen?«, gab er zurück.

Also suchte ich mir einen Platz – es war meine zweite richtige Mahlzeit, die ich im Sitzen einnahm – und wartete auf meinen Pfannkuchen: ein mindestens sieben Zentimeter hohes Monstrum, das ein gutes Stück über den Tellerrand hing. Es gelang mir, den ganzen Pfannkuchen zu vertilgen, der eher wie eine Geburtstagstorte schmeckte. Ehrlich gesagt, war das Ding fürchterlich. Mir war so übel, dass ich nicht länger darauf bestand, die Herausforderung anzunehmen. Ich zahlte einen Dollar fünfzig und ging.

An diesem Abend lag ich in meinem Schlafsack und zog ein Resümee: Seit siebenundfünfzig Tagen war ich unterwegs, aber in Wahrheit war meine Reise ein Sammelsurium aus allen möglichen Momenten, die nur eines gemeinsam hatten: Ich hatte sie ganz bewusst wahrgenommen. Mein Ziel war gewesen, den Trail in einer halbwegs akzeptablen Zeitspanne zu absolvieren, und ich war neugierig, um wie viel ich die bestehenden Rekorde würde unterbieten können, aber keineswegs um der Öffentlichkeit willen, sondern ganz allein für mich selbst. Ich hatte bewiesen, dass auch ein jüngerer Mensch einen Rekord für eine Ultradistanz aufstellen und der körperlichen Belastung standhalten konnte, immerhin hatte ich die Zeiten der besten Läufer um die Hälfte unterboten.

Vermutlich hätte ich eine ziemlich gute Chance gehabt, mein Abenteuer zu vermarkten und ein hübsches Sümmchen einzustreichen, das mir helfen würde, meine Karriere in Gang zu bringen, aber die Vorstellung, dieses Erlebnis kommerziell auszuschlachten, war mir ebenso zuwider wie der gesamte Fitness- und Laufmarkt im Allgemeinen. Indem ich für meinen Rekord Publicity gemacht hätte, wäre ich Teil dieser Maschinerie geworden, die ich so sehr verabscheute. Anfangs hatte ich geglaubt, mich darauf einlassen zu können, aber die Reise hatte alles verändert. Dieses einzigartige Erlebnis herabzuwürdigen, indem ich für einen Power-Riegel warb, war so ziemlich das Letzte, was ich tun wollte.

Sollte es jemanden interessieren, gab es eindeutige Beweise dafür, dass ich den Pacific Crest Trail in achtundfünfzig Tagen absolviert hatte, schließlich hatte ich mich in sämtliche Register eingetragen. Aber was andere davon hielten, kümmerte mich nicht, denn ich wusste ja, was dieser Rekord mir selbst bedeutete.

Ich hatte das Gefühl, etwas ganz Besonderes geleistet zu haben, allerdings nicht im modernen Sinne. Manche Leute haben dieses Gefühl, wenn sie mit dem Flugzeug einmal halb um den Erdball geflogen sind. Gut und schön, sie haben ein fremdes Land bereist, aber was haben sie in Wahrheit geleistet? Ich finde, nur wenn man unter Einsatz des eigenen Körpers eine Reise unternimmt, egal wie lang, schenkt einem dies dieses unvergleichliche Gefühl.

Einige Menschen wollen gern herausfinden, wozu sie in der Lage sind, mögen aber nicht an ihre Grenzen gehen. Ich hatte sieben Kilo abgenommen, aber weder Schmerzen in den Gelenken noch in der Muskulatur. Dabei hatte ich ein Paar umgebauter Laufschuhe verschlissen. Ansonsten waren leichte Bauchschmerzen in der letzten Woche mein einziges Problem gewesen, und der Riesenfladen von Pfannkuchen hatte nicht gerade zur Linderung beigetragen. Besonders interessant war, dass sich meine Füße verändert hatten. Sie waren platt geworden, als wäre ein LKW darüber gefahren, und statt Schuhgröße zweiundvierzig hatte ich auf einmal zwei bis drei Nummern größer. Allerdings bildeten sich meine Füße während des folgenden Monats zurück, als ich mein Laufpensum drastisch herunterfuhr.

Am letzten Morgen wachte ich mit einer Frage im Kopf auf: »Mache ich den Lauf für mich oder für andere?« Im Grunde hatte ich mein Ziel erreicht, ich hatte den PCT schneller absolviert als jeder andere, allerdings wollte ich es nicht offiziell machen und dadurch andere herausfordern, sich an meiner Zeit zu messen.

Ich fasste einen Entschluss. Ich packte meine Sachen und lief die letzten fünfundzwanzig Kilometer bis an die Grenze von Oregon. Drei Kilometer vor der Ziellinie des kalifornischen Teils des Pacific Crest Trail blieb ich stehen.

Freude und Demut erfüllten mich, vor allem aber Respekt vor der Natur und mir selbst. Ich nahm einen tiefen Atemzug, den besten der gesamten Reise. Und dann machte ich kehrt – statt bis zur Grenze lief ich zurück nach Seiad Valley. An diesem Nachmittag stieg ich in den Bus zurück nach Seal Beach.

Mit dieser Entscheidung hatte ich jede Möglichkeit einer Kommerzialisierung meiner Leistung ausgeschlossen. Ich beschloss, das offizielle Ziel nicht zu erreichen. Jeder, der sich die Mühe machte, die Logbücher von Capo bis nach Seiad Valley zu überprüfen, würde feststellen, dass ich fast alle Teiletappen in Rekordzeit gelaufen war. Aber das würde niemand tun, weil der letzte Eintrag fehlte. Teils war meine Entscheidung eine reine Trotzreaktion, schließlich war die Grenze eine künstliche Linie, aber in Wahrheit hatte ich sie gefällt, weil ich den Trail nur für mich gelaufen war.

8

STARK WIE EIN PFERD

Ich bin nicht Superman. Ich bin noch nicht einmal Tarzan, obwohl mir der Gedanke, dass wir einige Gemeinsamkeiten haben könnten, gut gefällt. Anfangs waren die Athletik und der feste Glaube an meine eigenen Fähigkeiten die Triebfeder für meine Versuche gewesen, in der Wildnis zu überleben. Schließlich führten mich meine Langstreckenläufe an zahlreiche Orte mit spektakulärsten Ausblicken. Aber je ruhiger ich wurde und je differenzierter ich die Dinge betrachten konnte, umso klarer wurde mir, dass ich geduldiger werden musste und mich viel weniger auf meine körperlichen Fähigkeiten verlassen durfte, wenn ich ein echter *Survivalist* werden wollte.

Ich begann, mich mit dem Thema eingehender zu beschäftigen. In vielen Büchern werden Survivalisten beschrieben, wie sie zwei Stunden am Tag irgendwelche Pflanzen sammeln und kochen. Das ist reine Erfindung. Will man in der Wildnis überleben, nimmt das den gesamten Tag in Anspruch. Niemand kann durch die Natur laufen und dabei ein umfassendes Verständnis für sie entwickeln, selbst wenn er noch so fit ist.

Um in der Wildnis überleben zu können, ist ein enormes Maß an Geduld notwendig, allerdings muss sich der Körper erst einmal an die extremen Bedingungen gewöhnen, muss starke Temperaturschwankungen aus-

halten, lange Strecken ohne ausreichende Flüssigkeits-
zufuhr bewältigen und in der Lage sein, selbst am Rande
der Erschöpfung aus den letzten Winkeln seines Körpers
und Geistes noch Energie zu ziehen.

Temperaturschwankungen sind die größte Herausforderung. Es gibt zahllose Berichte über Teilnehmer
von Skitouren, die tagelang vermisst wurden und auf
tragische Weise erfroren, bevor man sie fand; ebenso von
Wanderern, die einen Hitzschlag oder einen durch die
Hitze ausgelösten Herzinfarkt erlitten haben.

Mediziner, die auf das Überleben unter erschwerten
Lebensbedingungen spezialisiert sind, haben mir erklärt,
dass die Sauerstoffversorgung das A und O ist, wenn
man in Extremsituationen überleben will. Je besser der
Körper in der Lage ist, Sauerstoff aufzunehmen und zu
verwerten, umso größer ist die Chance, den Körper an
seine Grenzen zu bringen und selbst lebensbedrohliche
Situationen zu meistern.

Dr. Sam Parnia, Intensivmediziner und Bestseller-
autor, sagt, dass Lunge und Herz von gut trainierten
Menschen sich daran gewöhnt haben, das Maximum aus
dem aufgenommenen Sauerstoff herauszuholen. »Im
Lauf der Zeit hat ihre Atmung an Effizienz gewonnen,
so dass sie bei jedem Atemzug mehr Luft aufnehmen als
normale Menschen. Ihr Herz kontrahiert um ein Vielfaches stärker und pumpt mit jedem Schlag mehr Blut und
Hämoglobin heraus und somit Sauerstoff in sämtliche
Teile des Organismus.«

Die Fähigkeit, schneller Sauerstoff zu transportieren,
hilft dem Körper auf vielfältige Art und Weise – die Aus-
dauer steigert sich, Orientierungslosigkeit und Krämp-
fe aufgrund von Flüssigkeitsmangel in großen Höhen
können so vermieden werden. Der geringe Luftdruck im

Hochgebirge kann die Höhenkrankheit auslösen, wobei die Symptome von Mensch zu Mensch variieren. Fest steht, dass viele bereits ab einer Höhe von zwölfhundert Metern eine Veränderung ihrer Atmung feststellen. Bei über zweitausendfünfhundert Metern kommen Kurzatmigkeit und das Unvermögen hinzu, genug Sauerstoff aufzunehmen, um diesen Effekt zu verhindern. Durch Bewegung wie Laufen oder Skifahren verlangt der Körper noch mehr Sauerstoff als im Ruhezustand, weshalb sich Schwindel, Übelkeit oder Kopfschmerzen einstellen.

Je besser jemand trainiert ist, umso besser kann er Sauerstoff auch in großen Höhen aufnehmen und weiterverarbeiten. Ich kenne mehrere Ultradistanzläufer, die ebenso fit sind wie ich und problemlos lange Strecken im Gebirge absolvieren können.

Matt Carpenter ist einer der besten Bergläufer der Welt und ein echtes Phänomen. Der Mann ist unfassbar talentiert und hat sein gesamtes Leben dem Extremlaufen gewidmet. Matt hat jedes wichtige Bergrennen gleich mehrmals gewonnen und hält praktisch jeden Streckenrekord, auch den für die schnellste Zeit bei einem Marathon auf einer Strecke zwischen unglaublichen viertausendzweihundert und fünftausendeinhundert Metern.

Carpenters Fähigkeit, Sauerstoff zu verarbeiten – auch als maximale Sauerstoffaufnahme VO_2 bezeichnet – ist unvergleichlich. Im US-Olympiatrainingszentrum wurde sie mit neunzig Komma zwei gemessen; das ist der zweithöchste Wert hinter einem norwegischen Skilangläufer. Zum Vergleich: Ein Wert von sechzig gilt bei gut trainierten Athleten bereits als hervorragend.

Ich habe meinen VO_2-Wert nie messen lassen und bezweifle, dass ich an Matt herankommen würde. Allerdings wurde im Zuge einer Routineuntersuchung meine

Sauerstoffsättigung untersucht, die angibt, wie viel Prozent des Hämoglobins im Blut mit Sauerstoff beladen sind. Normalerweise liegt dieser Wert irgendwo zwischen fünfundneunzig und hundert Prozent, abhängig von einer ganzen Reihe an Faktoren, darunter auch die Höhe über dem Meeresspiegel. Die Ärztin meinte, da wir uns auf gut siebzehnhundert Metern befänden, sei ein Wert von maximal siebenundneunzig Prozent denkbar. Sie schaltete ihr Gerät ein. »Und Ihr Wert liegt bei ... äh ... achtundneunzig Prozent.«

Einmal machte ich bei einem Sechzehnkilometerlauf in Colorado mit, an dem auch Matt Carpenter teilnahm. Vierzig supertrainierte Langstreckenläufer, darunter auch ein weltberühmter Kenianer, würden den Lauf absolvieren. Es war kein gewöhnliches Rennen, vielmehr hatte jeder Interessent eine Bewerbung nebst Lebenslauf vorlegen müssen. Da der Lauf auf viertausendzweihundert Metern bei Schnee stattfinden würde, musste ich meine Sandalen gegen normale Laufschuhe eintauschen, weil der Matsch mich sonst langsamer machen würde. Ich fand ein Paar mit niedrigem Schaft und wenig Polsterung, in dem ich eine Woche vor dem Lauf mein Training aufnahm.

Der Lauf begann auf einer Höhe von rund zweitausendfünfhundert Metern. Der Kenianer startete mit flotten zwanzig Kilometern pro Stunde. Wir anderen, auch Carpenter, ließen ihn ziehen. Für eine solche Höhe lief er viel zu schnell, vor allem in Anbetracht der Streckenlänge von gut sechzehn Kilometern.

Nach den ersten drei Kilometern entzerrte sich das Feld. Matt schob sich an dem Kenianer vorbei und übernahm die Führung. Ich lag an fünfter Stelle, überholte den Kenianer, der inzwischen ziemlich schnaufte und ächzte, an einem Anstieg und setzte mich an die dritte Stelle.

Ich fühlte mich stark. Als wir auf dem Gipfel wendeten, holte ich noch weiter auf und befand mich sogar in Sichtweite von Matt. Ihn zu schlagen, war an diesem Tag vermutlich nicht möglich, aber vielleicht konnte ich zumindest den zweiten Platz erreichen, was mir ein dickes Honorar und einen Gratisflug nach Italien eingebracht hätte.

Als ich den Berg hinunterlief, bemerkte ich einen Mountainbiker, der Anstalten machte, den zweiten Hügel zu erklimmen. Er zückte seine Kamera und machte Fotos von mir. Für den Bruchteil einer Sekunde war ich unkonzentriert, verkantete mit der leicht erhöhten Ferse meines Schuhs und knickte um.

Es war nicht weiter tragisch, deshalb lief ich weiter. Doch bald wurde der Schmerz schlimmer. Zwar hätte ich das Rennen wohl zu Ende laufen können, dadurch jedoch die Verletzung vermutlich schlimmer gemacht, also gab ich auf.

Am Ende gewann Matt mit einem Vorsprung von zehn Minuten. Eingeholt hätte ich ihn wohl nicht, aber die anderen Läufer hätte ich bestimmt in Schach gehalten und wäre als Zweiter ins Ziel gegangen.

Als Zweiter hinter Matt Carpenter – mehr kann man sich als Läufer ganz bestimmt nicht erhoffen.

Während einem eine erhöhte Sauerstoffversorgung das Gefühl von übermenschlichen Fähigkeiten verleihen mag, gibt es andere Faktoren, die in extremen Situationen zum Tragen kommen. Giftstoffe verhindern häufig, dass der Körper Höchstleistungen bringen kann. Die Hauptquelle für Giftstoffe im Körper sind falsche Ernährung, Stress, eine Übersäuerung der Muskulatur und elektromagnetische Gifte aus Handys und Computern. Durch ein Leben in der Wildnis werden diese Gifte schneller und gründlicher aus dem Körper geschwemmt als mit einer Wellness-Massage. Gute Luft ist wie eine Frischzellenkur für den Körper und gibt ihm die Fähigkeit zurück, sich schnell zu regenerieren.

Da es in der Wildnis weder Keime noch Bakterien gibt, werde ich auch nie krank. In Städten dagegen sind die Menschen diesen Viren und Bakterien ununterbrochen ausgesetzt.

Die Ernährung spielt beim Leben unter extremen Bedingungen eine wichtige Rolle. Aktuell ist die Paleo-Ernährung in aller Munde. Im Grunde geht es darum, dieselben Nahrungsmittel zu sich zu nehmen wie die Jäger und Sammler vor Hunderttausenden von Jahren, als der Mensch noch keinen Ackerbau betrieb: Fleisch, Fisch, Blattgemüse, Früchte, Nüsse, Gemüse und Samen anstelle von industriell verarbeiteten Lebensmitteln, Getreide oder Zuckerhaltigem. Daraus ergibt sich eine Ernährung mit hohem Eiweißanteil, wenigen Kohlehydraten, vielen Ballaststoffen und einer besseren Versorgung mit Vitaminen und Antioxidanzien.

Sehr wichtig ist die Ausgewogenheit. Im Lauf der Jahre habe ich festgestellt, dass ich nicht genug Energie für den Tag hatte, wenn ich mich ausschließlich von Gemüse und Getreide ernährte. Ich nahm Fisch in meinen Speiseplan auf, trotzdem war ich immer noch ständig müde und erschöpft. Also begab ich mich auf die Jagd und fing an, Fleisch zu essen, was mir zu spürbar mehr Energie verhalf.

Später konsultierte ich den Ernährungsfachmann Ryan Koch zu diesem Thema. »Will man eine primitive

Lebenssituation, sprich die Lebensweise unserer Vorfahren vor über zwei Millionen Jahren bis zum Neolithikum vor rund zehntausend Jahren, realistisch nachstellen, braucht ein Mensch meiner Meinung nach tierische Produkte, um gesund zu bleiben«, erklärte er mir. »Und nicht nur das. Jeder verspürt unweigerlich das Verlangen nach wichtigen Nährstoffen, wie sie ausschließlich im Fleisch vorkommen, und vor allem nach tierischen Fetten. Damit meine ich vor allem die fettlöslichen Vitamine A, D und K. Mit anderen Worten liefern Pflanzen bei einem längeren Aufenthalt in der Wildnis nicht ausreichend Nährstoffe zum Überleben.«

Der vielleicht größte Vorteil an meiner Verfassung ist, dass sich mein Stoffwechsel gedrosselt hat, was bedeutet, dass ich nicht so häufig Nahrung aufnehmen muss. Die meisten Amerikaner essen ständig, zumindest aber dreimal am Tag. Wenn sie nicht alle fünf Stunden etwas zu sich nehmen, fällt ihr Blutzuckerspiegel ab, und ihnen wird übel und schwindlig.

Dass mein Stoffwechsel langsamer funktioniert, hilft mir auch, Energie für den Fall zu speichern, dass ich einen Tag oder noch länger keine Nahrung finden kann. Ein langsamerer, effizienterer Stoffwechsel bedeutet, dass mein Blutzuckerspiegel stabil bleibt und mein Energielevel nicht abstürzt, selbst wenn ich ein paar Tage nichts zu essen bekomme. Wie die Tarahumara kann auch ich lange Strecken laufen, ohne Tausende von Kalorien zu mir nehmen zu müssen. Das erklärt vielleicht, wie ich dazu kam, an einem Pferderennen über gut vierzig Kilometer teilzunehmen – ohne Pferd.

Was im Grunde als Job gedacht war, endete als Studie eines Wettkampfs zwischen Zwei- und Vierbeinern. Ein

Freund hatte mich gebeten, gemeinsam mit ihm und seiner Frau auf dem sogenannten Dutch Oven für ein paar Trail-Reiter in den Bergen zu kochen. Genauer gesagt, sollte das Rennen auf den Boulder Mountains stattfinden.

Das Rennen war auf achtzig Komma fünf Kilometer innerhalb von drei Tagen angelegt, wobei der zweite Tag mit etwa der Hälfte der Strecke eindeutig der härteste werden würde. Die Strecke führte in südöstliche Richtung, dann quer durch das bergige Utah bis zur alten Postroute. Es ging quer über den Escalante River, dann gut acht Kilometer flussaufwärts bis nach Big Flat und schließlich zurück nach Escalante. Ich war die Strecke mehrmals gelaufen und kannte sie daher gut.

Irgendwann kam mir der Gedanke, dass es doch eigentlich ganz cool wäre, gegen die Pferde anzutreten. Meine letzte Langstrecke lag bereits einige Wochen zurück, und die Versuchung war groß. Wie gesagt, war das Rennen in drei Etappen aufgeteilt und führte durch Schluchten und über Berge. Die Reiter hatten auch die Möglichkeit, zwischendurch die Pferde zu wechseln.

Ich ging zum Renndirektor, einem Typ namens Krocadoomis, und fragte, ob ich am zweiten Tag mitmachen durfte – zu Fuß.

Krocadoomis sah genauso aus, wie man sich einen Cowboy aus dem Süden von Utah vorstellte: buschiger Schnurrbart und zerknautschter Hut. Er sah mich an, als hätte ich den Verstand verloren, und wollte wissen, wie um alles in der Welt ich es mit einer Horde Pferde aufnehmen wollte.

»Mit meinen Füßen, in meinen Sandalen«, sagte ich.

»Aber das schaffst du doch nie«, meinte er.

Ich lächelte. »Das kriege ich schon hin.«

Ich erklärte ihm, dass ich die Gegend wie meine Westentasche kennen und mich auch dann nicht verirren würde, wenn die Pferde mich abhängten.

Schließlich grinste er und zupfte an seinem Schnurrbart. Bestimmt malte er sich bereits aus, wie die Zeitungen die Meldung von einem Läufer in Sandalen, der gegen die Vollblüter antrat, aufgreifen würden und er dadurch mehr Publicity bekäme. Er gab mir die Erlaubnis, allerdings unter einer Bedingung: Beim Start musste ich ein Stück vorauslaufen, das Tor öffnen und beiseitetreten oder losrennen, um nicht von den Pferden totgetrampelt zu werden, die insbesondere beim Start mit Adrenalin bis zu den Ohren vollgepumpt waren.

Am nächsten Morgen schlüpfte ich in ein Paar dünne Sandalen mit Sohlen aus alten VW-Bus-Reifen und gesellte mich zu den siebenunddreißig Pferden, deren Reiter – ein munteres Trüppchen aus Cowboys und abenteuerlustigen reichen Typen – ich teilweise bei unserem Koch-Event kennengelernt hatte. Ich hatte ihnen von meinem Lauf über den Pacific Crest Trail erzählt, allerdings war ich nicht sicher, ob mir alle geglaubt hatten. Fest stand, dass sie sich nicht von einem Kerl in Sandalen den Schneid abkaufen lassen würden.

Krocadoomis gab mir ein Zeichen, worauf ich die vierhundert Meter zum Gatter lief, es öffnete und losrannte. Ich hörte die donnernden Hufe hinter mir, und ein anständiger Sprint zu Beginn, um einen Vorsprung herauszuholen, erschien mir die klügste Strategie. Also preschte ich durch das Kiefernwäldchen. Nach einem weiteren Kilometer fiel mir auf, dass das Donnern leiser wurde. Ich gewann also tatsächlich einen Vorsprung.

Die erste, knapp neunundzwanzig Kilometer lange Etappe führte durch die Berge nach Boulder. Das Terrain – sandige Hügel und ein paar steinige Pfade, auf denen die Tiere problemlos Halt finden würden – sollte den Pferden eigentlich entgegenkommen, und selbst die Ebenen waren meist sandig. Ich schätzte, dass sie auf der Ebene mit gut dreißig Kilometern pro Stunde dahinpreschten, trotzdem hatte ich seit dem Start keines mehr gesehen.

Ich rannte in die Stadt, bis zum Rodeoplatz, dem Ziel der ersten Etappe. Dort wartete und wartete ich, ungläubig, dass ich tatsächlich einen solchen Vorsprung herausgelaufen haben sollte. Die Monitore waren noch nicht einmal eingeschaltet. Ich saß etwa zwanzig Minuten da, ehe die ersten Leute mit den Anhängern eintrafen, um die Pferde zum Start der zweiten Etappe zu transportieren. Auch sie waren völlig von den Socken, mich zu sehen. Einer wollte wissen, wie lange ich schon hier sei. Ich sagte es ihm, worauf er meine Ankunftszeit eintrug – fünf Minuten vor dem Moment, als er mich gefragt hatte.

Kurz darauf tauchten die ersten Pferde auf, allerdings verging eine weitere Viertelstunde, bis auch alle anderen eingetrudelt waren. Die Pferde wurden in die Hänger verladen und ans andere Ende der Stadt gebracht.

Am Startpunkt der zweiten Etappe ließ man mich als Erstes loslaufen, allerdings dicht gefolgt von den Pferden, deren donnernde Hufe ich auch diesmal direkt hinter mir hörte. Ich beschleunigte und hatte sie schon bald hinter mir gelassen.

Wieder baute ich meinen Vorsprung aus und sah erst nach über zwanzig Kilometern das erste Pferd wieder; ich hatte die Schlucht gerade durchquert und sah das Tier auf der anderen Seite.

Bei Kilometer sechsundzwanzig machte ich bei der Tierarzt-Station halt, wo man mir sagte, Krocadoomis, der ebenfalls mitritt, hätte per Funk angewiesen, mich aufzuhalten. »Du wirst natürlich nicht untersucht, sollst aber so lange hier warten, bis die Pferde durchgecheckt sind«, meinte der Tierarzt. »Aus Fairnessgründen ...«

Eine Viertelstunde später trafen Krocadoomis und einige andere Reiter ein. Wir redeten noch eine Weile, dann ließen sie mich weiterlaufen, ehe sie, weitere zwanzig Minuten später, weiterritten. Allmählich beschlich mich der Verdacht, dass Krocadoomis meinen Sieg unbedingt verhindern wollte.

Die letzten knapp fünfzehn Kilometer bis zum Ziel waren eine echte Herausforderung, weil der Weg über einen ebenen sandigen Weg führte, was für die Pferde eindeutig ein Vorteil war. Nach etwa anderthalb Kilometern überholten mich Krocadoomis und einer der anderen Reiter.

Irgendwann musste ich meine Konzentration verloren haben, denn an einer Abzweigung bog ich falsch ab und musste umkehren und zurücklaufen. Als ich wieder auf den Pfad stieß, hatten mich zwei weitere Pferde überholt. Sie befanden sich etwa hundert Meter vor mir. Auf der Zielgeraden sah die Reihenfolge so aus: drei Hengste, dann kam ich, dann folgten die restlichen vierunddreißig Pferde.

Die meisten hätten sich damit zufriedengegeben, aber ich war fest entschlossen, noch einmal in Führung zu gehen. Der Weg führte zu einer steil abfallenden Klippe, die meine einzige Chance war, Boden gutzumachen. Ich rannte den Abhang hinunter und konnte zumindest eines der Pferde abhängen, ehe es auf den letzten achthundert Metern bis zum Ziel wieder eben wurde. Ich sprintete so schnell, wie ich nur konnte, aber es gelang mir nicht, die beiden ersten abzufangen.

Am Ende ging ich als Dritter mit einer Gesamtlaufzeit von sechs Stunden und siebenundfünfzig Minuten ins Ziel.

Meine Leistung war respektabel, aber bei weitem nicht einzigartig. In Prescott, Arizona, findet jedes Jahr ein Rennen Mensch gegen Pferd über gut achtzig Kilometer und unterschiedliche Geländegegebenheiten statt, darunter steile Anstiege und Ebenen; manchmal gewinnt ein Pferd, aber meistens ein Zweibeiner. Beim walisischen Man vs. Horse Marathon gab es lediglich zwei menschliche Sieger in fünfunddreißig Jahren.

Wie kann ein Mensch schneller laufen als ein Pferd?

Die wichtigsten Faktoren sind die Schrittlänge und die Atmung. In Experimenten, in denen Menschen und Pferde nebeneinander herliefen, konnte nachgewiesen werden, dass die Schrittlänge beim Menschen länger ist, er also weniger Schritte braucht, um dieselbe Distanz zurückzulegen. Dadurch spart er Energie.

Darüber hinaus können Pferde beim Galoppieren ihre Atmung nicht beschleunigen. Da die schnellere Atmung jedoch die einzige Methode ist, um abzukühlen, steigt die Körpertemperatur des Pferdes beim Galoppieren immer weiter, so dass es irgendwann zwangsläufig in Trab verfallen muss, um nicht zu überhitzen.

Wir Menschen hingegen können sehr wohl hecheln und japsen, selbst wenn wir gewissermaßen im »Galopp« sind. Deshalb können wir unseren Organismus auch dann noch herunterkühlen, wenn wir über eine längere Strecke sprinten.

Bei meinem Rennen gegen die Pferde hatte ich im

Grunde die gesamte Strecke im Sprint zurückgelegt, wodurch ich mir beide Faktoren – Schrittlänge und Atmung – zunutze gemacht hatte. Die Temperatur hatte bei gut zwanzig Grad gelegen, deshalb hatte mein Organismus nicht überhitzt, außerdem hatte ich keinen Wasservorrat mitgenommen, sondern an den Versorgungsstationen getrunken oder wenn ich unterwegs auf Wasser gestoßen war. Als Proviant hatte ich Kiefernnadeln gegessen und mich dadurch konstant mit Energie versorgt, wohingegen die Pferde lediglich beim Tierarzt-Checkpoint etwas gefressen hatten.

Auch der Untergrund ist ganz entscheidend bei einem Wettbewerb zwischen Mensch und Pferd. Auf einer sandigen Ebene kann das Pferd ein deutlich höheres Tempo erreichen, während der Mensch bei einer Mixstrecke aus schmalen Serpentinenpfaden und langen Ebenen besser abschneidet, weil das Pferd eine Ruhepause benötigt. Das erklärt auch die Unterschiede in den Ergebnissen beim hügeligen Prescott-Rennen und dem Wettbewerb in Wales, bei dem das Gelände ausnahmslos flach ist.

Nach dem Rennen gab es ein gemeinsames Abendessen aller Reiter. Krocadoomis hielt eine Rede und verlieh mir eine Silbermedaille.

»Als ich gesehen habe, wie du durch die Schlucht geprescht und auf der anderen Seite wieder hinaufgestürmt bist, wusste ich endlich, wie Geronimo das geschafft hat«, erklärte er.

SURVIVAL-REGEL #3:

KENNE DICH SELBST

Zu lernen, wie man in der Wildnis überlebt, ist ein komplexer Prozess, sowohl in physischer als auch in mentaler Hinsicht. Mich selbst gut zu kennen ist in kritischen Situationen ebenso wichtig wie die Fähigkeit, mich den Anforderungen der Natur zu stellen.

Obwohl ich mittlerweile eine Menge über das Leben in der Wildnis weiß, stelle ich erst jetzt fest, dass ein Leben als Survivalist eine Vollzeitbeschäftigung ist. All die Jäger und Sammler aus Büchern oder dem Fernsehen erwecken den Anschein, als ließe sich das Ganze innerhalb einiger weniger Stunden am Tag bewältigen, aber das ist unrealistisch. Wer in der Wildnis überleben will, kann nicht den ganzen Tag Eiscreme in sich hineinstopfen und nach Feierabend und an den Wochenenden für ein Weilchen den Jäger und Sammler spielen.

Anfangs habe ich die Thematik aus dem Blickwinkel des Extremsportlers betrachtet, mittlerweile ändert sich meine Haltung. Als ich jünger war, konnte ich als Läufer die herrlichsten Gegenden bereisen und gleichzeitig an meinen Fähigkeiten als Jäger und Sammler arbeiten. Das war praktisch meine Identität. Heute jedoch versuche ich eine Balance zu finden und mich nicht länger nur über meine langen Laufdistanzen zu definieren.

Einen Gang herunterzuschalten ist genauso wichtig wie an einem Tag hundert Kilometer quer durch die Wüste laufen zu können, das habe ich inzwischen begriffen. Und ich sehe genauer hin als früher. Auch wenn ich bislang nicht blind für die Einzigartigkeit der Natur oder die Schönheit der kleinsten Blüte gewesen sein mag, ist mir klar, dass eine scharfe Beobachtungsgabe ein wesentlicher Faktor für ein Leben als Jäger und Sammler ist.

Mir wird bewusst, dass dieses Leben ein extremes Maß an Geduld erfordert – eine Gabe, auf die ich vertrauen können muss, um keinen fatalen Fehler zu begehen, beispielsweise in einem biblischen Sturm Unterschlupf an einer unerreichbaren Stelle zu suchen.

Was ich jeden Tag aufs Neue entdecke, kann man in keinem Buch nachlesen, aber all diese Dinge sind wichtig. Im Alltag passiert es sehr schnell, dass man ausschließlich um sich selbst kreist, doch die Natur lässt einem so etwas nicht durchgehen. Sie verlangt von dir, dass du dich umsiehst und genau beobachtest.

Während ich weiter eins werde mit der Natur und sie immer besser verstehe, lerne ich auch viel über mich selbst. Ich will an den Punkt gelangen, an dem ich mich gut genug kenne, um dieses Wissen in meine Beziehungen einfließen zu lassen. Ich will fähig sein, innezuhalten und mich zu fragen: Was braucht dieser Freund heute? Was muss ich tun, um diesem Menschen besser zur Seite stehen zu können? Wenn ich dazu in der Lage bin, bedeutet das, dass ich mich selbst wirklich kenne.

9

MEIN PLATZ IM LEBEN

Der Anblick des Grand Staircase-Escalante National Monument traf mich mitten ins Herz. Egal, von welcher Seite man es betrachtet, ist es der Inbegriff der Schönheit.

In Utah zwischen Escalante und dem sogar noch kleineren Boulder gelegen, ist das »Monument«, wie es von Einheimischen abgekürzt wird, mit seinen knapp siebentausend Quadratkilometern sogar größer als Delaware. Es untergliedert sich in drei Abschnitte: das Grand Staircase, das Kaiparowits Plateau und die Canyons of the Escalante. Entstanden aus dem Zusammenspiel uralter Gletscher und fließender Gewässer, präsentiert sich die Gegend als geologisches Wunder der Natur mit einem weitverzweigten Netz aus Schluchten, Flüssen und vielfältigster Vegetation.

Die Entfernungen lassen sich nur mit Mühe schätzen. Blickt man vom Gipfel des rund dreitausendvierhundert Meter hohen Boulder Mountain hinab, kann man kaum sagen, ob man zwei oder zwanzig Kilometer vor sich hat.

Besonders bemerkenswert sind die horizontalen Gesteinsschichten, die aussehen, als wären sie mit dem Bleistift gezogen worden, wohingegen die in Grün- und Grautönen schattierten Ebenen den Anschein erwecken, als hätte jemand die Farben gemischt und großflächig mit dem Pinsel aufgetragen. Die Farben und Schattierungen wechseln ständig, je nach Sonneneinfall und Wolkendicke. Der Highway 12 verläuft quer durch das Monument und verbindet Boulder und Escalante. Wegen seiner gewaltigen Baukosten bekam dieser Teilabschnitt den Beinamen »Million Dollar Road«. 1935, als der Highway in Betrieb genommen wurde, war dies eine gewaltige Summe für ein Stück geteerte Straße. Die gewundene Straße sieht wie ein dunkles Band aus, das sich am Plateau entlangschlängelt. An einem Serpentinenstück ohne Leitplanke, auch Hogsback genannt, ist der Grat gerade einmal einen Meter breiter als die Straße.

Als ich all das zum ersten Mal sah, wusste ich, dass dies meine Heimat war.

Im März 1996 zog ich in die Gegend von Boulder. Das erste Mal war ich in einem Artikel in der Zeitschrift *Backpacker* auf das Städtchen gestoßen. Damals lebte ich noch in der Sierra Nevada und arbeitete an meinen *primitive skills*, also meinen Überlebenstechniken unter Einsatz urzeitlicher Mittel. Rein zufällig sah ich die winzige Anzeige einer Survival-Schule mit Schwerpunkt auf das urzeitliche Leben in der Natur. *Das ist genau das, wonach ich suche*, war mein erster Gedanke.

Ich wählte die Nummer der Boulder Outdoor Survival School (BOSS) und sprach mit David Wescott, dem Besitzer. Auf meine Frage, ob er eine Stelle frei hätte, lachte er und meinte, ich müsste zuerst einen Kurs bei ihm absolvieren, bevor ich für ihn arbeiten könne. Ich erzählte etwas mehr über mich und die Art, wie ich lebte, worauf er mich ermutigte, nach Boulder zu kommen.

Wescott war Mitte vierzig und arbeitete selbst als Trainer. Neben BOSS und einer weiteren Survival-Schule in Idaho organisierte er auch die beiden größten Survival-Jahreszusammenkünfte: Rabbitstick in Idaho und Winter Count in Arizona. Außerdem war er Mitbegründer des *Bulletin of Primitive Technology*, einem Forum für Menschen, die die urzeitlichen Überlebenstechniken erlernen und sich mit Gleichgesinnten darüber austauschen wollten. Für ihn zu arbeiten erschien mir der perfekte Weg für mich.

Ich packte mein gesamtes Hab und Gut in zwei Satteltaschen und schnallte sie an meinem Mountainbike fest. An ihrem freien Tag brachten mich meine Eltern zur Grenze von Kalifornien und Nevada, von wo aus ich mich auf den Weg machte.

Es waren fast achthundert Kilometer quer durch Nevada. Ich konnte es kaum erwarten, deshalb nahm ich mir ein Tagespensum von knapp zweihundertzehn Kilometern vor, damals mein persönliches Maximum in bergigen Gegenden.

Mitte März, kurz vor Beginn der Wandersaison, kam ich nach Boulder und fuhr auf dem direkten Weg zu BOSS, wo mich ein Trainer namens Rob Withrow in Empfang nahm. Er meinte, Wescott kehre erst in ein paar Wochen zurück. Rob war Handwerker und lebte während des Winters im BOSS-Büro. Er bereite sich gerade auf eine Tour in die Berge vor und wollte eine Weile dort oben bleiben. Ich fragte, ob ich ihn begleiten dürfe, worauf er meinte, gleich am nächsten Morgen gehe es los.

Ich campierte neben der Survival-Schule. Als ich am nächsten Morgen ins Büro kam, sagte er, er brauche noch eine Weile und ich solle in drei Tagen noch einmal wiederkommen. Also beschloss ich, mich auf eigene Faust ein wenig umzusehen.

Ich stieg auf das Hochplateau einer nahegelegenen Felsformation namens Schoolhouse Ledge, wo ich einen Steinkreis von drei Metern Durchmesser errichtete, um dort für die nächsten vier Tage und Nächte mein Lager aufzuschlagen. Ich betrat den Kreis mit nichts als einem Lendenschurz. Proviant oder Wasser hatte ich nicht mitgenommen. Ich wollte Klarheit für meinen Weg erlangen, so wie die Indianer es bei ihren Visionsritualen machten.

Am Ende hatte ich zwar keine spektakulären Visionen, aber zumindest gelang es mir, eine Verbindung zur Natur herzustellen. Statt der geplanten vier blieb ich nur drei Tage, allerdings zwang mich die Natur, innezuhalten, zu lauschen und ihr zu gestatten, sich mir zu öffnen. In diesem Steinkreis hatte ich mein neues Zuhause gefunden.

In der Ferne erspähte ich einen dunklen Fleck in der ansonsten hellen Gesteinsformation. Augenblicklich war meine Neugier erwacht. Ich verließ meinen Steinkreis, durchquerte den Canyon und erklomm den Berg. Der Fleck entpuppte sich als türgroßes Loch im Felsen. Ich schob mich hindurch und stand in einer Art Durchgang, der nach ein paar Metern eine Biegung machte und mich in eine große Höhle führte. Spontan beschloss ich, sie zu meinem neuen Zuhause zu machen.

Bis zum heutigen Tag habe ich nie wieder so eine Höhle gefunden. Im Hinblick auf die Temperatur war sie unglaublich effizient. Eines Nachts wachte ich auf und bemerkte, dass rings um mich herum Schnee lag. Aber obwohl ich lediglich auf einem Baumwolltuch lag, war mir angenehm warm.

Innerhalb weniger Wochen war mir klargeworden, dass mir Boulder und das Monument alles gaben, was ich mir immer gewünscht hatte. Hier gab es Gegenden, in denen auch jemand ohne große Survival-Erfahrung eine Zeitlang problemlos überleben konnte. Genau das hoffte ich anderen beibringen zu können.

Survival-Trainer zu werden entpuppte sich als schwieriger, als ich zunächst angenommen hatte. Als David Wescott schließlich nach Boulder zurückkehrte, erklärte er mir, dass sich zehn Leute bei ihm um einen Job beworben hätten und dass wir alle zuerst einen knallharten zweiwöchigen Survival-Kurs absolvieren müssten.

Ich war mir ziemlich sicher, dass ich ihn bestehen würde. In den vier Wochen, seit ich in Boulder war, hatte ich weiter an meinen urzeitlichen Überlebenstechniken gearbeitet und David Halliday kennengelernt, einen Einheimischen, der die Gegend von ganzem Herzen liebte und mir viel über ihre Vorzüge und Besonderheiten erzählt hatte. Doch als ich den anderen beim Packen zusah, wurde ich ein wenig besorgt.

Die anderen Teilnehmer nahmen viel mehr mit, während ich lediglich mein bewährtes Tuch um den Bauch hatte. Ich trug einen Lendenschurz, ein Baumwollhemd und Sandalen, die anderen waren profimäßig mit Nylonhosen und vollgestopften Rucksäcken unterwegs. Außerdem nahmen sie ein zweites Ausrüstungspaket mit Nüssen, Linsen, einem Poncho und einer Decke mit, das sie auf der Hälfte der Strecke deponieren wollten, um es nach dem ersten Trainingsteil etwas angenehmer zu haben.

Breck Crystal, ein Trainer, den ich einige Tage zuvor kennengelernt hatte, fragte mich, wo denn meine Ausrüstung sei, worauf ich antwortete, ich würde lediglich mit meinem Tuch um den Bauch aufbrechen. Daraufhin bot er mir seinen zusätzlichen Poncho und seine Decke an.

Der Kurs bestand aus einzelnen Teilabschnitten, was ich allerdings nicht wusste, da ich die Broschüre nicht gelesen hatte. Der schwierigste Teil namens »Einstimmung« bestand aus einem sechstägigen Marsch bei minimaler Verpflegung quer durch das Monument. Wir durften nur das Wasser trinken, das wir selbst gefunden hatten, dasselbe galt für die Nahrung – Dreimasterblumen, wilde Zwiebeln, Senfblätter und Yuccablüten. Ziel dieses Ausbildungsteils war es, den Körper auf Sparflamme laufen zu lassen, wodurch sich auch der Stoffwechsel automatisch anpasst. Da wir so wenige Kalorien zu uns nahmen, hatte während des restlichen Kurses jeder das Gefühl, pappsatt zu sein, wenn er mehr als achthundert Kalorien zu sich nahm.

Mir fiel das alles nicht sonderlich schwer. Manchmal war mir leicht schwindlig, und einige der Kursteilnehmer kippten beinahe um, wenn sie zu schnell aufstanden, aber ansonsten ging es allen halbwegs gut.

Die zweite Trainingsphase stand unter dem Motto »Gruppenexpedition«. In diesem Abschnitt sollten wir lernen, uns anhand von Karten und dem Kompass zu orientieren und Essen zu kochen. Ich erklärte den Trainern, dass ich mich damit bereits bestens auskannte und eigentlich hergekommen sei, um eine tiefere Bindung zur Natur aufzubauen. Zwar kauften sie mir das nicht so ganz ab, trotzdem erlaubten sie mir, mich abzuseilen und mein eigenes Ding zu machen. Inzwischen gingen sie davon aus, dass ich schon wusste, was ich tat. Also warf ich morgens einen Blick auf die Karte, lief los und stieß erst abends beim verabredeten Treffpunkt wieder zu ihnen. Sie zu finden war ein Kinderspiel – die Landschaft verriet mir alles, was ich wissen musste.

»Schafschlachtung« lautete das Motto der nächsten Trainingseinheit. Dabei sollte den Teilnehmern vor Augen geführt werden, dass Fleisch nicht zwangsläufig aus dem Supermarkt kommen muss, auch wenn ein Schaf durchaus auf unserem Speiseplan steht, ganz im Gegensatz zu Wildtieren wie Eichhörnchen oder Waschbären. Außerdem lernten wir, wie man aus der Haut eines Tiers Felle und aus seinen Knochen Messer, Ahlen oder andere Werkzeuge herstellt.

Die Trainer machten ein ziemliches Bohei um die Schlachtung. Das Schaf wurde auf die Seite gelegt, und alle Teilnehmer mussten die Hand auf seinen Körper legen. Dann wurde einer auserkoren, das Tier mit dem Messer zu töten. Ich fand diese Vorgehensweise nicht nur unnatürlich, sondern der Typ war zudem so nervös, dass er es kaum schaffte, dem armen Schaf zu einem raschen, schmerzlosen Tod zu verhelfen.

Ich fühlte mich gar nicht wohl dabei. Schon früher hatte ich in einem Navajo-Reservat der Schlachtung eines Schafs beigewohnt und wusste, dass die amerikanischen Ureinwohner völlig anders vorgingen. Einer brachte das Schaf her, und während die anderen damit beschäftigt waren, das Leben des Tieres angemessen zu feiern, tötete er es mit einem raschen Stich, so dass es sofort tot umfiel.

Hat diese Lektion trotzdem irgendeinen Wert für die Schüler? Ja. Sie lehrt sie, sich darüber klarzuwerden, was sie essen. Ich hingegen war zu diesem Zeitpunkt bereits zu hundert Prozent Jäger und Sammler und habe noch nie Fleisch im Supermarkt gekauft. Jegliches Fleisch, das ich zu mir nahm, hatte ich selbst gefangen. Daher fiel es mir schwer, an der Tötung eines Nutztiers beteiligt zu sein. Nachdem das Schaf ausgenommen war, wollte keiner das Fett haben, also nahm ich es an mich, eine Entscheidung, die sich beim nächsten Trainingsteil, dem »Solo«, noch als überaus nützlich entpuppen sollte. Die Trainer wiesen jedem Teilnehmer einen Abschnitt im Canyon von vierhundert Metern zu, und jeder sollte ganz allein in seinem Bereich bleiben und ein Lager errichten. Ich pflückte einen Kaktus und briet ihn in dem Schafsfett, was mir eine weitaus köstlichere Mahlzeit bescherte, als die anderen zustande bekamen.

Die letzte Phase nannte sich »Gemeinschaftsexpedition«, bei der es eine knapp dreißig Kilometer lange Strecke zu bewältigen galt. Der leitende Trainer hatte inzwischen festgestellt, dass ich mein Handwerk beherrschte, und teilte mir die Startetappe zu. Nach unserer Rückkehr gab es eine letzte Herausforderung: einen Lauf über elf Kilometer.

Von den zehn Teilnehmern engagierte Wescott gerade einmal zwei – eine Frau und mich. Allerdings stellte sich schnell heraus, dass wir nicht als richtige Trainer galten, sondern eher als Praktikanten. In diesem Sommer leitete ich sieben Kurse mit jeweils sieben bis zehn Teilnehmern über eine Dauer zwischen einer Woche und einem Monat.

Am Ende des Sommers verkaufte Wescott die Schule an Josh Bernstein, einen Elite-Uni-Absolventen aus New York, der ebenfalls in der Survival-Szene unterwegs war. Die meisten Trainer verließen Boulder, aber ich blieb – vordergründig, weil ich hoffte, auch unter der neuen Leitung weiterhin für BOSS zu arbeiten, aber in Wahrheit, weil Boulder mein Zuhause war.

Auf einem Plateau etwa zehn Kilometer außerhalb der Stadt baute ich mir ein Erdhaus. Dafür hob ich ein etwa drei Meter breites und gut einen Meter tiefes Loch aus, gerade tief genug, um darin stehen zu können. Der Untergrund bestand aus Caliche, einem Sedimentgestein, das an weißen Lehm erinnert und hart genug ist, um Stützen zu halten (eine echte Ausnahme zu den in dieser Gegend meist sandigen Böden, was eine Bauweise mit zusätzlichen Stützen oder mit Zement erfordert hätte).

Ich baute ein spitz zulaufendes, oben offenes Gitterdach, das ich mit Ästen und Baumrinden abdeckte und mit Caliche abdichtete. Das Erdhaus war gerade groß genug für eine kleine Feuerstelle und einen Schlafplatz.

Ich unternahm regelmäßig Rundwanderungen, um die Gegend besser kennenzulernen. Es war ein Kinderspiel, in einer der zahllosen Höhlen Unterschlupf zu finden. Einige der Höhlen waren größer als ein Wohnhaus, nicht selten siebzig Meter breit und mit meterhohen Decken. Diese erwiesen sich vor allem, wenn ich mit einem Dutzend Schülern während des Monsuns unterwegs war, als überaus nützlich, weil darin kein Gefühl der Enge aufkam.

Derartige Höhlen entstehen, wenn sich das Flusswasser immer tiefer in den Stein hineingräbt, bis eine geschützte Einbuchtung entsteht. Normalerweise ist der Untergrund am Eingang neben dem Überhang sandig, während man im hinteren Teil angesammelte Eichenblätter findet, aus denen sich ohne großen Aufwand ein Lager bauen lässt. Außerdem halten sie einen schön warm, was ein echter Vorteil ist, da es vor allem im Winter in den Canyons ziemlich kalt werden kann.

Die meisten Höhlen sind sicher, aber selbst wenn es große Felsen geben sollte, zeigt ein einziger Blick an die

Decke, ob Steinschlaggefahr besteht. Selbst in teilweise instabilen Höhlen gibt es immer einen Teil, in dem einem nichts passieren kann. Winzige Haarrisse in der Decke sind ein Hinweis darauf, dass sich dort loses Geröll befinden könnte, wohingegen glatter Sandstein heißt, dass dieser Höhlenteil nicht einsturzgefährdet ist.

Meist befinden sich die Höhlen acht bis rund zwanzig Meter über dem Wasserspiegel. An manchen Stellen hat sich das Wasser seinen Weg gebahnt und dadurch eine Höhle erschaffen, fließt allerdings nach wie vor darunter hindurch. Und selbst wenn ein Bach durch die Höhle verläuft, kann sie trotzdem genutzt werden. Im Lauf der Zeit ändert sich der Wasserlauf von ganz allein und lässt so einen soliden Sandboden entstehen.

Die Natur im Monument war voller Überraschungen, und ich entdeckte ständig neue Dinge. Eines Tages folgte ich einem Wasserlauf zur Quelle und wanderte etwa fünf Kilometer einen Berg hinauf, wo ich auf einen Wasserfall stieß. Auf einen Schlag war ich wie in einer anderen Welt: Waschbären und Eichhörnchen liefen herum, im Wasser tummelten sich massenweise Forellen, und überall wuchsen Wildkräuter wie Wasserkresse und Senfpflanzen.

Da das Gebiet so abgelegen und schwer zugänglich ist, verirrt sich normalerweise nie jemand dorthin. Bis heute ist es ein Rückzugsort für mich, und noch nie bin ich dort oben jemandem begegnet.

Nachdem ich den Winter über die Gegend erkundet hatte, konnte ich es kaum erwarten, wieder Touren zu führen. Allerdings bekam ich in diesem Frühling keinen Job bei BOSS. Josh Bernstein, der neue Besitzer, hatte viele der Guides gefeuert und engagierte auch keine Praktikanten mehr.

Am Ende brachte ich den Sommer damit zu, Lama-Touren zu führen, wobei diese Ausflüge nach Survival-Standards echte Luxusreisen waren. Wir nutzten die Lamas als Packtiere und führten die Leute in die Wildnis, wo wir ein Lager errichteten und sie bekochten. Wir nutzten Lamas, weil sie weniger temperamentvoll als Pferde sind und damit ein neuer Trend gesetzt werden sollte. Die Arbeit war nicht sonderlich anstrengend, und es gab gutes Trinkgeld.

Wie ich bereits erwähnt habe, ist Geld kein großes Problem für mich. Im Schnitt verdiente ich zweitausend Dollar im Jahr, was sich auf den ersten Blick lächerlich anhören mag, aber es war mehr, als ich benötigte. Wenn ich meine Ausgaben halbwegs im Auge behielt, konnte ich locker von sechshundert Dollar leben, wobei die Hälfte für Besuche bei meiner Familie in Kalifornien draufging.

Im Sommer 1999 kehrte ich dann doch zu BOSS zurück. Josh bat mich, gemeinsam mit dem einstigen Besitzer David Wescott, der mittlerweile als Guide dort arbeitete, eine Tour zu führen. Es war ein gutes Gefühl, wieder Menschen mit den Geheimnissen der Natur vertraut machen zu dürfen, die in der Lage waren, ihr eigenes Lager zu errichten.

Am Ende des Kurses entschuldigte sich Josh bei mir, weil er mich im vorherigen Sommer nicht engagiert hatte, und machte mir sogar einige Geschenke. Doch noch viel wichtiger war, dass er mich als vollwertigen Trainer einstellte. Während der folgenden acht Jahre arbeitete ich jeden Sommer für ihn, trotzdem stellte ich bald fest, dass mein Wunsch, eins mit der Natur zu sein, viel zu ausgeprägt war, um mit Leib und Seele Lehrer zu sein und ihre Wunder vorrangig anderen näherzubringen.

10

BEZIEHUNGEN

Felle gerben ist eine überaus meditative Beschäftigung. Jäger werfen Tierfelle häufig weg, dabei ist ihre Weiterverarbeitung ein wichtiger Teil im Kreislauf der Natur. Aus einem anständig gegerbten Tierfell lässt sich ein sehr langlebiges und strapazierfähiges Material herstellen, das sich gut trägt, nicht unangenehm riecht und sogar eine Art Kunstwerk ist. Wer Tierfell trägt, stärkt seine Bindung zur Natur und wird sich ganz sicher nicht von ihr entfremdet fühlen.

Allerdings wäre der Anblick eines frisch gehäuteten Tiers für die meisten wohl zu abstoßend. Am Fell hängt eine Membranschicht, wie man sie von Spareribs kennt, nur dass sie zwei Zentimeter dick ist und sich bei weitem nicht so problemlos abziehen lässt, außerdem ist sie voller Blut und Fettstücke. Der Anblick ist so gruselig, dass er nicht einmal in den düstersten Filmen gezeigt wird.

Der Gestank ist noch grausiger. Während der ersten Gerbschritte atme ich so viel von diesem Gestank ein, dass selbst meine Ausdünstungen und Exkremente danach riechen.

Im Winter 1999 arbeitete ich gerade an den Fellen mehrerer großer Tiere. Ich lebte zu dieser Zeit in einem Tipi auf einem Privatgrundstück mitten im National Monument in Boulder und arbeitete von morgens bis abends an den Häuten. Allerdings war ich nicht ganz bei der Sache, ich spürte das Verlangen nach einer Liebesbeziehung.

Zu dieser Zeit gab es eine Frau namens Karen in meinem Leben, eine sehr kluge, vielseitige Frau. Sie war Rangerin und nach Flagstaff, Arizona, gezogen, um dort ihre Ausbildung fortzuführen. Wir respektierten beide, dass jeder von uns seine Verpflichtungen hatte. Sie musste ihre Ausbildung vorantreiben, ich meine Gerbarbeit.

Der Herbst verging, und wir hatten uns seit Monaten nicht mehr gesehen. Um die Weihnachtszeit rief sie mich eines späten Abends an und beschwor mich, zu ihr nach Flagstaff zu ziehen und mit ihr zusammenzuleben. »Ich brauche dich hier, nicht in Boulder«, sagte sie.

Ich bat sie um drei weitere Wochen. Als sie protestierte, das sei zu lang, erklärte ich ihr, ich könnte meine Arbeit nicht einfach stehen und liegen lassen. »Ich muss zuerst diese Felle vollends gerben«, sagte ich ernst. »Vielleicht sollten wir es einfach gut sein lassen«, fügte ich zu meiner eigenen Verblüffung hinzu.

Was sie dachte, kann ich mir gut vorstellen. *Wenn es Matt wichtiger ist, blutige Fleischklumpen von einem Stück Fell zu kratzen, liebt er mich nicht.* Sie willigte ein, und wir trennten uns noch am Telefon.

Eine halbe Stunde verging. Mir war speiübel, übler, als mir je beim Fellabziehen gewesen war. Ich wusste, dass ich einen Fehler gemacht hatte. Ich war sturköpfig und egoistisch gewesen und bereute mein Verhalten bereits. Selbst die ältesten Jäger und Sammler hatten Beziehungen zu anderen Menschen gepflegt. Vielleicht sollte ich ja langsam auch damit anfangen.

Also beschloss ich spontan, sie zurückzugewinnen. Ich bat einen Freund, die Felle fertig zu gerben, packte eine Tasche, stieg in meinen Wagen und fuhr die ganze Nacht hindurch nach Flagstaff.

Am nächsten Morgen um acht Uhr klopfte ich mit einem Blumenstrauß in der Hand an ihre Tür. Ein Mann machte auf. Karen, die uns reden hörte, kam zur Tür. Es sei nicht das, wonach es aussehe, verteidigte sie sich, aber ich wusste, dass es so war – und dass ich es wahrscheinlich nicht besser verdiente. Schließlich hatte ich ihr zu verstehen gegeben, dass mir die toten Tiere wichtiger waren als sie.

Statt nach Boulder zurückzukehren, blieb ich in Flagstaff. Ich hatte noch ein paar Ersparnisse von der Saison als Survival-Trainer. Bisher hatte ich noch nie eine eigene Wohnung gemietet und dachte mir, wieso nicht mal das »normale Leben« ausprobieren und sehen, was ich daraus lernen kann. Vielleicht kam es mir ja bei meiner nächsten Beziehung zugute oder half mir, besser mit meinen Schülern zu kommunizieren.

Also mietete ich ein Haus und nahm einen Job bei einer Bio-Kooperative an, außerdem meldete ich mich in einer Kletterschule an und schrieb mich für drei Kurse an der Volkshochschule ein: Theater, Anthropologie und Tanz. Meiner Ex-Freundin nachzuweinen brachte nichts, also stürzte ich mich kopfüber in mein neues Leben.

In der Kletterschule freundete ich mich mit einem der Trainer namens Jesse Perry an, einem sehr erfahrenen Kletterer. An seinen freien Tagen unternahmen wir häufiger gemeinsam Touren in der näheren Umgebung. Jesse interessierte sich auch für urzeitliche Überlebenstechniken, also brachte ich ihm bei, wie man einen Rabbit

Stick (auch Hasenstock), Jagdbumerange und Lederbeutel herstellte. Damals war meine Ausrüstung noch sehr spartanisch: Moderne Sachen hatte ich gar nicht, und alles, was ich besaß, war selbst angefertigt. Entsprechend meinte Jesse, mein Zimmer sehe aus wie ein Museum.

Im Frühling 2000 beschloss ich, nach Boulder zurückzukehren. Meinen Laster wollte ich bei Jesses Eltern lassen und den Weg lieber zu Fuß antreten. Jesse fragte, ob er mich begleiten dürfte. Er wollte mehr über das Leben in der Wildnis erfahren.

Am 17. Mai 2000 brachen wir auf. Ich trug Rohledersandalen, hatte ein Wolltuch, Utensilien für die Herstellung von Steinwerkzeug, ein paar Teelöffel Spirulinaalgen – getrocknete Algen mit so vielen Vitaminen, dass sie als *Supernahrungsmittel* gelten – und eine Flasche Wasser bei mir. Jesse trug ebenfalls Sandalen und hatte seine Sachen, darunter ein Notizbuch und einen Stift, in ein Tuch gehüllt, das er sein »Burrito« taufte. Außerdem nahmen wir einen Bogen und mehrere Pfeile aus Schilfrohr mit. Die Route, die wir ausgesucht hatten, war etwa siebenhundertfünfundzwanzig Kilometer lang, gut hundertsechzig Kilometer länger als auf der Straße, aber ich wollte unseren Kontakt mit der Zivilisation auf ein Minimum beschränken.

Auf dem Weg zu den staatlichen Forstwegen durchquerten wir als Erstes einen ausgedehnten Wald und mussten über etliche Stacheldrahtzäune klettern, um von einem Privatgrundstück auf das nächste zu gelangen. Und jedes Mal wurden wir von einem anderen kläffenden Hunderudel empfangen, das uns im Zickzack

Foto: Privat.

Das Erdhaus in Salt Gulch, Utah, das ich selbst gebaut und fünf Jahre lang bewohnt habe. *Foto: Donna Simpson.*

Bei den Dreharbeiten zu »Das Survival-Duo« im Dschungel von Panama.
Foto: Russell Fill.

Vorbereitung zur Jagd mit Atlatl und Speer.
Foto: Russell Fill.

Unterwegs zu Dreharbeiten für
»Das Survival-Duo«. *Foto: Russell Fill.*

Auf dem Cover von *Wilderness Way*.

Im Gespräch mit meinen Schülern.
Foto: Ace Kvale.

Beim Feuerbohren.
Foto: Ace Kvale.

Wie man das Feuer mit einem sanften Hauch zum Leben erweckt.
Foto: Ace Kvale.

Der Moment, in dem der Pfeil von der Sehne schnellt.
Foto: Ace Kvale.

Drei von mir gebaute Atlatls und zwei Speere von A.J. Erst Kunstfertigkeit und Liebe zum Detail lassen eine Jagdwaffe zur Vollendung reifen. *Foto: Privat.*

Spektakulärer Sonnenuntergang über dem Kaiparowits-Plateau.
Foto: Privat.

Regenrinnsal in einem Canyon in Süd-Utah.
Foto: Privat.

Die Naturgewalt eines aufziehenden Sturms über Süd-Utah.
Foto: Privat.

Über Jahrtausende hinweg entstandene Gesteinsformationen. *Foto: Privat.*

Im Sommer herrschen in den Canyons von Utah bis zu vierzig Grad, aber im Winter liegt die Landschaft unter einer dichten Schneedecke. *Foto: Privat.*

Durch Springfluten entstehen im Lauf der Jahrtausende tiefe Canyons. Obwohl die Pyramidenpappeln etwas anderes vermuten lassen, verläuft das Wasser hier ausschließlich unterirdisch. *Foto: Privat.*

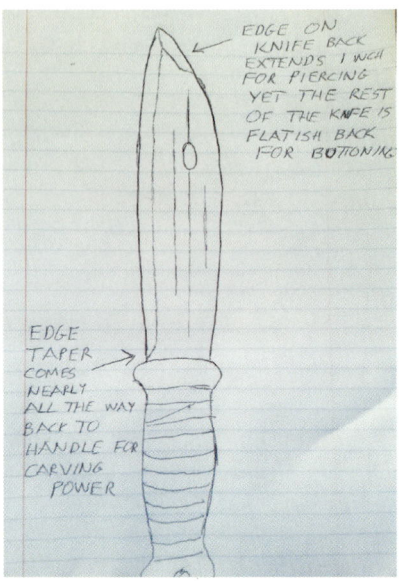

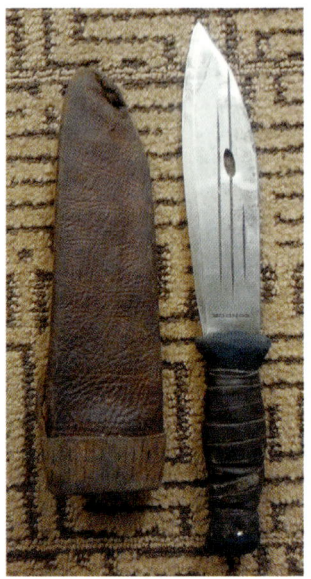

Ein Entwurf des perfekten Allzweck-
Buschmessers, das mir viele Jahre lang gute
Dienste geleistet hat. *Foto: Privat.*

Das fertige Produkt.
Foto: Privat.

Auf einem Hike im Südwesten der USA.
Foto: Privat.

über das Gelände jagte. Ich fühlte mich wie ein Eindringling – was ich letzten Endes ja auch war; kein guter Anfang für eine Lektion in Sachen Survival-Training.

Nach einer Weile hatten wir die Privatgrundstücke hinter uns und gelangten in ein Stück unberührter Natur in staatlichem Besitz. Hier erinnerte nichts an die Rücksichtslosigkeit, mit der sich der Mensch das Land zu eigen machte. Allerdings standen überall verkohlte Gelbkiefern, sichtbare Mahnmale leichtsinniger Camper, aus deren nicht vollständig ausgetretenen Lagerfeuern Funken aufgestiegen waren und verheerende Brände verursacht hatten.

Am zweiten Tag stießen wir auf einen weiteren Kontrast zwischen der Wildnis und der modernen Zivilisation: Wir hatten inmitten von Espen und Douglaskiefern unser Nachtlager aufgeschlagen, in der Ferne erhoben sich die in violettes Dämmerlicht getauchten Berge. Wir aßen eine Handvoll Distelwurzeln, machten unser Lager sauber und brachen dann nach Norden auf, in Richtung Highway 180, dem wir mehrere Kilometer folgten. Autos und Laster fuhren an uns vorbei. Überall lagen Abfälle herum; Chipstüten, zerdrückte Limodosen, ein zerrissenes T-Shirt.

Nach gut sechs Kilometern ließen wir den Highway neben uns liegen. Ich merkte, dass Jesse zunehmend unter dem Flüssigkeitsmangel zu leiden schien. Es war erst der zweite Tag, trotzdem fühlte er sich nicht wohl. Er überlegte sogar, umzukehren und zum Highway zurückzugehen, aber ich ging nicht darauf ein, sondern marschierte weiter.

Nach weiteren knapp zwei Kilometern kreuzten wir einen Feldweg. Die Fahrrinnen waren völlig verdorrt und tief eingegraben, was darauf schließen ließ, dass seit Monaten kein Fahrzeug hier vorbeigekommen war. Genau an der Stelle, wo wir den Weg überquerten, stand eine Flasche Cranberry-Limonade, deren Etikett so von der Sonne ausgebleicht war, dass man nicht einmal mehr die Aufschrift lesen konnte.

Ich machte sie auf und roch daran. Das Zeug stand schon sehr, sehr lange Zeit herum, so viel war klar. Wir nippten beide an der Flasche, die Limo war bereits leicht vergoren, trotzdem nahmen wir sie mit, um sie später zu trinken.

Ich sah, dass Jesse kaum noch Energie hatte. Die ersten beiden Tage hatten wir uns nur von Chia-Samen, Distelwurzeln, Wildkräutern und Kieferrinde ernährt, und Jesse fühlte sich, als hätte er eine Handvoll Psycho-Pilze eingeworfen. Ihm war vor Hunger und Hitze schon ganz schwindlig.

Sein Blutzuckerspiegel stürzte ins Bodenlose, und mit ihm seine Motivation und seine gute Laune. Wieder in Highway-Nähe, entdeckte ich mitten auf der Fahrbahn ein totes Eichhörnchen. Ich wartete auf eine Lücke im Verkehr, rannte los und hob den Kadaver auf. Jesse hatte garantiert noch nie ein überfahrenes Tier gegessen, aber wir brauchten dringend die Nährstoffe.

Ich trug das Eichhörnchen ins Gebüsch, um es zu säubern, und bat Jesse, es an einem Ende festzuhalten, damit ich das andere nehmen konnte. Als ich den Kopf abtrennte, verriet mir Jesses Miene, dass er das Tier unter keinen Umständen essen würde, auch wenn er die Kalorien noch so dringend brauchte.

Jesse war seit vielen Jahren Vegetarier und lehnte den

Verzehr von Fleisch ab, andererseits wusste er, dass es zu einem Survival-Erlebnis dazugehörte. Doch zu diesem Kompromiss war er nicht bereit, was ich respektierte.

Wir gingen weiter, und damit setzte sich auch Jesses Problem fort. Schließlich gelangte er zu dem Entschluss, dass er sich nicht von Chia-Samen, Pflanzen und Kräutern ernähren konnte. Nahrung zu finden, vor allem vegetarische, stand nun an oberster Stelle.

Irgendwann erlegte ich einen Hasen mit Pfeil und Bogen, zog ihm das Fell ab und kochte ihn. Jesse sah mir angewidert zu. Er weigerte sich nicht nur, etwas davon zu essen, sondern drohte, kehrtzumachen und mich allein zurückzulassen.

»Allmählich habe ich das Gefühl, als wäre das hier nichts für mich«, meinte er.

Er tat mir leid, und ich konnte ihn irgendwie verstehen. Schließlich fragte ich ihn, ob er nicht wenigstens noch ein paar Tage bleiben wollte, um zu sehen, ob es vielleicht besser wurde. Er willigte ein und nahm immerhin ein paar Pinienkerne zu sich.

Ich fühlte mich sofort besser, Jesse hingegen baute weiter sichtlich ab. Später an diesem Tag beschloss er, doch etwas von unserem Hasen zu probieren. Er sei zu dem Entschluss gelangt, eine neue Erfahrung zu machen und dazuzulernen.

Jesses Überzeugungen wurden dadurch auf eine harte Probe gestellt, andererseits erlebte er am eigenen Leib, was mit einem passiert, wenn man nicht genug Nahrung zu sich nimmt. Wobei der eigentliche Härtetest gar nicht einmal der knurrende Magen ist, sondern vielmehr die Flut an Gefühlen, mit denen die Leute noch nie in ihrem Leben konfrontiert waren.

Dass ich den Hasen getötet und gekocht hatte, war

nicht der springende Punkt, sondern vielmehr seine Gemütsverfassung insgesamt. Die Gefühle, die Menschen in Momenten wie diesen überkommen, sind so übermächtig und intensiv, dass sie einen an den Rand einer Depression bringen können. Am Ende aß er eine Portion, sein Organismus erholte sich und gestattete ihm, klarer zu erkennen, was nötig war, um in der Wildnis zu überleben.

An diesem Abend stiegen wir auf den gut dreitausendsechshundert Meter hohen Humphreys Peak und durchquerten einen Espenwald, ehe wir uns gegen Abend an den Abstieg machten. Die Dunkelheit setzte sehr schnell ein. Der Wind frischte auf, trotzdem beschloss ich, dass wir weitergehen mussten: zum einen, um vorwärtszukommen, zum anderen, weil wir in dieser Höhe unser Nachtlager nicht aufschlagen konnten.

Wir waren für die Witterung nicht richtig angezogen – ich trug Shorts, ein Wildlederhemd und einen Filzhut, Jesse ebenfalls Shorts und ein Baumwollhemd. Die Temperatur lag bei etwa 4 Grad plus, doch der eisige Wind ließ sie stetig sinken. Noch bestand keine Lebensgefahr, aber mit dieser Kleidung konnten wir auf keinen Fall hier oben bleiben.

Wir gingen also weiter, um nicht zu frieren und möglichst schnell ins Tal zu gelangen. In schwierigen Situationen, wenn es kalt ist und die Sicht es zulässt, ist es durchaus ratsam weiterzugehen, damit einem warm bleibt. Trotzdem ist es beängstigend, weil einem bewusst ist, dass man irgendwann zwangsläufig stehen bleiben und sich mit der Frage auseinandersetzen muss, wie man am Leben bleiben will. Die Herausforderung besteht darin, einen möglichst klaren Kopf zu haben, wenn man an diesen Punkt gelangt.

Ein geradezu überirdisches Licht erhellte die Finsternis. Alle paar Minuten sahen wir irgendwo auf dem Wüstenboden etwas aufflackern, wie Funken aus einem Verteilerkasten – dreißig Meter vor uns, dann einen zweiten in etwa zehn Metern Entfernung, gefolgt von einem dritten fünfzehn Meter neben uns. Manchmal sahen wir beide die Funken, manchmal nur einer von uns.

Wann immer einer aufstob, traten wir darauf zu, doch als wir die Stelle erreichten, war da nichts als sandiger Boden. Wir fanden nie heraus, was dieses Phänomen ausgelöst hatte.

Als wir in dieser Nacht völlig erschöpft unser Lager aufschlugen, war es stockdunkel, und dichte Wolken verdeckten die Sterne, so dass man kaum die Hand vor Augen erkennen konnte. Ich tastete in unseren Sachen nach den Utensilien zum Feuermachen, ich hatte einen Bohrer und ein Stück Pinienwurzel eingepackt.

Ich zog das Steinmesser heraus und machte mich daran, es in das Holz zu bohren, doch da es so dunkel war, musste ich mit den Fingern nach dem Loch tasten, ehe ich anfangen konnte, mit dem Messer eine Kerbe zu sägen. Immer wieder tastete ich beide Stellen ab. Es schien alles richtig zu sein.

Ich nahm den Bohrer und rieb ihn zwischen den Händen. Wenn man tagsüber ein Feuer macht, sieht man irgendwann, wie sich eine kleine Rauchsäule bildet, aber hier, in der Finsternis, blieb mir nichts anderes übrig, als auf die rötliche Glut zu warten. Endlich, nach weiteren dreißig Minuten, sah ich sie.

Jesse reichte mir ein paar Rindenstücke, die ich darauf

legte, wobei ich weiter in die Glut blies, dann suchten wir Zweige und legten sie ebenfalls darauf. Nach einer Weile spendete uns das kleine Feuer zumindest genug Licht, dass wir weiteres Holz suchen konnten.

Als das Feuer brannte, nahm ich das Feuerbrett in Augenschein und stellte fest, dass sich Kerbe und Loch nicht einmal berührten – ich konnte von Glück sagen, dass es sich überhaupt entzündet hatte. Berühren sich die beiden nicht, entsteht normalerweise keine Kohle und damit auch kein Feuer.

Wir waren beide überaus dankbar für das Feuer und unterhielten uns kurz darüber, was es bedeutet hätte, wenn wir es nicht in Gang bekommen hätten. Dies war Jesses erste Survival-Tour, deshalb war ihm nicht klar, wie ernst die Lage gewesen wäre. Allerdings sah ich keine Veranlassung, es ihm zu erklären.

Es war erst unsere zweite Nacht im Freien. Jesse betrachtete unseren Trip mit den Augen eines Amateurs, für ihn war unsere Lage ein mittleres Drama. Hätten wir die Nacht ohne Feuer überlebt? Ja. Aber zweifellos mit leichten Unterkühlungserscheinungen. Ich kannte das alles bereits und wusste, dass ich überlebt hätte. Bei Jesse war ich mir nicht ganz so sicher.

In lebensbedrohlichen Situationen ist man gezwungen, eine Reihe von Entscheidungen zu treffen. Manchmal kann man sie hübsch nacheinander treffen, manchmal hingegen fallen alle auf einmal an. Das lässt einen schnell in eine ziemlich missliche Lage geraten. Im Notfall sollte man versuchen, im Einklang mit der Natur zu bleiben, statt sich gegen sie zu stellen. Kommen mehrere lebensbedrohende Faktoren zusammen, muss man die richtigen Prioritäten setzen können, sonst kann es sehr übel enden.

In dieser Nacht war mir sehr wohl bewusst, wie groß die Gefahr gewesen war, in der wir schwebten. Diese Tatsache veranlasste mich, über ein paar wichtige Dinge in meinem Leben nachzudenken. Bevor wir aufgebrochen waren, hatte ich mich kurz mit Karen versöhnt, und wir hatten einige sehr schöne Augenblicke erlebt. Doch nachdem ich wieder in der Natur war und spürte, wie ich mit ihr verschmolz, bereute ich es bereits. Unsere Beziehung hatte keine solide emotionale Basis.

Ich wusste, dass sie die Art, wie ich die Natur betrachtete, niemals würde nachvollziehen können. Ich hatte mir ein Ziel gesetzt: Ich würde bereitwilligen Schülern die Natur näherbringen, da ich fand, dass dies wichtiger war als meine privaten Beziehungen.

11

DER LANGE WEG ZURÜCK

Zwischen einem Fußmarsch von A nach B und einer Rundwanderung gibt es einen fundamentalen Unterschied: Bei Ersterem kommt man unvermeidlich mit asphaltierten Straßen, Menschen und Umweltverschmutzung in Berührung. Im National Monument in Utah konnte ich eine Woche lang wandern gehen, ohne einer Menschenseele zu begegnen, weil ich die Gegend wie meine Westentasche kannte. Doch auch wenn Jesse und ich auf unserem Marsch von Flagstaff nach Boulder in Utah die kleinsten, abgeschiedensten Routen wählten, bekamen wir trotzdem zerstörte Landstriche, nicht regulierte Minen und viele andere Dinge zu sehen, die uns ganz gewaltig an die Nieren gingen.

Von Flagstaff liefen wir hundertfünfzig Kilometer quer durch die Wüste in den Grand Canyon Nationalpark und machten halt in Tusayan, um unsere Vorräte aufzustocken. Tusayan ist der südlichste Zugang und eine Bastion des Billigtourismus. Es ist der Ausgangspunkt von jeder erdenklichen Besichtigungstour des Grand Canyon – per Bus, zu Fuß, mit dem Fahrrad, auf Eseln und per Flugzeug.

Die Geschäfte entlang der Hauptstraße sprechen eine deutliche Sprache: ein Souvenirshop am anderen, dazwischen Hubschrauberrundflug-Agenturen, Motels, Fast-food-Restaurants und ein Touristen-Center. Über einem Motel hing ein sieben Meter hoher Fred Feuerstein mit einem Schild, auf dem »›Yabba-Dabba-Doo‹ heißt Herzlich willkommen« stand. Ich empfand das keineswegs so.

In Tusayan befindet sich auch der Grand Canyon Airport, von wo aus Touren über den Grand Canyon starten. In der Hochsaison herrscht hier in den Mittagsstunden ein Betrieb wie über dem La-Guardia-Flughafen an einem Freitagnachmittag. Der Anblick der zahllosen Hubschrauber, die die Luft verpesteten und die herrliche Stille der Natur störten, frustrierte mich dermaßen, dass ich nicht dastehen und tatenlos zusehen konnte.

Ich rannte auf eine Lichtung und winkte mit beiden Armen wild einem Hubschrauber im Tiefflug zu, worauf die Fluggäste prompt zurückwinkten. Ich kauerte mich hin, zog die Hose herunter und präsentierte den Touristen mein blankes Hinterteil – okay, es war keine sonderlich erwachsene und souveräne Aktion, aber ich konnte einfach nicht anders.

Jesse störte es jedenfalls nicht, stattdessen kugelte er sich förmlich vor Lachen.

Die Verschmutzung und die Touristenmassen widerten ihn genauso an wie mich, trotzdem war er froh, wieder in der Zivilisation zu sein. Während ich unser Lager errichtete, joggte er in die Stadt, um uns etwas Leckeres zu besorgen. Am Ende kehrte er mit zwei Flaschen Guinness und einer Tüte Oreo-Kekse zurück.

An diesem Abend schafften wir es einigermaßen, unseren Frust zu vergessen. Ich brachte Jesse bei, mit einem Feuerstein, einem Yucca-Stöckchen, einer Handvoll Rindenstücken und ein bisschen Oberarmschmalz ein Feuer zu entfachen. Er war begeistert, als ein Rauchwölkchen aufstieg, dicht gefolgt von einer kleinen Flamme.

Trotzdem kam ich nicht darüber hinweg, wie sehr die Natur unter den Hunderten Hubschraubern litt, die tagtäglich über den Canyon hinwegflogen und die herrliche Luft verschmutzten. Ich ertappte mich dabei, dass ich zunehmend zynisch und verbittert wurde, missionarisch und voller Vorurteile. Unsere Gespräche kreisten eher um die Fehler und Versäumnisse der Gesellschaft und weniger um die Frage, was wir richtig machen konnten. Das Ganze ging mir schwer an die Nieren und Jesse bestimmt ebenso.

Wir ließen Tusayan hinter uns und marschierten weiter zum südlichen Zipfel des Grand Canyon, wo wir rasteten und ich mich daranmachte, mir ein neues Paar Sandalen zu flechten. In unmittelbarer Nähe verlief der Touristenpfad, so dass ich etliche Zuschauer hatte. Jesse grinste nur – bestimmt hielten mich die Leute für eine Touristenattraktion, einen Grenzer, der zeigen sollte, wie urig es einst in der Gegend zuging.

Wir brachten den Tag damit zu, den Ausblick über den Grand Canyon zu genießen. Ich wollte bis sieben Uhr abends warten, da die Park Ranger dann bestimmt Feierabend hatten und wir kurz vor Einbruch der Dämmerung in den Park schlüpfen konnten. Wir hatten keine offizielle Wandererlaubnis und mussten zu illegalen Mitteln greifen. Es waren noch rund zwei Stunden Zeit. Noch war es hell genug, um vor Einbruch der Dunkelheit in den Canyon zu gelangen, aber wir mussten uns beeilen. Wir liefen los. Gerade als wir um die erste Biegung kamen, liefen wir drei Rangern in die Arme. Sie hielten uns auf und wollten wissen, wohin wir wollten.

Ich erklärte ihnen, dass wir auf dem Weg nach Boulder, Utah, seien. Die drei wirkten etwas verunsichert. Der ranghöchste musterte unsere dürftige Ausrüstung und fragte, ob wir vorhätten, im Canyon unser Lager aufzuschlagen. In diesem Moment lag das Schicksal dieser Etappe allein in seinen Händen. Ich lächelte ihn an. »Vielleicht machen wir irgendwo ein Nickerchen.«

Der Ranger nickte. »Dann macht's mal gut, Jungs«, sagte er.

Jesse und ich gingen ein paar Kilometer weiter in den Canyon hinein, schlugen unser Lager auf und legten uns schlafen.

Nach ein paar Tagen fing Jesses Knie an, ihm massive Probleme zu machen. Vor uns lag eine nicht gerade leicht zu bewältigende Strecke, daher gelangten wir zu dem Schluss, dass er zum Arzt musste, bevor er weitergehen konnte.

Wir vereinbarten, dass er zurück nach Flagstaff trampen und dort sein Knie untersuchen lassen würde. Bis Marble Canyon waren es noch fast hundert Kilometer; von dort aus würde ich ihn anrufen, damit wir besprechen konnten, ob er noch einmal zu mir stoßen konnte.

Als Jesse weg war, verbrachte ich mit meinem Freund Farlinger zwei Tage am Nordrand des Grand Canyon und stellte gemeinsam mit ihm Werkzeuge aus Feuerstein her. Ehe ich aufbrach, rief ich Jesse an und erfuhr die Diagnose: Entzündung des IT-Bands auf der Außenseite des Knies. Sein Arzt hatte ihn mit Akupunktur und Bienengift behandelt und ihm ein paar Tage Ruhe verordnet, danach spreche aber nichts gegen eine Rückkehr.

Ich machte mich auf den Weg durch den Grand Canyon, sorgsam darauf bedacht, mich vom Highway am

Nordrand fernzuhalten. Die Strecke war ziemlich hügelig und anspruchsvoll, mit Abstand die härteste Etappe. Über fünfzig Kilometer musste ich ohne Wasser auskommen.

Schließlich verließ ich das Plateau und wanderte durch einen wunderschönen Canyon namens North Creek mit majestätischen Eichen, Flüssen voller Forellen, Wasserkresse und vielen essbaren Wildkräutern ins Tal. Dort empfing mich Wüste – kilometerweit nichts als ausgedorrter Lehmboden. Die größten Pflanzen waren gerade einmal fünfzehn Zentimeter hoch. Kein Laut war zu hören, die Temperatur lag bei vierzig Grad aufwärts. Und es gab weit und breit keinen Tropfen Wasser.

Kaum war es hell genug, dass man den Weg erkennen konnte, stand ich auf und marschierte los, doch obwohl die Sonne noch nicht einmal aufgegangen war, begann das Quecksilber bereits zu steigen. Als sie am Himmel stand, war sie der reinste Feuerball. Irgendwann zog ich meine Yucca-Sandalen an, um sie einzulaufen, da meine Rohledersandalen fast komplett durchgelatscht waren.

Das erste Lebewesen nach einer halben Ewigkeit war ein Waldkaninchen. Ich schleuderte einen flachen Stein mit einer Seitwärtsbewegung, so wie man einen flachen Kiesel übers Wasser tanzen lässt. Er traf das Kaninchen am Ohr. Es zog den Kopf ein und spurtete los. Eilig hob ich einen zweiten Stein auf und warf ihn nach dem Tier. Er schlitzte ihm die Kehle auf und tötete es auf der Stelle.

Da ich kein Wasser hatte, konnte ich das Kaninchen nicht kochen, also schnitt ich das Fleisch in Streifen und hängte es an einen Stock. Bei der Hitze würde ich so im Nu Dörrfleisch haben.

Am nächsten Tag erreichte ich das Navajo-Reservat und stieß auf einen weißen Wassertank für Kühe. Ich kletterte auf ihn, füllte meine Flasche und gab etwas Grapefruitextrakt zur Desinfektion hinein. Inzwischen war das Kaninchenfleisch knochentrocken und lieferte mir eine nahrhafte Mahlzeit.

Gestärkt vom Fleisch und frischem Wasser, nahm ich meine Wanderung wieder auf. Als es dunkel wurde, bemerkte ich in der Ferne Lichter. An dieser Stelle lief der Highway parallel zur Klippe. Ich hatte keine Ahnung, dass ich noch über zwölf Kilometer von Marble Canyon entfernt war.

Zwar hatte ich eine behelfsmäßige Landkarte bei mir, verließ mich aber hauptsächlich auf mein Gedächtnis. Am Südzipfel des Grand Canyon hatte ich eine Karte mit sämtlichen gut erkennbaren Punkten gezeichnet, allerdings ließen sich die Entfernungen unmöglich einschätzen.

Ich rannte auf die Lichter zu, die zu einem Motel kurz vor Marble Canyon gehörten. Als ich näher kam, machte ich zwei amerikanische Ureinwohner neben einer Leuchtreklame aus. Ich blieb stehen und begrüßte sie.

Einer von ihnen musterte mich von oben bis unten und sagte: »Als ich dich laufen gesehen habe, dachte ich im ersten Moment, du wärst Forrest Gump, aber jetzt weiß ich, dass du ein Prophet bist« – ein typischer Indianerspruch, vermischt mit einer gehörigen Portion Popkultur.

Einer der beiden Männer stellte sich als Robert Mirabal aus Taos, New Mexico, vor. Später sollte ich erfahren, dass er ein weltberühmter, vielfach ausgezeichneter Flötenspieler und Sänger war, dessen Flöten sogar im Smithsonian National Museum of the American Indian ausgestellt sind. Er erzählte, dass er am nächsten Morgen zu einer Floßtour durch den Grand Canyon aufbrechen wolle. Eine Touristengruppe hatte ihn engagiert, damit er sie auf der Flöte begleitete.

Wir unterhielten uns eine Weile. Ich erzählte ihm, ich hätte auf meinem Marsch eine Flöte gebastelt, allerdings konnte ich nicht sonderlich gut spielen. Er sah mich an und sagte: »Ich kann auf allem spielen, was ein Loch hat.«

Und siehe da, er nahm die Flöte zur Hand und ließ sie tanzen. Die Musik war wunderbar. Ich war begeistert, weil es bewies, dass mein selbst gebasteltes Instrument schöne Laute hervorbringen konnte. Ich schwor mir, so lange zu üben, bis auch ich sie spielen konnte.

Robert schenkte mir eine Lederkette, die er bei einem seiner Auftritte in Hawaii getragen hatte. Da er meine Sandalen aus Elchleder so schön fand, zog ich sie aus und überreichte sie ihm als Geschenk. Sollte es mich eines Tages nach Taos verschlagen, wäre es ihm eine Freude, wenn ich ihn besuchen käme, meinte er.

Wir schüttelten einander die Hände, dann verabschiedete ich mich und machte mich wieder auf den Weg. Knapp zwei Kilometer von dem Motel entfernt schlug ich mein Lager für die Nacht auf.

Am nächsten Morgen traf ich mich mit Jesse in Marble Canyon. Er war entsetzt, wie braun ich in den wenigen Tagen geworden war, worauf ich ihm erklärte, so heiß hätte die Sonne noch nie auf mich herabgebrannt. Er bezweifelte, dass er dieser Belastung standgehalten hätte, und sagte: »Ich kenne niemanden, der so sehr darauf vertraut, dass die Natur es gut mit ihm meint, wie du.«

»Wenn du respektvoll mit ihr umgehst, meint sie es auch mit dir gut«, gab ich zurück. »Also, gehen wir.«

Wir setzten unsere Reise nach Boulder fort. Die Tour war anstrengend, und manchmal gingen wir bis an unsere Grenzen. Es schien fast, als würde uns die Natur mit geradezu magischen Erlebnissen dafür belohnen, als wollte sie sich uns förmlich öffnen und uns zeigen, dass alles Leben in den Händen einer höheren Macht lag.

Jesse setzte es gewaltig zu, dass wir uns ständig an der Grenze zur Dehydrierung befanden. Mehr als einmal waren unsere Vorräte bis auf ein Minimum geschrumpft, aber wann immer es kritisch wurde, stießen wir auf frisches Wasser; einmal in Form einer halb versiegten Quelle mitten in der Wüste, ein anderes Mal begegneten wir einem Arbeiter, der im Auftrag der Regierung Tränken für Dickhornschafe aufstellte, um ihnen das Leben in dieser Einöde ein wenig angenehmer zu machen.

Als Jesse auf einer besonders anstrengenden Etappe der Mut zu verlassen drohte, fragte ich ihn, was er sich am meisten wünschte. Im Paria River, der sich ganz in der Nähe befand, könnte man besonders gut angeln, erwiderte Jesse, deshalb wäre ein Stück Angelschnur ganz nett. Wir gingen hundert Meter weiter, und siehe da – am Wegrand lag eine nagelneue Angelschnurspule.

Er war völlig von den Socken.

»Was willst du sonst noch?«, fragte ich.

»Haken«, antwortete er.

Hundert Meter weiter – das ist kein Scherz! – fand ich eine Tüte voller Haken. Er lachte nur über die Absurdität.

»Mir sind Köder eigentlich lieber«, sagte ich.

Fünfzig Meter weiter lag eine Tüte Köder.

Er war sprachlos. Wären wir nicht mitten in der Einöde gewesen, hätte er wohl nach einer versteckten Kamera Ausschau gehalten. Ehrlich gesagt, wusste auch ich nicht recht, was ich von all den Geschenken halten sollte. Dass es so gut funktioniert, ist definitiv nicht an der Tagesordnung.

Wie kam es dazu? Genau kann ich es nicht sagen, aber die Erfahrung bestärkte mich in meinem Vertrauen, dass die Natur positiv reagiert, wenn man eine enge Bindung mit ihr eingeht. Jesse sah darin ein Zeichen, dass höchst geheimnisvolle Dinge passieren können, wenn man der Natur voll und ganz vertraut.

In der Paria Canyon-Vermilion Cliffs Wilderness wechselten sich prärieartige Plateaus mit tiefen Canyons ab. Es war zwar ungewöhnlich trocken, trotzdem stießen wir auf ein Flüsschen, dem wir folgten. Schließlich standen wir in einem Aprikosenhain, wo wir unser Lager aufschlugen. Wir pflückten Aprikosen, und ich baute aus Sandstein und feuchtem Lehm einen Ofen, in dem wir einen Laib Aprikosenbrot backten. In dem Naturschutzgebiet waren auch massenhaft Touristen unterwegs. Immer wieder begegneten wir Wanderern in schweren Stiefeln und mit prall gefüllten Rucksäcken, die sich in zwei Gruppen teilten: den einen schien unser Naturburschen-Look zu gefallen, während die anderen uns nur argwöhnisch musterten und auf Abstand blieben.

Jesse meinte, vor unserem Trip hätte er keine Ahnung gehabt, dass die Outdoor-Industrie gezielt Angst unter Wanderern schürte und sie dazu brachte, nur noch mit ganzen Wagenladungen an Ausrüstung loszuziehen. Auf diese Weise wurde den Leuten suggeriert, ein Abenteuer in der Wildnis zu erleben, obwohl ihre Wanderung in Wahrheit eher einem Ausflug nach Disneyland glich.

Geschürt wurde diese Illusion, indem man eine Wandererlaubnis erwerben musste, wenn man durch das Naturschutzgebiet wandern wollte, und sich verpflichtete, die ausgewiesenen Wege nicht zu verlassen. Zwar leuchtete mir ein, dass diese Anweisung vorwiegend aus

Sicherheitsgründen erteilt wurde, gleichzeitig wurde der Anschein erweckt, dass normale Durchschnittsmenschen nicht imstande waren, die vorgezeichneten Pfade zu verlassen und die Wildnis selbst zu erkunden. Ich fand Jesses Urteil recht brutal, war jedoch auch nicht unbedingt scharf darauf, manchen der Wanderer zu begegnen, während sie in einem entlegenen Gebiet zu überleben versuchten.

Im Paria Canyon waren wir plötzlich ganz alleine. Zweihundertfünfzig Meter hohe rote Felswände ragten links und rechts von uns empor, dazwischen verlief ein Flüsschen mit Sandufer, das mit einem einzigen Satz überwunden werden konnte. Überall standen herrliche Eichen und kniehohe Sträucher.

Meine Yucca-Sandalen waren völlig hinüber, und da ich Robert Mirabal meine Ledersandalen geschenkt hatte, blieb mir nichts anderes übrig, als barfuß zu gehen. Ich legte die Yucca-Sandalen in eine Höhle in der Nähe des Flusses. Wir scherzten, dass sie bestimmt jemand finden und für prähistorische Artefakte halten würde, denn selbst die Riemen hatte ich aus Yucca-Fasern geflochten.

Wie ein Kind am Strand lief ich über den heißen Sand und weiter ins Wasser, um mir Abkühlung zu verschaffen. Gut zwanzig Kilometer legte ich ohne Schuhe zurück, bis wir schließlich nach Big Water kamen.

Wir aßen Aprikosen und Rohrkolbensprossen, die wir am Flussufer gepflückt hatten. Die Aprikosen waren ein Geschenk des Himmels. Ohne sie wären wir ziemlich aufgeschmissen gewesen, da die Natur uns auf dieser Etappe nicht allzu viel geboten hatte. Später schrieb Jesse in sein Tagebuch: »Träume von Pfannkuchen und Kartoffelpuffer haben mich durch das spätnachmittägliche Blutzuckertief getragen.«

Nach dem Canyon stand uns ein breiter, teils felsiger Streifen Wüste bevor, der nicht gerade angenehm für meine Füße war.

Trotzdem kamen wir zügig voran, da uns mittlerweile ein konkretes Ziel vorschwebte: in dem Café in Big Water etwas essen zu gehen. Sobald wir es erblickten, trabten wir los, nur um eine Riesenenttäuschung zu erleben: Das Café hatte eine Viertelstunde zuvor geschlossen.

Jesse lachte und meinte, wir sollten lieber weitergehen, statt bis zum nächsten Morgen zu warten. Dass ein Päckchen an der Poststation von Big Water auf uns wartete, erleichterte uns die Entscheidung noch.

Wir überquerten den Highway und schlugen unser Nachtlager in der Wüste auf. Unser Abendessen bestand aus einem unversehrten Tütchen Ketchup, das wir am Straßenrand fanden.

Am nächsten Morgen machten wir uns auf den Weg zum Postamt.

Die Frau hinter dem Schalter musterte uns belustigt. »Auf euch beide warte ich schon die ganze Zeit«, sagte sie. »Seit drei Wochen frage ich mich, was in diesen zwei Päckchen sein mag, aber am spannendsten war die Frage, wer sie wohl abholen kommt.« Ihr Lächeln ließ ahnen, dass ihre Erwartungen nicht enttäuscht wurden.

In meinem Päckchen befand sich eine Ledertasche mit Reis, Bohnen und meinen Gummisandalen aus Autoreifen; Jesse bekam einen Nylonrucksack, Proviant und einen Wasserfilter. Dankbar schlüpfte ich in meine Sandalen.

Jesse und ich wanderten weitere achtzig Kilometer, bis wir am 5. Juni den Last Chance Canyon erreichten. Wir beschlossen, eine Woche dort zu bleiben, um uns von all der

Hässlichkeit zu erholen, die uns auf unserer bisherigen Reise begegnet war. Am meisten hatte mir der Anblick eines Lagers in einem Indianerreservat zugesetzt: Rücksichtslose Touristencamper hatten ein wahres Schlachtfeld aus leeren Flaschen, Plastikbehältern und verkohlten Überresten ihres Lagerfeuers zurückgelassen. Jesse und ich hatten versucht, notdürftig sauber zu machen.

Der Last Chance Canyon liegt direkt hinter der Grenze zwischen Arizona und Utah und ist bekannt für sein heißes trockenes Klima und seine Kargheit. Wir schlugen unser Lager unter einer großen Pappel auf, deren Blätter uns zumindest vor der sengenden Sonne schützten. Wieder einmal war der Wassermangel ein echtes Problem. In den Bächen floss Kuhdung, da die Ranger in der Gegend ihr Weidevieh frei herumlaufen ließen. Um es zu säubern, filterten wir es durch ein feinmaschiges Netz, das ich mitgebracht hatte.

Währenddessen schnitzte ich Rabbit Sticks und fertigte aus meiner Decke einen Umhang an, in der Hoffnung, Jesses Interesse zu gewinnen. Doch außer dem einen oder anderen Spaziergang zu einer Stelle, von wo aus man den Sonnenuntergang besser sehen konnte, hockte Jesse die meiste Zeit untätig herum. Ab und zu sammelte er ein paar Wacholderbeeren und kochte etwas, aber ansonsten unternahm er keinen Versuch, sich ganz und gar auf die Natur einzulassen.

Wir verließen den Last Chance Canyon und marschierten weiter zum Kaiparowits Plateau, ehe wir zu den Canyons of the Escalante gelangten. Vor einem Jahr hatte ich dort Proviant in einem großen Eimer vergraben, als Notreserve für meine Hikes. Ich fand die Felsformation auf Anhieb wieder, und wir gruben die Vorräte aus.

Nun, auf der letzten Etappe unserer Reise, trat endgültig zutage, dass Jesse und ich unterschiedliche Ziele verfolgt hatten. Abends am Lagerfeuer sprachen wir uns aus. Ich erklärte Jesse, dass er sich in meinen Augen nicht genug anstrenge, um die urzeitlichen Überlebenstechniken zu erlernen.

Jesse hingegen erklärte mir, er habe den Trip nach Boulder niemals unter diesem Aspekt betrachtet. Stattdessen hatte er lediglich eine sechswöchige Auszeit von seinem Alltag nehmen und die Natur genießen wollen. Es war ein klares, einfaches und aufrichtiges Gespräch, das nicht nur unsere Freundschaft festigte, sondern mir als weiterer Grundstock für meine Karriere als Lehrer diente.

Nachdem wir unsere Ziele klarer definiert und dem anderen nähergebracht hatten, entpuppte sich unsere letzte gemeinsame Woche als die schönste überhaupt. Wir blieben zwei Tage in Choprock Canyon mit seinen Felsmalereien – winzige, in den Stein geritzte Abbildungen und Zeugen einer vorzeitlichen Gesellschaft. Es gab ausreichend Wasser, noch dazu sauberer als während des gesamten Trips, und überall wuchsen Rohrkolben und ... Gras.

Außerdem erreichte unser Verständnis füreinander eine völlig neue Ebene. Eines Tages drang Vogelgezwitscher aus dem dichten Geäst über unserem Lager. Ich kletterte auf den Baum und fand ein Nest mit Eiern darin. Gerade als ich die Hand danach ausstrecken wollte, kam das Muttertier angeflogen und versuchte, auf mich einzuhacken. Natürlich wollte ich die Vogelmutter nicht töten, also bat ich Jesse, sie mir mit einem Stock vom Leib zu halten.

Drei Eier lagen in dem Nest. Ich nahm eines heraus und reichte es Jesse, der sich jedoch weigerte, es entgegenzunehmen.

Ich war frustriert, konnte ihn aber verstehen. Und beschloss selbst, nie wieder in ein Nest zu fassen und Eier herauszunehmen. Ich hatte gelernt, dass eine Vogelmutter niemals ihre Brut im Stich lässt.

Drei Tage später, am 23. Juni, dem Tag vor meinem achtundzwanzigsten Geburtstag, erreichten wir Boulder. Nachdem ich Jesse mein Zuhause gezeigt hatte, trennten sich unsere Wege, und er trampte in die Stadt, um seine Rückkehr nach Flagstaff zu organisieren.

Für mich stellte dieser Trip in mehrfacher Hinsicht einen Wendepunkt dar: Ich würde noch lernen müssen, wie ich Schülern mein Wissen am besten nahebrachte. Ich musste die positiven Seiten der Wildnis so hervorheben, dass meine Schüler sie begreifen konnten. Der schlichte Kontrast zwischen der Natur, die für das Gute stand, und dem Menschen, der alles nur zerstörte, konnte nicht der richtige Ansatz sein. Auch wenn ich noch so sehr Zerstörung rings um mich herum sah, durfte ich keinesfalls verbittert werden, da ich mit dieser Einstellung weder mir selbst noch ihnen half.

Am Ende wurden Jesse und ich enge Freunde. Er schickte mir sogar sein Tagebuch, das mir umso deutlicher vor Augen führte, wo in meiner Entwicklung ich mich gerade befand. Bei der Lektüre seiner Gedanken ging mir auf, dass ich anderen meine Vorstellungen von der richtigen Umsetzung von Überlebensstrategien viel zu aggressiv aufs Auge drückte und zu wenig darauf achtete, sie ihre eigene Herangehensweise entwickeln zu lassen. Ich war bei weitem noch nicht der Lehrer, der ich gerne sein wollte.

12

AUF DEN SPUREN DER URMENSCHEN

Ötzi, der Mann aus dem Eis, wurde Anfang der Neunzigerjahre von zwei Bergwanderern in den Ötztaler Alpen in Südtirol entdeckt. Die Gletschermumie war fast vollständig erhalten. Mittels Radiokohlenstoffdatierung fand man heraus, dass er etwa 3300 vor Christus ums Leben gekommen war. Er trug eine Felljacke, einen Lendenschurz, Beinlinge, Schuhe und eine Wolfsfellmütze. Um die Hüften trug er einen Leibriemen, in dem er ein paar primitive Werkzeuge mit sich führte – einen Silexbohrer, eine nadelspitze Knochenahle und einen sogenannten Klingenkratzer, mit dem er Steine bearbeiten, aber auch Gräser schneiden konnte. Außerdem hatte er ein Kupferbeil und mehrere Pfeile dabei, die aus dem Holz des Wolligen Schneeballs – ein sommergrüner Strauch mit aufrechten Ästen – gefertigt waren.

Seine Schuhe gaben Anlass zu allerlei Spekulationen. Sie erinnerten an Sandalen, waren aber um einiges größer als seine Füße und dienten offenbar zum Laufen im Schnee. Das Sohlenleder stammte von einem Braunbären, für den Schaft wurde Hirschleder verwendet. Am Lederriemen entlang des Sohlenrandes war ein aus Grasschnüren geknüpftes Netz befestigt, zudem waren die Schuhe mit Gras ausgestopft, um die Füße warm zu halten. Kurz: Die Schuhe waren höchst aufwendig gearbeitet.

Nicht zuletzt führte Ötzi zwei Arten von Pilzen mit sich, die er an einem Lederriemen aufgefädelt hatte. Zum einen handelte es sich um Birkenporlinge, die eine desinfizierende Wirkung haben und vermutlich als *Reiseapotheke* dienten, zum anderen um das getrocknete Fruchtfleisch des Echten Zunderschwamms. Dieses schien als leicht entzündbares Material in Kombination mit einem Feuerstein und einer Pyritknolle zum Funkenschlagen, sprich: zum Feuermachen verwendet worden zu sein.

Mein Freund Breck Crystal und ich beschäftigten uns eingehend mit Ötzis Outfit und Ausrüstung, während wir uns auf einen »*all-primitive walk*« vorbereiteten, eine Wanderung ausschließlich mit Mitteln der Steinzeit. Wir wollten ihn nicht nachahmen, aber uns selbst beweisen, dass wir in der Lage waren, mit der Ausrüstung und dem Proviant unserer Vorvorfahren draußen in der Wildnis zu überleben.

Unsere Recherchen brachten uns auf die Spur von Ishi, der zu Lebzeiten als letzter amerikanischer Steinzeitmensch galt. Er war der letzte Überlebende der Yahi, eines Seitenzweigs der Yana-Indianer in Kalifornien. Nachdem er fast sein gesamtes Leben abseits der modernen Welt verbracht hatte, begab er sich im Sommer 1911 in die Zivilisation und wurde schließlich von einem Sheriff festgenommen. Es stellte sich heraus, dass all seine Stammesangehörigen tot waren und er drei Jahre lang komplett allein gelebt hatte.

Ishi gestattete Anthropologen und Archäologen, sein Leben aufzuzeichnen und seine Überlebenstechniken zu dokumentieren. Nachdem seine letzten Angehörigen umgekommen waren, hatte er sich in einem Akt der Trauer die Haare abgesengt. Jahrelang hatte er sich auf eigene Faust durchgeschlagen, doch das harte Leben in der Natur forderte seinen Tribut. Am Ende war er bei dem Versuch geschnappt worden, ein paar Eier zu stehlen.

Ishi fand sich in der Zivilisation schnell zurecht – schon allein deshalb, weil er sich dort endlich zurücklehnen konnte. Nach einem Jahr im kalifornischen Berkeley gab er zu Protokoll, er wolle nie mehr in die Wälder zurückkehren, ein so angenehmes Leben habe er nie zuvor geführt. Er konnte sich aussuchen, wonach ihm gerade der Appetit stand, musste nie Hunger leiden, konnte seinen Fertigkeiten nachgehen, ohne unablässig auf der Hut sein zu müssen.

Viele Leute hängen dem Irrglauben an, den Jägern und Sammlern von einst wären die Hirsche quasi vor den Speer gelaufen. Doch allein der Umstand, dass Ishi sich schließlich gezwungen sah, beim Farmer um die Ecke Eier zu klauen, zeigt, wie schnell die Suche nach Nahrung in pure Verzweiflung umschlagen kann. Nein, die Natur ist nicht grausam, sie lässt sich nur nicht verlangsamen.

Jemand, der sein Dasein ausschließlich in der Natur fristet, kann nicht eben mal so sagen: »Hmm, das Jäger-Sammler-Ding ist grad nicht so meins. Ich nehme mir mal 'ne kleine Auszeit bis übernächste Woche.« In unserer modernen Gesellschaft können wir durchaus das eine oder andere ausgedehnte Päuschen einlegen. Ein Jäger und Sammler hingegen nicht – er würde dabei nichts anderes als den Tod riskieren.

Breck und ich beschäftigten uns zudem eingehend mit den Paiute, einem der interessantesten Indianerstämme, dem viel zu wenig Beachtung geschenkt wird. Die hier in Utah ansässigen Paiute waren nur einer von mehreren quer über die Vereinigten Staaten verstreuten Stämmen. Allen war gemein, dass sie, vertrieben oder vor den Lebensbedingungen in den ihnen zugewiesenen Reservaten geflüchtet, lange nach einer Heimat suchen mussten. Bis ins späte neunzehnte Jahrhundert hatten sie nahezu wie in der Steinzeit gelebt.

Es gab nur wenig Informationen über die Paiute, doch mein Freund Bill Latade, ein in Boulder lebender Archäologe, der auch Chefkurator des Anasazi State Parks ist, stellte mir seine privaten Aufzeichnungen zur Verfügung, die auch viele Fotos enthielten. Ich interessierte mich für ihre Werkzeuge, aber nicht zuletzt auch für ihre Lebensweise und ihre Bräuche.

Mich faszinierte, mit wie viel Geduld und Hingebung sich die Paiute ihrer Handwerkskunst gewidmet hatten. Unter anderem fertigten sie mehrere Hunderte Meter lange Netze aus Pflanzen, mit denen sie Hasen fingen – eine wahrhaft beeindruckende Leistung.

Eine Person benötigte etwa ein Jahr zur Herstellung eines hundert Meter langen Netzes. Allein das Sammeln der Pflanzenfasern nahm jeden Tag mehrere Stunden in Anspruch. Anschließend wurden die Fasern mit Händen und Füßen gedreht und zu Maschen verknüpft, in denen sich die Hasen wie in einer Schlinge verfingen. Wenn die Netze nicht im Einsatz waren, wurden sie sorgfältig zusammengefaltet und dienten als bestens isoliertes Ruhelager.

Außerdem las ich die Tagebücher des Franziskanerpaters und Missionars Silvestre Velez de Escalante. Pater Escalante, nach dem auch das nahe gelegene Dörfchen in Utah benannt war, hatte sich 1776 zusammen mit einem anderen Priester von Santa Fe nach Monterey in Kalifornien aufgemacht. Schließlich landeten sie auf dem Territorium des heutigen Staates Utah. In seinen Reiseaufzeichnungen hielt Pater Escalante nicht zuletzt fest, mit welchem Werkzeug sie sich durch die Wildnis geschlagen hatten und auf wen sie während ihrer Reise getroffen waren.

Breck und mir ging es darum, ebenfalls eine Wanderung mit ausschließlich primitiven Mitteln zu unternehmen. Die BOSS hatte seit Dezember Winterpause, und die meisten Kursleiter waren nach Hause gefahren. Kurz zuvor hatten uns noch Cameron Diaz, Drew Barrymore und Lucy Liu beehrt, um bei uns ein viertägiges Überlebenstraining zu absolvieren. Eigentlich war es nur ein Promo-Shooting für die Zeitschrift *Marie Claire* anlässlich der bevorstehenden Premiere von »Drei Engel für Charlie«, aber die drei Schauspielerinnen schlugen sich besser als so manche sonstigen Kursteilnehmer.

Ein krasserer Kontrast zu dem Trip, den Breck und ich anschließend ins Auge gefasst hatten, ließ sich nur schwer vorstellen.

Wir beide wollten die Wildnis ohne zivilisatorische Rückendeckung erkunden. Über die Grundlagen dafür verfügten wir, trotzdem hatten wir uns da ein verdammt hohes Ziel gesteckt.

Nach der ausführlichen Lektüre kümmerten wir uns erst mal um unseren Proviant: Wir lagerten Fleisch in Salz und Kräutern ein und hängten es zum Trocknen auf. Außerdem machten wir Pemmikan, eine nahrhafte Mischung aus getrockneten Beeren, Dörrfleisch und Fett. Die Herstellung nahm satte zwei Monate in Anspruch. Zunächst trockneten wir Hagebutten und Beeren, dann lasen wir tote Hirsche auf, die kürzlich jemandem vor den Kühler gelaufen waren. Das getrocknete Hirschfleisch vermengten wir mit den Hagebutten und Beeren, erhitzten das Ganze und verkneteten es mit zerlassenem Waschbärenfett.

Wenn man Tierfett schmilzt, filtert und klärt, kann es nicht ranzig werden. Nach mehreren Durchgängen bleibt nur das weiße Fett übrig, und dieses weiße Fett, auch Schmalz genannt, ist ein erstklassiges Konservierungsmittel, mit dem man Fleisch hundert Jahre haltbar machen kann. Reines Trocken- oder Dörrfleisch hingegen hält sich nur etwa sechs Monate, ehe es sein Aroma verliert und schließlich wie Pappe schmeckt.

Den Pemmikan formten wir schließlich zu kleinen Bällchen, die wir in Parfleche-Taschen verstauten. Parfleche nennt man die Taschen aus Bison- oder anderer Tierhaut, in denen die Indianer der nordamerikanischen Prärie früher ihre Wintervorräte aufbewahrten. Die gegerbte Tierhaut wird erst zum Trocknen aufgespannt und dann mit runden Steinen bearbeitet. Dadurch erhält man ein weiches, höchst geschmeidiges Leder, das beim Falten nicht brüchig wird.

Unser Pemmikan war ein perfekter Mix aus Fleisch und süßen Beeren, ausgesprochen nahrhaft und zudem superlecker. Eigentlich schon zu lecker. Der Pemmikan schmeckte so gut, dass wir ihn am liebsten gleich aufgefuttert hätten. Ehe wir überhaupt losgezogen waren, ging unser Vorrat bereits zur Neige.

Zu den Häuten von überfahrenen Hirschen besorgten wir uns weitere von diversen Jägern und verarbeiteten auch diese zu Lendenschurzen, Westen, Hemden, Shorts und Mokassins. Ich gerbte die Haut eines ausgewachsenen Elchs, die eine ausgezeichnete Decke abgeben würde. Dann machten wir uns daran, Netze aus Yucca- und Agavenfasern zu flechten, für unsere Rückentragen. Mein

Naturrucksack glich dem von Ötzi, während Breck sich für ein moderneres Design in Form eines X entschied.

Und womit wollten wir kochen? Kein Problem: Breck fertigte einen Tontopf an, während ich einen Flaschenkürbis ausschabte und dann ausgiebig einölte – ein perfekter Behälter für heiße Steine, also ein echter Urzeit-Tischgrill. Aus Steinen fertigten wir Messer, die wir mit polierten Holzgriffen versahen. Die verstauten wir in Messerscheiden aus Leder, deren Nähte aus Yuccafasern bestanden.

Natürlich brauchten wir auch eine Jagdausrüstung. Ich baute mir einen Bogen aus Hickory-Holz. Für die Pfeilspitzen feilten wir Steine zurecht, die Sehnen fertigten wir aus den Rückensehnen der bereits erwähnten Hirsche, mit denen wir auch die Pfeilfedern befestigten. Für die Pfeilschäfte standen mir verschiedene Rohrhölzer zur Verfügung, die ich in Arizona gesammelt hatte. Für einige verwendete ich schweres, aber auch recht biegsames Tamariskenholz.

In Sachen Schuhwerk begannen wir dann aber ordentlich zu übertreiben. Schön und gut, Ötzi hatte vor mehr als fünftausend Jahren Schneeschuhe getragen, aber wir meinten, als moderne Jäger und Sammler für verschiedenste Witterungen gerüstet sein zu müssen. Schwere Winter-Mokassins waren unverzichtbar, doch nähten wir jeder noch drei luftigere Sandalenpaare zusammen.

Unserem Handwerk gingen wir zum Großteil draußen vor dem BOSS-Sekretariat nach, das zufälligerweise gleich neben dem Anasazi State Park Museum lag – eine hübsche Show für die Touristen, die uns staunend zusahen, wenn sie ihren Rundgang durch die Ausstellung hinter sich gebracht hatten.

Wir brauchten knapp drei Monate, um unsere Steinzeit-Ausrüstung zusammenzustellen. Es war ein Riesen-spaß, doch schließlich ließen wir uns derart von unserer Begeisterung mitreißen, dass wir lauter überflüssiges Zeug anfertigten. Kein Wunder, dass wir beim ersten Rucksack-Schultern jeweils fette fünfzig Pfund auf dem Buckel hatten.

Wir wollten nicht nur wie die amerikanischen Urein-wohner durch die Natur ziehen, wir hofften zudem dar-auf, an einige alte Traditionen anknüpfen, auf unserer Wanderung auch die schöne Sitte des Tauschhandels wiederaufleben lassen zu können. Geld nahmen wir nicht mit, sondern selbst angefertigten Schmuck und zusätzliche Lederhäute, die wir gegen Nahrungsmittel oder andere Dinge eintauschen wollten.

Unser ursprüngliches Ziel war der Chaco Canyon, der mittlerweile zum Naturschutzgebiet erklärt worden ist. In alten Zeiten war im Chaco Canyon reger Tauschhandel betrieben worden. Diese Zeiten waren zwar längst passé, aber wir wollten uns den Canyon ansehen. Außerdem wussten wir, dass es in der Nähe verschiedene Handels-posten der Navajo gab, wo wir unsere Sachen womöglich an den Mann bringen konnten.

Anschließend wollten wir über die Berge und durch die angrenzenden Canyons ziehen. Wenn alles nach Plan lief, würden wir am Ende unserer Wanderung beim Winter Count eintreffen, einer jährlich stattfindenden Zusammenkunft von Survival-Freaks im sechshundert-fünfzig Kilometer entfernten Ak-Chin-Reservat in Ari-zona. Für unsere Wanderung hatten wir zwei Monate eingeplant, aber die Mühen waren uns egal. Es ging uns um die Erfahrung, die wir machen würden.

Unser Aufbruch hatte etwas geradezu Magisches an sich. Steinmesser hingen an unseren Hüften, und unsere Lendenschurze flatterten im Wind, als wir den vor uns liegenden Canyon betraten. Ein reißender Gebirgsbach sprudelte die Felswände hinab. Wir hatten kein einziges modernes Utensil dabei, alles hatten wir mit eigenen Händen aus Rohstoffen geschaffen, die uns die Natur zur Verfügung stellt.

Ich fühlte mich locker und beschwingt. Es war, als wären wir unterwegs zu einer uralten Siedlung, wo die Menschen Korn, Bohnen, Riesenkürbisse und Baumwolle anbauten und nur darauf warteten, dass wir unsere sorgfältig gegerbten Lederhäute zum Tausch anboten. Wir folgten einem Flusslauf durch ein idyllisches Tal. Schon bald darauf war weit und breit kein Mensch mehr zu sehen, auch gab es keine Wanderwege mehr. Nach ein paar Stunden aber mussten wir ein paar praktische Aspekte unseres Trips überdenken. Da sich die Riemen unserer Rückentragen tief in unsere Schultern gruben, legten wir erst einmal ein Päuschen ein. Aber auch danach wurde es nicht besser. Die Last schien mit jedem Schritt schwerer zu werden.

Als die Sonne unterging, waren wir komplett geschafft. Fünfzig Pfund Gepäck waren alles andere als ein Pappenstiel. Da wir keine Probewanderung gemacht hatten, standen wir jetzt voll auf dem Schlauch. So ist das, wenn man die Grundregel Nummer eins vergisst: Vergewissere dich lieber vorher, was du mit dir herumschleppen willst.

Wir hatten uns verhalten wie Anfänger, die sich im Outdoor-Laden doppelt und dreifach eindecken. Der erfahrene Backpacker beschränkt seine Ausrüstung stets auf das Nötigste. Dass unsere Sachen selbst hergestellt waren und wir den Urmenschen damit Reverenz erwiesen, spielte keine Rolle. Wir hatten uns schlicht zu viel aufgeladen, wussten nicht einmal, ob sich unsere Ausrüstung tatsächlich bewähren würde. Kurz gesagt: Wir führten jede Menge Kram mit uns, der sich am Ende womöglich als unnütz herausstellen würde – mit dem Ergebnis, dass wir schon jetzt total genervt waren.

Als wir nun deutlich früher als beabsichtigt unser Lager aufschlugen, hätte unsere Stimmung wahrlich besser sein können. Wir machten Feuer und krochen unter unsere Felle. Die Temperatur sank bis fast auf den Nullpunkt. Um mit unseren Rationen hauszuhalten, hatten wir den ganzen ersten Tag über nichts gegessen. Und da wir nicht darauf trainiert waren, ohne Nahrung zu marschieren, knurrte uns die ganze Nacht der Magen.

Uns war klar gewesen, dass es in den Wintermonaten nicht so leicht sein würde, uns mit Nahrung zu versorgen, doch irgendwie hatten wir auch diese Tatsache verdrängt. Wir wollten einfach daran glauben, dass es zu jeder Jahreszeit möglich war, durch die Natur zu streifen und auch von ihr zu leben. Die Wirklichkeit aber sieht so aus, dass in einer so kargen Landschaft wie dieser über den Winter alles mehr oder weniger auf Sparflamme läuft. Dieser Umstand war auch den hier lebenden Indianern nicht entgangen, die sich in den kalten Monaten in die Geborgenheit ihrer Tipis zurückzogen – weshalb sie sich im Herbst mit Nahrung eindeckten.

Nach dem ersten Tag lag bereits auf der Hand, dass unsere Wanderung um einiges strapaziöser werden würde als erwartet. Am Ende des zweiten Tages gab es nichts mehr zu deuten: Wir hatten zu viel Ballast dabei. Punkt, aus.

Nach langem Hin und Her kamen wir zu dem Schluss, dass wir unser Gepäck nicht einfach in die Botanik werfen konnten, dafür hatten wir schlicht zu viel Liebe und Mühe in unsere Ausrüstung investiert. Und so machten wir uns am Morgen des dritten Tages erst einmal auf den Rückweg, um es mit anderer, sprich: leichterer Ausrüstung noch einmal zu versuchen.

Wir kamen uns keineswegs wie Versager vor, wir hatten uns eben nur schlecht vorbereitet. Zurück an der BOSS, staffierten wir uns komplett neu aus – mit Messern, Tontöpfen, Wolldecke, Sandalen, Wollsocken, Nylonhemd und Wollpullover. Unser steinzeitliches Schuhwerk tauschten wir gegen Sandalen aus alten Reifen.

Trotzdem fühlte es sich nicht so an, als hätten wir bei einem Outdoorshop eingekauft. Wenn man in einer eisigen Winternacht unter einer Wolldecke schläft, hilft auch ein Lagerfeuer wenig. Man muss körperlich fit und nicht zuletzt auch mental stark sein, um die schneidende Kälte aushalten zu können.

Als wir erneut loszogen, hatten wir das Gewicht unseres Gepäcks um gut zwei Drittel reduziert. Und statt ausschließlich urzeitlich war unsere Ausrüstung nun weitgehend urzeitlich. Abermals wartete zuerst der Canyon auf uns, das Wechselspiel der Wolken über uns war ein erhebender Anblick. Als wir kurz vor Sonnenuntergang auch noch ein dichtes Büschel saftiger Austernpilze entdeckten, sah alles sehr vielversprechend aus.

Zwei Stunden später brach ein Gewitter los. Wir fanden Zuflucht unter einem Felsvorsprung und polsterten den Boden mit Pappelblättern, ehe wir ein paar Felsbrocken vor unserer kleinen Höhle aufeinanderstapelten und davor eine Grube für das Feuer aushoben. Wir sammelten Rinde vom Wüsten-Beifuß, und kurz darauf züngelten die ersten Flammen.

Über dem Feuer bereiteten wir uns einen schmackhaften Eintopf aus Austernpilzen, Distelblättern und Pemmikan. Nach dem Essen lehnten wir uns schweigend an die Felswände und kritzelten in unsere Tagebücher. Draußen herrschten frostige minus vier Grad, doch in unserer Höhle war es so bullig warm, dass wir beide in Shorts dasaßen.

Nur allzu bald aber stellte sich heraus, dass wir völlig verschiedene Vorstellungen hatten. Wir kannten die Gegend bereits von anderen Exkursionen, doch vor uns lag ein Terrain, das weder Breck noch ich je betreten hatten. Ich sah den neuen Erfahrungen wie ein Entdecker entgegen, wollte die unbekannte Natur erforschen, alles sehen, fühlen, hören und schmecken wie ein Neugeborenes, das seine Umwelt zum ersten Mal wahrnimmt.

Wie sich herausstellte, war Breck mit seinen Gedanken ganz woanders. Zwar hatten wir uns mit äußerster Akribie auf den Trip vorbereitet, aber nie über emotionale Aspekte gesprochen. Er dachte dauernd an seine Freundin, mit der er seit etwa einem Jahr zusammen war. Und dass er sie nun wochenlang nicht sehen würde, machte ihm anscheinend schwer zu schaffen.

Während der nächsten Tage wurde immer offensichtlicher, dass Breck nicht richtig bei der Sache war. Ab und an redeten wir über seinen Herzschmerz. Statt unser Vorhaben mit voller Konzentration anzugehen, ließ er sich immer wieder von seinen Gefühlen ablenken. Ich spürte, dass er eigentlich nur wieder zurückwollte.

Und so spannte sich die Stimmung zwischen uns immer mehr an. Zugegeben, mit tröstlichen Worten konnte ich ihm nicht dienen. Es gelang mir nicht, Mitgefühl für ihn aufzubringen, schon allein deshalb, weil ich selbst nie eine Langzeitbeziehung geführt hatte. Und ich hatte nicht die geringste Lust, für ihn den Motivator zu spielen und mich obendrein auch noch mit seinem Beziehungskram zu belasten. Bei einer derartigen Wanderung ging es nicht zuletzt darum, dass wir unsere Kräfte bündelten. Wenn einer dauernd neben der Kappe war, würde er den anderen nur schwächen.

Wir merkten, dass wir auf verschiedenen Frequenzen funkten und Zeit brauchten, um unsere Gedanken zu ordnen. Und so kam es, dass wir am Ende der Woche in beiderseitigem Einvernehmen beschlossen, getrennte Wege zu gehen. Breck machte sich auf den Rückweg, während ich Richtung Norden weiterwanderte.

Bald darauf begann es zu schneien. Der erste größere Wintersturm stand bevor; die Tiere sammelten noch Vorräte, ehe sie sich verkriechen würden. Der Wind war bitterkalt, doch die Szenerie konnte man nur spektakulär nennen. Rings um mich herum ragten schneebedeckte Tafelberge auf, die Wolken sahen aus wie Schlagsahne, und über allem strahlte ein azurblauer Himmel. Der Schnee war nicht nur wunderschön, sondern versorgte mich obendrein mit trinkbarem Wasser.

Ohne reine Steinzeit-Ausrüstung hatte unsere Wanderung ihre Ursprünglichkeit verloren. Unsere eigentliche Idee war klar umrissen gewesen. Wir hatten uns darauf festgelegt, mit authentischer Ausrüstung zu starten, und allen erzählt, dass wir eine Handelsroute erschließen, auf unserem Weg Salz sammeln und Tauschhandel treiben wollten, wie es unsere Vorvorfahren getan hatten. Statt hohe Erwartungen zu wecken, hätten wir besser geschwiegen und uns ganz auf unsere Entdecker-freude konzentriert.

Zwar stand mir nun nicht mehr der Sinn danach, den Chaco Canyon zu erkunden oder die Handelsposten der Navajo aufzusuchen, dennoch musste ich genauso umsichtig vorgehen, wie es die Einheimischen dieser Gegend getan hätten. Potentiell konnte ich hier durchaus in Lebensgefahr geraten.

Das Gebiet um Boulder, Colorado, ist gerade im Winter ausgesprochen unwirtlich, wenn man kein warmes Häuschen und keinen Supermarkt um die Ecke hat. Mit meinem Proviant würde ich es jedenfalls nicht weit schaffen.

Meine beste Option war, südwärts zu marschieren, bis ich in tiefer gelegenes Gebiet kam, wo mir mehr natürliche Ressourcen zur Verfügung stünden. Gleichzeitig setzte ich mir ein weiteres Ziel: Ich würde die sechshundertfünfzig Kilometer zum Winter Count gnadenlos durchziehen, auch wenn es inklusive aller Umwege wohl eher auf neunhundertfünfzig hinauslaufen würde.

Tatsächlich eröffnete mir der Marsch zum Winter Count ganz neue Möglichkeiten. Breck und ich hatten den Chaco Canyon durchwandern wollen, um *nach-zuempfinden*, wie es damals gewesen war, als dort zwanzigtausend Einheimische Tauschhandel betrieben hatten. Eine Tatsache hatten wir dabei allerdings außer Acht gelassen: dass der Chaco Canyon heute ein Schutzgebiet ist, das nicht von Händlern, sondern von Touristen besucht wird.

Beim Winter Count hingegen würde ich vierhundert-fünfzig Gleichgesinnte treffen, all meine Freunde sowieso. Der Winter Count war unser Chaco Canyon, wo wir vielleicht ein wenig Handel betreiben, vor allem aber Geschichten und Erfahrungen austauschen würden. Endlich hatte ich ein realistisches Ziel vor Augen, statt einer Chimäre hinterherzujagen.

Ich durchquerte ein Gebiet, das Little Egypt genannt wird, weil die Landschaft an das Auf und Ab der Sanddünen im richtigen Ägypten erinnert. Die von einer dünnen Schneeschicht bedeckten Sandhügel boten einen nahezu surrealen Anblick.

Nachdem ich den Aufstieg durch den Canyon hinter mir hatte, befand ich mich oben auf dem Kaiparowits-Plateau. Der Schnee fiel nun in dicken Flocken und lag knapp zwanzig Zentimeter hoch. Dennoch trudelte er sanft und friedlich vom Himmel, und es war nahezu windstill. Ich trug zwar nur Sandalen, doch der Schnee war so pulverig, dass meine Füße warm blieben, solange ich in Bewegung blieb. Außerdem gab es zahlreiche Höhlen in den Felsen, weshalb mir vor heftigerem Schneefall nicht bange war.

Als die Sonne allmählich unterging, suchte ich mir einen Unterschlupf für die Nacht. Vor einer kleinen Höhle baute ich einen Reflektor aus Ästen und Steinen, ehe ich Feuer machte, ebenfalls gleich vor dem Höhleneingang. Auf diese Weise konnte der Rauch abziehen, während es in der Höhle schön mollig blieb. Außerdem vermied ich es so, dass sich die Gesteinswände schwarz färbten.

Wenn man weiß, wie es geht, hat man sich in einem derartigen Unterschlupf ruck, zuck eingerichtet. Als das Feuer richtig gut brannte, machte ich es mir in der Höhle bequem. Ich empfand Freude und Zufriedenheit, während ich mich zurücklehnte und von meinem kuscheligen Felskokon in den Schnee hinaussah. Und da ich wieder ein echtes Ziel vor Augen hatte, fühlte ich mich erst recht wie im siebten Himmel.

GEFAHREN ERKENNEN

In der Wildnis muss man unablässig auf der Hut sein, und auf mich allein gestellt, bin ich der Einzige, der den Gefahren um mich herum trotzen kann.

Ja, auch in Städten lauern Gefahren, doch in den modernen Gesellschaften wird permanent daran gearbeitet, selbige kontinuierlich zu minimieren. Die Leute tragen anständiges Schuhwerk, fahren sichere Autos, riegeln ihre Häuser mit Sicherheitsschlössern ab. Ihre Häuser sind gegen Kälte isoliert, Heizungssysteme und Klimaanlagen sorgen für Komfort und Behaglichkeit.

Viele Städter begeben sich auf einen Trip in die Wildnis, weil sie ihre sicheren Häuser eine Zeitlang hinter sich lassen wollen. Sie wünschen sich vielleicht, eins mit der Natur zu sein, decken sich aber erst mal bis zur Halskrause im nächsten Outdoor-Laden ein, weil ihnen der Arsch auf Grundeis geht, dass sie ohne die richtige Ausrüstung der Natur zum Opfer fallen könnten.

Viele Leute haben offenbar auch Angst, von wilden Tieren angefallen zu werden. Dabei muss man lediglich die Tiere und ihr Revier respektieren. Sie spüren es, wenn man ihren Lebensraum achtet.

Als ich einmal in den Bergen unterwegs war, begegnete ich einem Puma, der sich auf einem nahe gelegenen Felsvorsprung bewegte. Er hielt einfach nur inne und starrte mich an. Dann begann er rhythmisch den Kopf hin und her zu wiegen, ganz langsam, eine Bewegung wie aus einem Michael-Jackson-Video. Er blickte mir tief in die Augen. Und plötzlich kam es mir vor, als würden unsere Seelen miteinander kommunizieren, als würden wir versuchen, gegenseitig unsere Gedanken zu lesen. In gewisser Weise war der Puma wie ein Bruder, und es war, als wären wir insgeheim übereingekommen, dass er mich nicht angreifen würde, solange ich die Grenzen seines Reviers nicht verletzte.

Die Wildnis kann unberechenbar, zuweilen sogar lebensbedrohlich sein, aber im Lauf der Zeit habe ich gelernt, Gefahren zu erspüren und entsprechend damit umzugehen. In erster Linie kommt es darauf an, sich nicht aus Unachtsamkeit in gefährliche Situationen zu bringen.

13

AUF EIGENE FAUST

Das Kaiparowits-Plateau ist riesig und ehrfurcht-
gebietend. Einst Heimat der Paiute, erstreckt sich
das Gebiet über fünfundsechzig Kilometer und bietet
eine beeindruckende Vielfalt an spektakulären Natur-
wundern – staubige Ebenen, schmale Canyons und eine
Reihe beeindruckender Hügellandschaften. Die Vorstellung, den Winter hier in der unbefleckten Natur erleben
zu dürfen, ließ mein Herz höher schlagen. Ich fühlte
mich wie ein Angehöriger einer vor Urzeiten unterge-
gangenen Kultur. Bis nach Page, Arizona, wo der Winter
Count stattfand, waren es noch vierhundertachtzig Kilometer. Und so gab es noch jede Menge Entdeckungen zu
machen.

Nach zwei Tagen Marsch über das Hochplateau gelangte ich in die Ebenen hinunter. So weit das Auge reichte,
war kein einziger Baum zu sehen. Büsche und Sträucher
wuchsen gerade mal zwanzig Zentimeter hoch. Weit und
breit gab es nichts, was ich als Feuerholz hätte verwenden
können. Ich war hundemüde, ließ mich auf den kargen
Boden sinken und hielt Ausschau nach einem Platz, der
mir Schutz vor der Witterung bieten konnte. Es schien
mit jeder Minute kälter zu werden. Ein regelrechter Tem-
peratursturz, und ich hatte keine Zuflucht.

Allmählich begann ich an meinen Fähigkeiten zu

zweifeln. Anscheinend war ich zur falschen Zeit am falschen Ort gelandet, was in der Wildnis lebensgefährlich sein kann. Es frustrierte mich, dass ich noch nicht weiter nach Süden vorgedrungen war und zudem bislang nicht mal einen Unterschlupf ausfindig gemacht hatte. Außerdem war mir klar, dass ich hier mit meinen Techniken, Feuer zu machen, auf verlorenem Posten stand.

Meine innere Stimme riet mir, aufzustehen und weiterzumarschieren. Ich wusste, dass ich mich in der Nähe eines Highways befand. Vielleicht war es besser, wenn ich meinen Hike abblies, zum Highway lief und per Anhalter nach Page weiterfuhr, wo mich eine leckere warme Mahlzeit und ein warmes Bett erwarteten.

Als es bereits dämmerte – noch eine halbe Stunde, dann war es dunkel –, konzentrierte ich mich abermals und ließ den Blick über die Ebene schweifen. Statt mich weiter meinen Selbstzweifeln auszuliefern, begann ich meine Beobachtungsgabe einzusetzen.

Ganz in der Nähe, etwa vierhundert Meter entfernt, erspähte ich eine Vertiefung in einem Felsen. Eine Höhle war es sicher nicht. Aber was dann?

Ich marschierte los, um die Sache genauer unter die Lupe zu nehmen. Die Vertiefung war etwa anderthalb Meter lang. Ausstrecken konnte ich mich darin nicht, aber zusammenrollen. Ich hatte mein Nachtlager gefunden!

Da es unmöglich war, irgendwie ein Feuer zu entzünden, überlegte ich, wie mich die Natur mit Wärme versorgen konnte. Nicht allzu weit weg erblickte ich wild wuchernde Hasenpinselsträucher, zwischen denen die Erde aufgebrochen war. Als ich näher herantrat, sah ich, dass die Wurzeln der Sträucher frei lagen.

Ich trat in den Erdriss und zog die Zweige heraus. Die

Zweige waren weich und biegsam, die Blüten zart und federartig. So konnte ich mein Lager perfekt herrichten. Ich sammelte ganze Büschel und polsterte die Felsnische damit aus, ehe ich selbst hineinkroch. Abgeschirmt gegen die Kälte, schlief ich bestens. Die Natur hatte mir höchstpersönlich unter die Arme gegriffen und mich so ermutigt, nicht vorzeitig aufzugeben.

Am nächsten Morgen erwachte ich in aller Herrgottsfrühe. Ich marschierte weiter in Richtung der großen Talsperre am Colorado River. Von dort waren es nur noch gut fünfzehn Kilometer bis nach Page, Arizona.

Ich hatte das Kaiparowits-Plateau gerade hinter mir gelassen, als ich von einem Ranger angehalten wurde. Er fragte, wohin ich unterwegs sei, und ich erklärte ihm meine Route: dass ich dem Colorado River folgen und schließlich durch den Grand Canyon wollte, bis zu dem es noch etwa hundertsechzig Kilometer waren. Bei der Erwähnung des Grand Canyon merkte er plötzlich auf und informierte mich darüber, dass ich für das Wandern dort eine Genehmigung bräuchte, das sogenannte *Backcountry Permit*. Worauf ich ihm erklärte, dass ich mich spontan zu einem Hike entschlossen und nicht vorhatte, einen Umweg über den nächsten Ranger-Posten zu machen. Der Ranger wiederum bestand darauf, dass ich mir die Genehmigung besorgte. Ich hielt dagegen, dass ich fünf Monate lang als Trailworker im Grand Canyon ausgeholfen hatte, und fügte hinzu, dass ich kein Geld hätte, um die Gebühr für den Genehmigungsschein zu bezahlen.

Aber es gelang mir nicht, ihn umzustimmen. Er bestand darauf, dass ich bei der Paria Ranger Station vorbeisehen müsse. Da Jesse Perry und ich während unseres Hikes in jener Gegend gewesen waren, wusste ich, dass dadurch ein Umweg von zusätzlichen dreißig Kilometern anstand. Nun ja. Ich nickte – »Okay, gebongt« – und wünschte ihm noch einen schönen Tag.

Dann machte ich mich zum Handelsposten der Navajo auf. Ein paar Dinge in meinem Backpack benötigte ich nicht mehr, dafür aber dringend etwas zum Schutz gegen die Kälte. Schließlich tauschte ich ein Paar Mokassins und ein Steinmesser gegen zwei dünne Wolldecken ein, allein schon aus der Überlegung heraus, dass ich meine Sachen für den Transport einfach in die Decken wickeln konnte. Meine Reifensandalen würden mich hingegen bis zum Ende des Hikes begleiten, auch wenn mir klar war, dass mein Weg erneut durch Schnee und Eis führen würde. Aber bislang hatte ich nie kalte Füße gehabt. Mir war vor allem wichtig, nachts nicht mit den Zähnen zu klappern.

Mein kleiner Tauschhandel war ein kalkuliertes Risiko, wie ich es häufiger eingehen muss. Nachdem ich den Handelsposten verlassen hatte, schlug ich mich abseits des Highways in die Büsche. Nur kurze Zeit später fand ich mich in einem Labyrinth schmaler, schlauchartiger Canyons wieder, Schluchten, die so eng waren, dass ich die Felsen links und rechts von mir mit ausgebreiteten Armen berühren konnte. Die Felswände ragten bis zu hundert Metern hoch über mir auf, so dass ich die meiste Zeit über nicht sehen konnte, was vor mir lag. Das Terrain war ausgesprochen unübersichtlich, aber ich wusste, dass ich durch die Canyons zu den Echo Cliffs gelangen würde.

Der Aufstieg führte mich von Südosten nach Nordwesten. Ich marschierte noch einmal knapp fünfzig Kilometer, ließ die Cliffs hinter mir und kam schließlich nach Marble Canyon, einem winzigen Nest mit einem Hotel und einem Souvenirladen.

Ich wollte gerade den Highway 89 überqueren und mich ins Navajo-Reservat aufmachen, als jener Ranger heranfuhr, der mir erst neulich über den Weg gelaufen war, und mich zu sich winkte.

Das Land war weit und flach. Mit einem erstklassigen Fernglas konnte man kilometerweit sehen. Ganz klar, der Ranger hatte mich verfolgt.

Der gute Mann fragte mich, ob ich mir inzwischen meine Genehmigung besorgt hätte. Ich erwiderte, auf meiner Route würde sich kein Ranger-Posten befinden. Worauf er mir sagte, ich müsse zum Lees-Ferry-Posten, was für mich einen Umweg von insgesamt sechsundzwanzig Kilometern bedeutete.

Ich versuchte ihm meine Lage zu erklären. Dass ich hundemüde war. Dass ich einen Marsch über sechshundertfünfzig Kilometern mit größtenteils vorsintflutlicher Ausrüstung absolvierte. Dass ich mit der Natur kein Schindluder treiben würde und auch zu wenig Proviant dabeihatte, um mir größere Extratouren leisten zu können. Ich beschwor ihn geradezu, mir die bürokratischen Unannehmlichkeiten zu ersparen.

Aber Pustekuchen. Er war nicht zu erweichen, und auf die Idee, mir eine Mitfahrgelegenheit anzubieten – worauf ich mich niemals eingelassen hätte –, kam er auch nicht.

Meinen Schülern empfehle ich stets, selbst zu denken und eigene Entscheidungen zu treffen. Regeln, erkläre ich ihnen immer wieder, sind im Zweifelsfall dazu da, gebrochen zu werden. Und dass dieser Ranger so stur auf seinen Richtlinien beharrte, bewies mir nur, dass er ein verdammter Paragraphenhengst war. Er sah ganz genau, dass ich kein Geld hatte. Er wusste, dass ich ihm keinen Unfug erzählte. Er hatte schlicht keine Lust, mich vom Haken zu lassen.

Und noch etwas anderes spielte eine Rolle. Ich bin so gut wie immer zu Fuß unterwegs, so komme ich mal mehr, mal weniger gepflegt rüber, manchmal sehe ich auch völlig abgerissen, kaputt und hungrig aus. Behördenheinis hielten mich des Öfteren für einen Penner und machten mir das Leben schwer. Es hatte etwas Ironisches an sich. Diejenigen, die anderen helfen sollten, setzten mir die Daumenschrauben an. Weshalb ich ein äußerst zwiegespaltenes Verhältnis zur Obrigkeit habe. Ich versuchte ein bescheidenes Leben im Einklang mit der Natur zu führen, und andere, die sich wie die Axt im Wald aufführten, warfen mir permanent Knüppel zwischen die Beine.

Mir blieb keine Wahl. Ich machte mich zum Ranger-Posten auf. Ich beschloss, die Strecke zu laufen, versteckte meine Sachen unter ein paar Büschen und rannte los.

Als ich am Posten ankam, ging das Fiasko erst richtig los. Zunächst bestand der diensthabende Ranger darauf, dass ich den Ranger-Posten im Grand Canyon telefonisch über meine Route in Kenntnis setzte. Der Ranger am Telefon fragte, wie viele Nächte ich unterwegs sein würde und wo ich mein Lager aufschlagen wolle. Ich sagte ihm die Wahrheit, also, dass ich nicht die geringste Ahnung hatte. Worauf er nach meiner Route fragte und ich antwortete, ich hätte von einer Stelle in der Nähe des Little Colorado River gehört, über die man in den Grand Canyon gelangen konnte. Diese war ihm nicht bekannt; weder er noch seine Kollegen waren je dort gewesen.

Ich erklärte ihm, dass ich früher selbst im Grand Canyon gearbeitet hatte, und fragte, ob wir die Gebühr aufgrund meiner Verdienste nicht unter den Tisch fallen lassen könnten. Der Ranger zeigte durchaus Verständnis, sagte dann aber, er könne nicht gegen die »Vorschriften« verstoßen. Die Genehmigung koste fünfundfünfzig Dollar.

Das mag nicht nach viel klingen, doch zu jenem Zeitpunkt besaß ich gerade mal dreihundertfünfzig Dollar. Was bedeutete, dass mich die Genehmigung ein sattes Siebtel meines Vermögens gekostet hätte.

Als ich den Ranger fragte, wofür die Gebührengelder genutzt würden, gab er zurück, »für Pflege, Instandhaltung und Sicherheit«. Ich versuchte den Spieß umzudrehen, schlug ihm vor, ihn über die Begehbarkeit der Route zu informieren. Im Gegenzug könne er mir doch gefälligerweise die Gebühr erlassen. Worauf er die bewährte »Versteh dich ja, Mann«-Nummer abspulte.

»Glaub mir, ich bin voll auf deiner Seite, Mann«, sagte er. »Wenn ich es zu entscheiden hätte, würde ich dich sogar dafür bezahlen. Aber mein Chef, weißt du ... echt, hier haben die Wände Ohren.«

Ich unterbrach ihn. »He, wenn ich die Route erkunde, hilft das doch auch anderen Backpackern«, sagte ich. »Und es kostet euch keinen Cent.«

Meines Erachtens war er mir den Gefallen schuldig, insbesondere, wenn ich eine Route entdeckte, die ihnen bislang unbekannt war.

Nach weiteren Diskussionen bezahlte ich so viel Geld, wie es mir wert war, und dann rannte ich los, um meine Siebensachen zu holen. Anschließend marschierte ich knapp fünfzig Kilometer durch das Navajo-Reservat, bis ich die Stelle erreichte, wo die Route begann, von der ich dem Ranger erzählt hatte. Es ging steil hinunter ins Tal des Little Colorado. Ich warf einen Blick auf die Seite, die ich aus einem alten Atlas gerissen hatte, aber sie brachte mich nicht sonderlich weiter, da es keine topographische Karte war, die mir Aufschluss über das Gelände gegeben hätte.

Kurz bevor ich mit dem Abstieg beginnen wollte, begegnete mir ein Navajo. Vor mir gabelte sich der Weg. Ich fragte ihn, auf welchem Weg ich in den Canyon hinunterkommen würde.

Er lächelte. »Kein Problem.« Er vollführte eine vage Handbewegung, der sich nicht entnehmen ließ, welchen Weg von beiden er nun meinte.

»Äh, sorry«, sagte ich. »Rechts oder links?«

»Da lang«, erwiderte er, und schon zog er von dannen.

Ich musste also selbst entscheiden. Aber ich hatte die richtige Nase. Zwar stand ich bald vor einer hoch aufragenden Felswand, doch nur wenige Meter darunter befand sich der Pfad, über den die Navajo hinunter in den Canyon gelangten.

Es war ein äußerst schmaler, gefährlich abschüssiger Pfad, aber irgendjemand hatte ihn offensichtlich angelegt. Als ich die Sohle des Canyons erreichte, ging mir plötzlich auf, warum der Ranger sich an meine Fersen gehängt hatte. Hier, siebenhundert Meter unterhalb der Klippe, hatten die Navajo Netze im Fluss gespannt. Sie fischten hier illegal.

Weit und breit war niemand zu sehen. Anscheinend hatte sich hier schon länger niemand mehr blicken lassen – seit etwa einem Monat, wie ich schätzte. Aber das Camp war intakt, nicht verlassen.

Ich hielt mich nicht damit auf, selbst zu fischen, da ich keine Fische sehen konnte. Das Wasser schimmerte zwar türkisblau, aber ich konnte nur etwa dreißig Zentimeter tief sehen. Zwar hatte ich schon Fische mit der bloßen Hand gefangen, ohne etwas zu sehen, trotzdem zog ich auch das nicht in Erwägung.

Tatsache war, dass ich mich seit Wochen fast ausschließlich von Mäusen und Ratten ernährte. Jeden Abend stellte ich Fallen auf. Zwar hatte ich Pfeil und Bogen dabei, doch zu jenem Zeitpunkt war ich alles andere als ein geübter Jäger. Eigentlich sollte mein Trip auch dem Ausbau meiner Fertigkeiten dienen, doch bislang hielt ich mich an das Nagerfleisch und kleine Rationen Pinole, eine Art süßer Maiskuchen, den ich mir im Reservat besorgt hatte.

Die Landschaft war karg und ausgedörrt. Den vagen Angaben der Karte zufolge lagen gut sechzig Kilometer Fußmarsch vor mir, und das ohne Flüssigkeit. Vor mir lag ein zehn Meter tiefer Canyon, der durch den unfruchtbaren Boden schnitt. Ohne Wasser war ich hier aufgeschmissen.

Doch nach einigen Kilometern stieß ich endlich auf eine Felstasche, in der sich einige Liter Regen- und Schmelzwasser gesammelt hatten. Direkt daneben befand sich eine Höhle, in der ich mich erst einmal ausruhte und mir reichlich Flüssigkeit zuführte.

Ich überlegte genau, wie weit ich es ohne Wasserflasche schaffen würde. Es war ziemlich heiß, und ohne Wasser würde der Marsch eine ziemliche Strapaze sein. Statt sofort weiterzuziehen, beschloss ich, mich in Geduld zu üben. Ja, es war auch gefährlich, hier zu verharren, aber weniger riskant als aufs Geratewohl unter sengender Sonne zu marschieren.

Ich musste mir die Natur zur Komplizin machen. Ich musste Geduld bewahren und warten, bis sie mir sagte, dass ich meinen Marsch fortsetzen konnte. Diese schwierige, auf Eingebung beruhende Methode habe ich stets als ausgesprochen hilfreich empfunden, auch wenn sie nur etwas für erfahrene Jäger und Sammler ist. Im Vertrauen darauf, dass mir die Natur einen Fingerzeig geben würde, riskierte ich, hier draußen zu verhungern.

Für mich war es ein Riesenschritt, die Ungeduld meiner Jugend zu besiegen. Indem ich beschloss, in aller Ruhe abzuwarten, nahm ich Abschied von dem ungestümen Jungen, der immer sofort losgerannt war, niemals in der Lage gewesen wäre, für unbestimmte Zeit in einer Höhle zu verharren und auf Regen zu warten. Nun konnte ich es.

Das Risiko war nicht zu unterschätzen. Mit jeder verstreichenden Stunde ging der Wasservorrat in der Felstasche weiter zur Neige, und bislang gab es nicht das geringste Anzeichen für einen Wetterumschwung. Weit und breit war kein Wölkchen zu sehen.

Das Wasser würde vorerst reichen, aber ich hatte so gut wie keinen Proviant dabei, nur ein wenig Maismehl, mit dem ich Aschekuchen backen konnte. Dafür forme ich das Mehl zu kleinen Bällen, erhitze diese erst über dem offenen Feuer und lasse sie dann noch eine Weile in der heißen Asche liegen, bis sie richtig knusprig sind. Mit dem Mais fing ich außerdem Mäuse; jeden Tag kam bei mir Maus auf den Teller. Doch obwohl ich weniger als fünfhundert Kalorien am Tag zu mir nahm, hielt ich problemlos durch. Weit mehr als mein Hunger machte mir Sorgen, wie ich auf meinem Marsch durch dieses Ödland an genug Flüssigkeit kommen konnte.

Die Landschaft war relativ flach. Der rötliche Lehmboden war von Sandsteininseln durchsetzt, in denen sich Wasser sammeln würde, wenn es regnete. Zwar herrschten durchaus erträgliche Temperaturen – am Tag etwa zehn Grad, nachts um den Gefrierpunkt –, doch sobald die Sonne hoch am Himmel stand, würde der Niederschlag schnell wieder verdunsten.

Das Problem bestand darin, dass die meisten Gesteinsbecken nur ein paar Zentimeter tief waren und im Nu wieder ausgetrocknet sein würden. Wenn es regnete, würde sich das Wasser gerade so lange in ihnen halten, dass ich die verbleibenden knapp fünfzig Kilometer mit Müh und Not hinter mich bringen konnte.

Während ich auf den Regen wartete, vertrieb ich mir die Zeit mit Basteleien, die meiste Zeit über aber saß ich einfach nur da und meditierte. Nach anderthalb Tagen in meiner Höhle entdeckte ich endlich eine kleine Wolke am Himmel – nicht groß genug, um für Niederschlag zu sorgen, aber ich spürte, dass es in ein, zwei Tagen so weit sein würde.

Ich hatte so lange in und mit der Natur gelebt, dass ich daheim in Utah das Wetter voraussagen konnte. So unglaublich es auch klingen mag: Ich wusste schon Wochen vorher, wann, wie lange und wie heftig es regnen würde. Und nun hoffte ich, dass ich auch mit der Natur in Arizona eins genug geworden war, um mich hier als Wetterfrosch bewerben zu können.

Am dritten Abend öffneten sich die Wolken, und endlich begann es zu prasseln. Es goss in Strömen, und die Gesteinsbecken füllten sich bis zum Rand mit Wasser. Am nächsten Morgen brach ich auf.

Ich folgte dem Little Colorado River hinunter in den Grand Canyon. Der Fluss ist magisch, das Wasser hat im Winter immer noch angenehme vierundzwanzig Grad.

Als ich an einer alten Salzmine vorbeikam, nahm ich mir ein wenig Salz für den Rest der Reise mit. Mir war bekannt, dass es nicht gern gesehen wurde, wenn Weiße sich Salz nahmen, doch ich fühlte mich den Navajo und Hopi so verwandt, dass ich dabei kein schlechtes Gewissen hatte.

Und dann tat sich schließlich der Grand Canyon vor mir auf. Ich war komplett erledigt. Ich hatte keine Reserven mehr. Mir war kalt. Aber noch hatte ich keine Ahnung, dass ich mich bald in Lebensgefahr befinden würde.

14

EIN LEICHENTUCH AUS SCHNEE

Während der Wintersonnenwende ist von der majestätischen Schönheit des Grand Canyon nicht viel zu sehen. Wenn die Sonne im Winterpunkt steht und nur wenige Stunden am Tag scheint, reichen ihre Strahlen nicht bis zum Grund der Schlucht. Dort liegt alles in dunklen Schatten. Wenn das Licht am Nachmittag erstirbt, fällt auch die Temperatur rapide.

Weil ich eine Zeitlang hier gelebt hatte, wusste ich etwa, wo ich mich befand. Ursprünglich hatte ich vorgehabt, am Fuß des Canyons am Colorado River entlangzuwandern. Aber mangels Sonne und der eisigen Temperaturen wegen kam das nicht in Frage.

Ich war physisch am Ende. Mir war kalt, und ich hatte Hunger. Ich trug lediglich einen dünnen Wollpullover und eine Nylonhose. Ohne Sonnenlicht ging gar nichts. Statt den Canyon zu durchqueren, machte ich mich an den Aufstieg.

Weiter oben würde mir zumindest ein wenig wärmer werden. Ich wollte zum Südrand des Canyons marschieren und mir dann erst mal frischen Proviant besorgen. Bis dorthin waren es etwa vierzig Kilometer. Und da ich bereits weit mehr als dreihundert Kilometer zurückgelegt hatte, durch Wüsten und Canyons bis ins nördliche Arizona marschiert war, schien das ein Klacks zu sein.

Während meines Aufstiegs begann es zu schneien, und eine Stunde später herrschte dichtes Schneetreiben. Da ich meine Mokassins gegen eine zusätzliche Decke eingetauscht hatte, trug ich immer noch die Sandalen. Ich wusste, dass ich damit ein unkalkulierbares Risiko eingegangen war. Ich hatte darauf gehofft, schon weiter nach Süden vorgedrungen zu sein, wenn der Schnee kam. Socken hatte ich keine. Zwar hielt das Laufen mich warm, doch meine Körpertemperatur war trotzdem leicht gesunken. Es fiel so viel Schnee, dass er mir bald fast bis zu den Knien reichte. Das heftige Gestöber sorgte zudem dafür, dass ich kaum die Hand vor Augen sehen konnte.

Je länger ich unterwegs war, desto kälter wurden meine Füße. Ich musste mich irgendwie aufwärmen. Ich verließ den Pfad, entrollte eine meiner dünnen Decken und schnitt sie in der Mitte durch. Dann wickelte ich mir den Stoff um die Füße und zog die Sandalen wieder an.

Blitzartig traf mich die Erkenntnis, dass es nicht mehr lange dauern würde, bis ich hier draußen erfrieren würde. Ich nahm die andere Decke, schlitzte ein Loch in die Mitte und zog sie mir wie einen Poncho über den Kopf. Wenn ich diesen Trip überstehen wollte, blieb mir nichts anderes übrig, als meine Decken zu zerschneiden. So konnte ich sie zwar später nicht mehr gebrauchen, aber wenn ich es nicht nach oben schaffte, würde es kein Später mehr geben.

Ich kämpfte mich weiter den Pfad hinauf. Es dämmerte bereits, als ich oben ankam. Das Licht schwand rapide, und mit jedem Schritt sank ich tief in den Schnee ein. Meine Beine waren taub von der eisigen Kälte.

Schließlich hielt ich inne. Ich konnte nicht mehr. Meine Gedanken drehten sich nur noch darum, wie ich die Nacht überleben konnte. Ich hielt Ausschau nach einer Höhle, einer Felsnische, nach irgendetwas, das mir Schutz gewährte. Aber es war sinnlos, das gesamte Terrain lag unter einem dicken Leichentuch aus Schnee.

Ich musste irgendwie ein Feuer machen. Da ich keinen Feuerstein dabeihatte, würde ich Feuer bohren müssen. Ich blickte auf meine Hände, spürte zugleich, dass ich bereits leicht unterkühlt war. Ich versuchte die Finger zu bewegen, aber sie waren völlig starr, und auch als ich mich mit aller Macht konzentrierte, bekam ich sie nicht auseinander. Doch ohne meine Hände konnte ich kein Feuer machen.

Meine Leistungsfähigkeit war ausgereizt. Ich hatte keine Kraft mehr und nichts zu essen, um mir neue Energie zuzuführen. Trotz Kalorienmangels und Kälte hatte ich meinem Körper immer wieder Höchstleistungen abgerungen, doch diesmal war ich zu weit gegangen.

Mit hängenden Schultern stand ich im Schneetreiben. Nirgendwo gab es ein trockenes Plätzchen zum Ausruhen. Wenn ich meiner Erschöpfung nachgab und mich in den Schnee sinken ließ, wäre es vorbei. Ich würde die Nacht nicht überleben.

Das nächste Dorf lag noch über zwanzig Kilometer entfernt. Doch auch wenn es mittlerweile fast dunkel und so bewölkt war, dass mir auch der Mond kein Licht spenden würde, blieb mir keine große Wahl, als mich dorthin auf den Weg zu machen. Ich setzte auf mein Durchhaltevermögen, auf meine Fähigkeit, mich zu fokussieren. Ich glaubte an mich. Ja, ich würde es schaffen, mich doch noch in Sicherheit zu bringen.

Ich spürte, wie mir Nase und Wangen gefroren. Ich vergrub das Gesicht in meinem provisorischen Poncho, um mich zumindest ein wenig zu wärmen und bleibende Schäden zu vermeiden. Meine Kalorienvorräte waren

aufgebraucht, zudem wirkte sich die Unterkühlung allmählich auf meinen Körper aus. Meine Muskeln spann-
ten, mein Puls hatte sich deutlich verlangsamt.

Der eisige Wind schlug mir entgegen, scharfer, eisiger
Schnee schnitt mir ins Gesicht. Ich fror wie der sprichwörtliche Schneider, besaß aber nicht einmal mehr genug Energie, um zu zittern. Mechanisch setzte ich einen
Schritt vor den anderen, eigentlich mehr oder weniger
unbewusst. Mein Körper war drauf und dran, seinen
Dienst einzustellen.

Die Parole hieß: Bewegen, bewegen, bewegen. Einfach,
um einigermaßen warm zu bleiben. Keine Ahnung, wie
ich es bewerkstelligte. Derart fertig war ich noch nie in
meinem Leben gewesen. Mehrmals fiel ich vornüber in
den Schnee. Bei einem der Stürze stieß ich mit dem Kopf
gegen einen Gesteinsbrocken; eine ganze Weile lag ich
benommen auf dem eisigen Boden.

Irgendwie kam ich schließlich doch wieder auf die Bei-
ne. Aber nach ein paar weiteren Schritten war endgültig
Schluss. Plötzlich wurde mir schwarz vor Augen. Die
Lichter gingen aus.

Nach einer Weile gingen sie wieder an. Ich brauchte
ein paar Sekunden, um gewahr zu werden, dass ich mitten im Schnee lag, unfähig, mich zu bewegen. Lilienwei-
ße Flocken trudelten vom Himmel in mein Gesicht, und
selbst in meinem desolaten Zustand entging mir nicht,
wie graziös sie durch die Luft tanzten. *Danke, lieber Gott*,
sagte ich zu mir. *Ich hatte ein wunderbares Leben. War echt
'ne tolle Sache.*

Ich war sicher, dass ich sterben würde, aber trotzdem
ganz im Reinen mit mir. *Tja, das war's dann wohl.* Ich
schloss die Augen.

Aber dann hörte ich eine Stimme. *Deine Mutter wird*

verdammt sauer sein, wenn du hier im Schnee den Löffel abgibst, sagte sie. *Wenn du hier stirbst, wird sie deine Überlebenstechniken und deinen Naturfimmel bis ans Ende ihrer Tage verfluchen.*

Ich konnte die Stimme nicht einordnen, aber das spielte keine Rolle. Langsam rappelte ich mich wieder auf. Und obwohl meine Psyche bereits aufgegeben hatte, konnte ich meinen Körper abermals mobilisieren. Ich versuchte ihm nichts abzutrotzen, setzte einfach nur einen Fuß vor den anderen, taumelte dem Dorf und der Rettung meines Lebens in kleinen Schritten entgegen.

Später fand ich heraus, dass an jenem Abend minus zweiundzwanzig Grad geherrscht hatten und es sich durch den Wind noch um einige Grad kälter angefühlt hatte – extrem harte Bedingungen selbst für den Grand Canyon zu dieser Jahreszeit. Wie also hatte ich die Energie aufgebracht, mich doch noch hochzurappeln und zu marschieren, obwohl meine Kräfte komplett am Ende waren?

Die Erklärung lieferte mir später ein Arzt, mit dem ich befreundet bin: In lebensbedrohlichen Situationen schüttet der Körper vermehrt Adrenalin aus. Mit hoher Wahrscheinlichkeit war meine Körpertemperatur bereits unter zweiunddreißig Grad gesunken und hatte sich rapide jenen achtundzwanzig Grad genähert, die Bewusstlosigkeit und Kreislaufstillstand auslösen. Vladimir Zatsiorsky, Professor für Bewegungswissenschaft an der Penn State University und Experte für biomechanische Analysen in der Schwerathletik, fand in einer Studie heraus, dass ein normaler Mensch unter normalen Umständen fünfundsechzig Prozent seiner Kraft aufbringen kann, ein Gewichtheber hingegen fünfundachtzig. Unter Wettkampfbedingungen kann ein trainierter Athlet weitere zwölf Prozent draufpacken. Bei einer sogenannten Notfallreaktion aber wird für kurze Zeit die doppelte Menge ausgeschüttet.

Bei extremen Belastungen pumpen die Nebennieren das Stresshormon Adrenalin in den Blutkreislauf. Dabei steigt der Blutdruck, und das Herz versorgt die Muskeln vermehrt mit Sauerstoff. »Auf diese Weise wird die Leistung um ein Vielfaches erhöht, und jede Faser deines Körpers wirft den Turbo an«, erklärte mir Dr. Parnia. »Kurzfristig entwickelt man übermenschliche Kräfte.«

Nicht zuletzt hatte ich meine Angst im Griff gehabt, ein weiterer Umstand, dem ich mein Leben verdankte. Ich hatte dem Tod ins Auge geblickt und war dennoch nicht in Panik verfallen. Wer in gefährlichen oder gar lebensbedrohlichen Situationen einen einigermaßen kühlen Kopf bewahren kann, hat bessere Reflexe, während es bei Zuständen intensiver Angst zu einer muskulösen Starre kommt, dem sogenannten Panikverhalten, wie mir einmal ein anderer Arzt erklärt hat. Wenn man verkrampft, ist das der Anfang vom Ende.

Ich fand nicht, dass ich leichtsinnig gewesen war. Ich hatte die Natur nicht durch Arroganz und Selbstüberschätzung herausgefordert. Ich wollte niemandem etwas beweisen oder etwas Bestimmtes entdecken. Ich war weder Pionier noch Forscher, nur ein Mensch, der vorübergehend so leben wollte, wie es andere über Hunderttausende von Jahren getan hatten. Und dabei musste ich mich den Fährnissen des Lebens stellen.

Ich habe stets daran geglaubt, dass man eine Beziehung zur Wildnis herstellen kann, wenn man ihr offen und ehrlich begegnet: Wer der Natur etwas gibt, wird etwas von ihr zurückbekommen. Wer aufrichtig und integer ist, wird selbst in extremen Situationen nicht von seiner Angst überwältigt. Wenn man nur die Gesamtsituation betrachtet – ich allein in der Wildnis, bei Temperaturen unter null, ohne jegliche Verbindungen zur Außenwelt –, hat das etwas durchaus Beklemmendes. Wenn man sich jedoch ganz auf sich zurückzieht, sich punktgenau auf seine Lage konzentriert, verliert man die Furcht vor dem Ungewissen. Und es war mein erklärtes Ziel, diese Fähigkeit zu perfektionieren.

Der geballte Adrenalinausstoß versah mich mit der Power, meinen Weg fortzusetzen, und meine Fähigkeit, mich auf das Wesentliche zu konzentrieren, ließ mich diese Energie produktiv nutzen. Auch wenn der Rest des Trips alles andere als ein Spaziergang war.

Schließlich erreichte ich das Dorf. Aber wie ich feststellte, gab es ein Problem: Es war gottverlassen. Über den Winter hatten sie alles dichtgemacht. Eiskalt durchzuckte mich der Gedanke, dass ich hier draußen erfrieren würde, wenn ich mich nicht irgendwo aufwärmen konnte. Mit meinem bisschen Geld hatte ich mir ein Hotelzimmer nehmen wollen, doch als ich vor dem einzigen Hotel des Dorfs stand, informierte mich ein Schild darüber, dass es ebenfalls über die Wintermonate geschlossen war.

Ich sah mich um. Der Schnee lag einen halben Meter hoch, und nirgendwo gab es das geringste Anzeichen von Leben.

»Die drei Kilometer ins nächste Dorf packe ich nicht mehr«, platzte ich laut heraus. Und dann musste ich grinsen, weil ich in all der Zeit, die ich mittlerweile unterwegs war, wahrscheinlich keine zwei Sätze laut gesprochen hatte.

Mich beherrschte nur ein Gedanke: Ich musste einen Unterschlupf finden, irgendwie, irgendwo. Ich fror am ganzen Leib, vielleicht konnte ich mich wenigstens in einem Hauseingang, von mir aus auch in einer Mülltonne verkriechen. Ich blickte mich um, sah jedoch überall nur rechteckige Kästen ohne vertiefte Hauseingänge oder sonstige Schlupfwinkel.

Ich ging zur Hauptstraße zurück. Schnee, Schnee, nichts als Schnee. Dann aber stach mir ein einzelnes Paar Reifenspuren ins Auge. Obwohl sie sich bereits wieder mit Schnee füllten, erleichterten sie mir das Gehen ein wenig. Außerdem machten sie mir Hoffnung, dass vielleicht doch noch jemand meinen Weg kreuzen würde.

Gleichzeitig war mir, als würde ich jeden Moment zusammenklappen. Ich war völlig ratlos, wusste nicht, was ich noch unternehmen sollte. Doch dann, nach ein paar hundert Metern, sah ich meine Rettung: einen weißen Transporter mit schweren Schneeketten, der direkt auf mich zukam.

So, wie ich aussah – wie ein durchgeknallter Hinterwäldler mit irrem Blick –, konnte ich nicht davon ausgehen, dass sich der Fahrer des Wagens darum reißen würde, mich zu nachtschlafender Zeit mitzunehmen. Kurz überlegte ich, ob ich mich einfach quer auf die Straße legen sollte, entschied mich dann aber anders und hielt den Daumen hoch.

Und der Transporter hielt. Der Fahrer, ein dick eingepackter Mann, stieß die Tür auf und fragte, wo ich hinwolle. Ich zog mich in den Wagen und dankte ihm.

Wie sich herausstellte, arbeitete er für die Stadt und

sammelte Kollegen ein, die sich spätabends noch einen auf die Lampe gegossen hatten. Wo, blieb mir allerdings ein Rätsel, da das Dorf auf mich völlig tot gewirkt hatte.

Er setzte mich beim nächstgelegenen Hotel ab. Der Nachtportier schien schon abgerissenere Leute als mich zu Gesicht bekommen zu haben, wirkte jedenfalls nicht sonderlich schockiert. Ich checkte ein und ging auf mein Zimmer.

Dort rollte ich mein Bündel aus und hängte meine Sachen zum Trocknen auf, ehe ich ins Bad ging und meine eiskalten Hände unter lauwarmes Wasser hielt. Als ich in den Spiegel blickte, stellte ich fest, dass ich leichte Erfrierungen an Nase und Wangen hatte, die aber nicht von Dauer sein würden. Ich nahm ein warmes Bad, frottierte mich ab und kroch unter die Bettdecke. Ich schlief sofort ein. Was ich in den folgenden Tagen erlebte, war schlicht majestätisch.

15

SUCHE UND VISION

Die Jugend vergeht wie im Flug, und schon ist man erwachsen. Es gibt mehr oder weniger traditionelle Pfade zur Reife, doch der erste Schritt ins Erwachsensein vollzieht sich meist mit dem Auszug aus dem Elternhaus. Ob jemand nun an die Uni oder zur Armee geht – an dieser Stelle beginnt ein neuer Lebensabschnitt. Selbst im Kokon der Universität, umgeben von Freunden und unterstützt von den Eltern, erfahren junge Menschen, was es bedeutet, auf eigenen Füßen zu stehen. In den Kulturen der amerikanischen Ureinwohner hätten sie sich auf eine Visionssuche begeben, ein Übergangsritual, das man sich auch beim Überleben in der Wildnis zunutze machen kann.

Die indigenen Völker Amerikas leben seit jeher in vollkommenem Einklang mit der Natur. Viele ihrer Riten und Zeremonien bilden die Grundlage moderner Selbstwerdung und Spiritualität, und auch wenn ein Initiationsritual wie die Visionssuche noch keinen Eingang in unsere moderne Gesellschaft gefunden hat, steht für mich außer Frage, dass wir davon massiv profitieren würden. Visionssuchen werden von den amerikanischen Ureinwohnern durchgeführt, um existentiell wichtige Fragen zu klären und neue Einsichten zu gewinnen. Und ich bin mit Sicherheit nicht der einzige Survivalist, dem diese Methode der Selbstfindung sowohl spirituell als auch emotional ungeahnte Perspektiven eröffnet hat.

Die klassische Visionssuche dauert vier Tage und vier Nächte (zwei Nächte und ein voller Tag in der Wildnis können auch schon Wunder wirken). Man begibt sich an einen möglichst abgeschiedenen Ort in der Natur. Dort trägt man einen Kreis aus Steinen um sich zusammen, der das Rad des Lebens symbolisiert, und verlässt diesen Kreis nicht mehr. Die Visionssuche besteht aus vier Phasen: innere Einkehr, Meditation in der Natur, Fasten und Rückkehr in die Gemeinschaft. Indem man seine Aufmerksamkeit nach innen richtet, hält man Zwiesprache mit der Seele. Die Meditation lässt uns das Wesen der Natur begreifen. Das Fasten hilft einem, leer und empfänglich für neue Reize zu werden. Die Rückkehr in die Gemeinschaft dient nicht zuletzt dem Zweck, den anderen von seinen Erfahrungen zu berichten und die neugewonnenen Eindrücke zu verarbeiten.

Die meisten Visionssuchen dienen dem Zweck, unerkannte Kräfte und Potentiale freizusetzen. Die Indianer unternehmen eine Visionssuche, um ihre spirituelle Mitte zu finden oder ihrem Dasein eine neue Richtung zu geben. Visionssuchen können dabei helfen, kathartische Türen zu öffnen oder sich in Zeiten der Krise zu sammeln und neu zu orientieren. Wenn sich der Körper der Natur geöffnet hat, findet der Geist Antworten in der Tiefe der eigenen Weisheit. Kurz: Eine solche Erfahrung lässt sich nicht zu Hause im Wohnzimmer machen.

Visionssuchen sind fest in der Natur verankert, der sie ihre immense Kraft verdanken. Durch die Zwiesprache mit der Natur beginnt sich der Körper allmählich zu entspannen und wird aufnahmebereiter – weshalb es häufig zu Visionen, tranceartigen Erlebnissen und überraschenden Einsichten kommt, die sich nicht zuletzt auch der Nahrungsenthaltung und den durchwachten Nächten verdanken.

Durch das Fasten entzieht man dem Körper Energie. Mit einem normalen Energie-Level ist man ein sogenannter »Outputter«: Der Körper will seine Energie ständig irgendwie zum Einsatz bringen. Hinter einer Visionssuche steht der Gedanke, einen Zustand zu erreichen, in dem man seine Energiereserven so weit reduziert hat, dass man offen für andere Energien wird, die vor allem aus der Natur und spirituellen Quellen stammen.

Ich habe mit einer ganzen Reihe von Leuten gesprochen, deren Forschungsgebiet der menschliche Körper und seine Energien sind. Manche Menschen bersten förmlich vor Energie, während andere sehr viel mehr in sich ruhen. Dieser zweite Typus ist intuitiver, mental aufnahmebereiter und empfänglicher für äußere Einflüsse. Wiederum andere Menschen haben stark ausgeprägte Energien, aber ein schwach ausgeprägtes Bewusstseinszentrum, jenes Zentrum der Weisheit, mit dem jeder Mensch geboren wird.

Kurz gesagt: Körper, Geist und Seele werden von verschiedensten Energiekanälen durchlaufen. Manche Menschen empfangen ständig energetische Impulse und Schwingungsmuster, Schamanen etwa, aber auch Menschen, die bei einer Visionssuche profunde spirituelle Erfahrungen machen.

Verschiedene geistliche Lehrer haben festgestellt, dass ich spirituell weit weniger empfänglich als andere Menschen bin. Der sprichwörtliche weiße Büffel wird mir bei einer Visionssuche also wohl kaum erscheinen. Ungewöhnlich dabei ist allerdings, dass meine Energiezentren ebenso wie mein Zentrum der Weisheit voll entwickelt sind, was mich wiederum dazu qualifiziert, selbst zu lehren und das Wissen zu teilen, mit dem ich geboren wurde.

In jedem, der sich öffnet, wird die Natur inneres Wissen und neue Erkenntnisse heranreifen lassen; die meisten Menschen erfahren während der ersten drei Phasen eine Vision. Die amerikanischen Ureinwohner glauben, dass diejenigen, die auf Visionen am dringendsten angewiesen sind, auch am häufigsten die Weisheit der Natur empfangen werden. Was im Umkehrschluss bedeutet, dass jemand, dem trotz vier Tagen und Nächten im Steinkreis keine starke Vision zuteilwird, so sehr mit sich im Reinen ist, dass er schlicht keinen spirituellen Fingerzeig benötigt.

Ich habe mich stets auf eine Visionssuche begeben, wenn ich Kraft und Klarheit brauchte oder mich neu orientieren wollte. Bevor ich nach Boulder zog und den Job an der BOSS annahm, begab ich mich auf ein Hochplateau, weil ich wissen wollte, was mir die Natur mitzuteilen hatte. Vier Tage und vier Nächte verbrachte ich dort oben in meinem Steinkreis. Aber auch auf meinen Trips durch die Wildnis habe ich Visionen empfangen, ohne die ich womöglich nicht überlebt hätte.

Mein am Ende dann doch nicht ganz so steinzeitlicher Trip, der mich bis in den Grand Canyon geführt hatte, war einer Visionssuche durchaus nicht unähnlich. Ich hatte extreme Einsamkeit erfahren, war allein mit der Natur gewesen. Durch den Nahrungsentzug war ich fast vollständig »leer«. Als ich schließlich das Hotel betrat, hatte ich keinerlei Verlangen verspürt. Obwohl ich Hunger hatte, dachte ich nicht eine Sekunde an Essen. Ich sehnte mich nur nach einem heißen Bad, um meine Körpertemperatur wieder in den Normalbereich zu bringen, und nach einem warmen Bett, um mich ausschlafen zu können.

Ich kroch unter die Decke und schloss die Augen. Ich dachte an nichts. Unscharfe Bilder meines Beinahetodes zuckten durch meinen Kopf. Ich hatte keine Pläne für den nächsten Tag. Ich schickte nicht mal ein Dankgebet zum Himmel. Und dann schlief ich ein.

Ich habe von jeher einen leichten Schlaf und ziemlich lebhafte Träume. Beides verdanke ich meinen Aufenthalten in der Wildnis. Selbst wenn man schläft, kann man sein Bewusstsein nicht komplett abschalten, da in der Natur immer etwas Unvorhergesehenes passieren kann. Während ich mich darin schulte, auch im Schlaf stets auf der Hut zu sein, stellte ich fest, dass ich mich beim Erwachen perfekt an meine Träume erinnern konnte.

In jener Nacht begann ich zu träumen, bevor ich in einen geradezu komaähnlichen Schlaf fiel. Den Moment, in dem der Traum Gestalt annahm, bekam ich noch bewusst mit. Es war fast, als würde ich langsam eindösen, nur mit dem kleinen Unterschied, dass ich im selben Augenblick einschlief, als mein Kopf auf das Kissen sackte – seit Jahren das erste Kissen, auf das ich mein müdes Haupt bettete.

Ich sah den Ort, an dem ich verwurzelt war, meinen Platz im Leben, meine Oase. Der Ort befand sich unverkennbar in der Wildnis, auch wenn er wenig spezifische Charakteristika hatte: Der Boden war sandig, und ein paar vereinzelte Bäume ragten in den Himmel, aber unverwechselbar konnte man die Gegend wirklich nicht nennen. Während ich mich der Landschaft näherte, tauchte aus der Ferne ein Mann auf etwas auf, das wie ein Hovercraft aussah. Das Fahrzeug hatte keine Räder und schwebte etwa einen halben Meter über dem Boden. Einen Moment lang kam ich mir vor wie in *Zurück in die Zukunft II*.

Er hielt direkt vor mir. Es war ein Weißer mit sonnengebräuntem, verwittertem Gesicht, dessen mitfühlende, lebenskluge Züge mich ein bisschen an den Schauspieler Morgan Freeman erinnerten.

»Steig auf«, sagte der Mann.

Ich musterte ihn unschlüssig. »Wo soll's denn hingehen?«

»Ich fahre dich heim«, erwiderte er beiläufig, als würde er einen Freund von der Arbeit mit nach Hause nehmen. »Deine Frau wartet auf dich.«

»Heim? Meine Frau? Ich bin doch gar nicht verheiratet«, sagte ich.

Er sah mich ernst an. »Matt«, sagte er. »Dein ganzes Leben lang hast du andere Menschen gelehrt, wie man in der Wildnis überlebt und wie man in der Natur heimisch wird. Lass mich dir zeigen, was all die Zeit auf dich gewartet hat.« Er betonte die Worte *ganzes Leben*, obwohl ich nicht verstand, was er mir damit sagen wollte.

Ich stieg auf, und schon düsten wir los. Ein derart seltsames Abenteuer hatte ich noch nie erlebt. Ich war so gespannt wie nie zuvor in meinem Leben.

Kurz darauf kamen wir auch schon an. Mein Fahrer hielt vor einem wunderschönen Haus, wie ich es mir in meinen kühnsten Träumen nicht hätte ausmalen können. Das Vordach über der Haustür bestand aus einer gewölbten Massivholzplatte mit Baumkante. Das ganze Haus war Natur pur, doch erbaut mit einem menschlichen Auge für Details.

Ich war gerade von dem futuristischen Gefährt gestiegen, als sich die Tür öffnete und eine atemberaubend attraktive Frau heraustrat. Sie war schlicht gekleidet, was ihre natürliche Schönheit noch betonte. Sie schien geradezu von innen zu leuchten und kam direkt auf mich zu.

»Findest du das nicht irgendwie merkwürdig?«, brachte ich hervor. »Dass wir verheiratet sind, obwohl wir uns überhaupt nicht kennen?«

Sie lächelte mich an. »Doch, ich kenne dich«, versicherte sie mir. »Und du kennst mich auch.«

Ich verstand instinktiv, was sie damit meinte, und plötzlich lichteten sich meine Gedanken. Wir gingen ins Haus und nahmen unser gemeinsames Leben wieder auf. Der Rest des Traums ging ohne Worte vonstatten.

Wir verbrachten eine ganze Woche zusammen, lernten uns neu kennen und richteten uns gemütlich ein. Ich erledigte die schweren körperlichen Arbeiten, während sie das Haus dekorierte. So zimmerte ich etwa einen Holztisch, den sie dann mit einem Blumengesteck schmückte. Wir verstanden uns blind, mussten den anderen nie fragen, was zu tun war. Unsere Rollen waren klar verteilt. Wir ergänzten uns perfekt.

Mir war bewusst, dass es ein einzigartiger Traum war. Er verdankte sich der lebensbedrohlichen Situation, die ich im Grand Canyon erlebt hatte. Doch mein Trip durch den Grand Canyon war keine Visionssuche gewesen, ich hatte nicht nach Antworten für mich und mein Leben gesucht. Bei keiner meiner Visionssuchen war mir eine so klare Vision zuteilgeworden wie in meinem Traum. Und dennoch konnte ich seine Bedeutung damals nicht erfassen.

Meine stärksten Visionen hatte ich auf meinen Jäger-und-Sammler-Hikes, bei denen ich mich über längere Zeiträume in der Wildnis aufhalte und mich von der Natur zu ernähren versuche. Meistens bin ich bei diesen Wanderungen allein, doch zuweilen leite ich auch Gruppen von Survival-Anhängern. Bei den langen Kursen, die über Wochen gehen können, haben manche meiner Schüler Visionen, die mich schlicht neidisch machen. Was zum Teil daran liegt, dass der uninitiierte Körper offener und aufnahmefähiger ist, wenn er in einen trance-artigen Zustand versetzt wird.

Derartige Visionen spiegeln in verschlüsselter Weise häufig etwas Profundes, das den Teilnehmern in ihrem Leben fehlt. Möglich wäre etwa, dass sich jemand an etwas Wichtiges erinnert, das ihm sein verstorbener Vater mit auf den Weg gegeben hat. Manche Leute brechen unvermittelt in Tränen aus, wenn sie ihre Vision rekapitulieren – weil sie eine fundamentale Wahrheit erfahren haben, die sie im tiefsten Inneren berührt hat.

Wenn meine Schüler fasten, träumen sie häufig davon, zusammen mit Freunden bei einem Festessen zu sein. Manche winken hinterher ab – ach was, es sei bloß ein Traum gewesen. Andere aber (ich gehöre auch dazu) genießen die Erfahrung so sehr, dass sie sich fühlen, als ob sie wirklich mit ihren Kumpels zusammengesessen und sich nach allen Regeln der Kunst den Bauch vollgeschlagen hätten.

Früher habe ich solche Erfahrungen selbst als bloße Träume oder Halluzinationen abgetan, geglaubt, dass sie sich lediglich dem Umstand verdankten, dass ich überhitzt oder dehydriert war. Aber ich habe auch Visionen gehabt, die mir deutlich machten, dass es sich dabei keineswegs nur um Nebenprodukte eines erschöpften

Geistes handelt, sondern um weit komplexere Zusammenhänge.

Zum ersten Mal ging mir dies während einer meiner langen Wanderungen auf, während der ich zweiundvierzig Tage durch alle möglichen Canyons zog. Nach etwa einer Woche stieß ich auf eine Höhle. Genau der richtige Ort, um mich erst mal ein Weilchen auszuruhen. Ich hatte dabei keineswegs eine Visionssuche im Hinterkopf. Stattdessen beschloss ich, meinen Körper zu reinigen, indem ich fastete und Unmengen Minztee trank.

Ich blieb eine Woche in besagter Höhle und trug einen Lendenschurz. Sonst hatte ich nur eine Decke dabei, die ich mir ebenfalls um die Hüften geknotet hatte. Das waren meine einzigen Habseligkeiten. Tagsüber sammelte ich wilde Minze und besorgte mir Wasser aus einer Quelle, die sich tief unten in der Schlucht befand, nachts machte ich Feuer. Das war alles an Aktivität.

In der vierten Nacht lag ich auf meiner Decke neben dem Feuer und blickte zum Nachthimmel hinaus. Nur Sekunden nachdem ich eingeschlafen war, drang ein dumpfes Geräusch an meine Ohren, das aus Richtung der weiter unten gelegenen Quelle kam. Sofort war ich hellwach.

Ich setzte mich auf und sah ins Feuer. Die züngelnden Flammen sahen echt aus, doch dann merkte ich, dass ich gar nicht aufgewacht war, da ich die Hitze des Feuers an meiner Schulter spürte. Mein Bewusstsein befand sich an einem Ort, der genau so aussah wie jener, an dem ich eingeschlafen war.

Ein seltsames Gefühl beschlich mich, ich wusste nicht, was ich unternehmen sollte. Ich lauschte dem Rauschen der Quelle und sah in den Canyon hinunter, während ich mich wieder und wieder fragte, wonach ich überhaupt

Ausschau hielt. Und da war das Geräusch wieder. Es war echt. Was, wenn dort unten eine Gefahr lauerte, eine potentielle Bedrohung?

Einen Moment lang ließ ich mich zurücksinken und überlegte, ob ich mein richtiges Ich wecken sollte. Seit jeher kann ich Träume kontrollieren, sie stoppen, wenn sie sich in eine Richtung entwickeln, die mir nicht gefällt. Doch diesmal tat ich das nicht, sondern erhob mich wieder. Das bizarre Gefühl, zwischen zwei Welten zu wandern, war schlicht zu verlockend. Und da ich diesen Zustand selbst hervorgerufen hatte, fragte ich mich, ob ich ihn nicht noch weiter ausreizen konnte. Fliegen, das wär's doch, oder?

Ich erhob mich, und im selben Augenblick schwebte ich auch schon in der Luft. *Aber hallo!*, dachte ich. *Klar kann ich fliegen.* Und dann drehte ich erst mal ein paar Runden in der riesigen Höhle, die so groß wie ein Footballfeld war. Das Gefühl war atemberaubend, auch wenn es mir ein bisschen unwirklich vorkam.

Als ich mich wieder hinlegte, spürte ich immer noch das Feuer an meinem Arm. Und beschloss, das Feeling doch noch ein wenig auszukosten, bevor ich die Fähigkeit zu fliegen wieder verlor.

Ich blickte zum Himmel auf. Dort prangte ein Dreiviertelmond, was bedeutete, dass die Wüste hell erleuchtet sein würde. Und schon flog ich abermals los.

Ich flog über den Rand des Canyons, über die Wüste, die dahinter liegenden grünen Hügel und die San Bernardino Mountains. Als ich Kalifornien erreichte, ging gerade die Sonne auf.

Wie immer lag eine dicke Smogschicht über den San Bernardino Mountains. Und doch war etwas anders als sonst. Der Smog schwebte über den Gipfeln; pechschwarze Schlieren zogen sich über den Himmel. Die Luft war derart rußig und verpestet von Abgasen, dass ich mich fragte, wie es unten in den Tälern überhaupt Leben geben, wie dort jemand atmen konnte. Die Stadt unter mir lag wie tot da. Ich sah nicht einmal Autos in den Straßen. Ich beschloss, mir näher anzusehen, was dort los war.

Ich ging in den Sinkflug. Als ich die Ausläufer der Berge überflog und mich der Stadt näherte, erspähte ich einen Apartment-Komplex. Das einstöckige Haus hatte einen Garten nach hinten heraus und einen umlaufenden Balkon. Ich landete auf dem Balkon. Durch eine offene Tür hörte ich eine Frau und ein Kind miteinander reden. Alles schien in Ordnung zu sein, dennoch beschlich mich ein seltsames Gefühl. Auf der Straße war weit und breit niemand zu sehen. Als ich auf die Tür zuging, hörte ich, wie jemand die auf den Balkon führende Treppe heraufkam.

Ich erreichte die Tür und warf vorsichtig einen Blick in die Wohnung. Die Mutter und das Kind befanden sich in der Küche. Sie waren mit irgendetwas beschäftigt und standen mit dem Rücken zu mir. Ich beschloss, die Wohnung zu betreten und mich an ihnen vorbeizuschleichen. Obwohl ich wusste, dass ich träumte, wollte ich mich aus Angst vor den Konsequenzen nur ungern erwischen lassen.

Auf Zehenspitzen bewegte ich mich durch die Wohnung. Dann entdeckte ich eine Fliegengittertür, die hinaus in den Garten führte. Als ich draußen stand, beschloss ich, mich schleunigst aus dem Staub zu machen, doch der Garten war von einem hohen Lattenzaun umgeben. Ich flatterte herum wie ein gefangener Vogel, während ich versuchte, irgendwie einen Ausweg zu finden. Dabei spürte ich die ganze Zeit über die Hitze des Lagerfeuers an meiner linken Schulter.

Das Feuer half mir, konzentriert zu bleiben. Ich wusste, dass ich in meinen richtigen Körper zurückkehren musste. Ich fand einen Durchlass zwischen den Latten, quetschte mich hindurch und flog zurück in meine Höhle, doppelt so schnell wie zuvor. Nachdem ich mich nun wieder auf sicherem Boden befand, öffnete ich die Augen. Das Feuer neben mir knackte und knisterte. Ich war wieder in der Wirklichkeit angekommen.

Verwirrt setzte ich mich auf. Aber ich wollte den Traum nicht analysieren, weshalb ich mich nach einer Weile wieder hinlegte und erneut einschlief.

Am nächsten Morgen wachte ich auf – dem fünften Tag nach der vierten Nacht, in der sich normalerweise Visionen einstellen. Fest stand, dass die Vision meine Sinne geschärft hatte. Zwar wusste ich nicht, was sie bedeuten sollte, doch fühlte ich mich gestärkt und voller neuer Energie. Es war Zeit, dass ich mich wieder meinen Aufgaben widmete.

Ich hatte ein paar Eichhörnchenfelle, aus denen ich mir kleine Beutel nähen wollte. Ich beschloss, mich in die Wälder aufzumachen und noch ein paar Eichhörnchen zu erlegen. Außerdem wollte ich mir eine Knochenahle anfertigen. In der Gegend war ich bislang nur höchst selten auf Tierknochen gestoßen, doch erinnerte ich mich an eine Höhle, in der ich das Gerippe eines Rindes gesehen hatte.

Und schon war ich auf dem Weg zu besagter Höhle. Dort angekommen, konnte ich beim besten Willen auch nicht einen einzigen Knochen ausmachen. Doch als ich die Höhle wieder verließ, stach mir etwas Weißes im Sand ins Auge. Ich bückte mich, fing an zu graben. Und stieß fast zwanzig Zentimeter tiefer auf einen Gegenstand, der dort schon seit sehr, sehr langer Zeit liegen musste.

Es war eine sicher über tausend Jahre alte und perfekt gearbeitete Knochenahle der Anasazi, fünfzehn Zentimeter lang und aus dem Oberschenkelknochen eines Hirschs gefertigt, genauer gesagt aus einem Knochensplitter. Die Ahle war immer noch spitz und scharf. Wer auch immer sie angefertigt hatte, bessere Arbeit konnte man schwerlich zustande bringen.

Ich benutzte die Ahle zwei Wochen lang, ehe ich sie in einer anderen Höhle verlor. Sie verschwand irgendwo im Sand, ich fand sie einfach nicht wieder. Kleinere Werkzeuge wie Ahlen kommen einem leider leicht abhanden. Doch irgendwann würde jemand anderes die Ahle ausgraben.

Bis zum heutigen Tag rätsele ich über die Vision mit der Mutter und dem Kind in der Wohnung inmitten des smogverseuchten Ödlands. Sie lässt sich in verschiedenste Richtungen interpretieren. Möglich, dass die Vision etwas aus meiner Zukunft spiegelte, doch vielleicht ging es darin auch um das Leben eines anderen Menschen, der irgendwann meinen Weg kreuzen wird. Wie auch immer: In der Nacht war ich dem Himmel näher gekommen als je zuvor, und am Morgen hatte mir die Erde etwas preisgegeben. Die Ahle war so etwas wie die sprichwörtliche Nadel im Heuhaufen. Bis zum heutigen Tag hat keiner meiner Freunde jemals eine Ahle der Anasazi gefunden, während sie mir in die Hände fiel, als ich selbst eine Ahle fertigen wollte. Antike Ahlen findet man sonst in Museen und auf Indianerfriedhöfen. Die Chance, zufällig in einer Höhle auf eine derartige Ahle zu stoßen, steht eins zu einer Million. Weshalb ich nach wie vor glaube, dass meine Entdeckung mit meiner Vision zusammenhing.

Meinen Visionen verdanke ich es auch, dass ich in der Lage bin, ausgedehnte Zeitperioden in völliger Einsamkeit zu verbringen. Sie geben mir das Gefühl, dass ein höheres Wesen über mich wacht. Sie geben mir das Gefühl, dass ich nicht allein bin. So gesehen, sind die Visionen essentieller Teil meiner Survival-Trips geworden.

Die Visionen erleichtern es mir immens, längere Zeit unterwegs zu sein, ohne in Kontakt mit anderen Menschen zu kommen. Tatsächlich fühle ich mich gar nicht allein, sondern erfahre eine innere Balance, die mich noch stärker mit der Natur verbindet.

16

SONNENWENDE

Obwohl ich zehn Jahre lang Dutzende von Survival-Kursen und jede Menge Jäger-Sammler-Trips geleitet hatte, wurde ich das Gefühl nicht los, dass mir die wahre, elementare Erkenntnis bislang versagt geblieben war. Zwar hatte ich Wochen, sogar Monate am Stück in der Wildnis verbracht, trotzdem konnte ich meinen Schülern immer noch nicht schlüssig vermitteln, was es wirklich bedeutete, in und mit der Natur zu leben. Ich musste es selbst herausbekommen.

Während der vierwöchigen Gruppenexkursionen war ich immer wieder zu derselben Einsicht gelangt: dass sowohl meine Schüler als auch ich auf ein körperliches, geistiges und spirituelles Ziel zusteuerten, es aber schließlich nicht mehr weiterging. Diese Schranken wollte ich durchbrechen. Und ich wollte am eigenen Leib erfahren, was es bedeutete, für einen *längeren* Zeitraum durch die Wildnis zu streifen.

Damals war ich dreiunddreißig Jahre alt. Ich hatte das Gefühl, dass es mir an Zielstrebigkeit und Durchhalte-vermögen, sprich an letzter Disziplin mangelte. In der Wildnis muss man spontan sein, lebenswichtige Ent-scheidungen von einer Sekunde auf die andere treffen können, selbst wenn man einen Plan hat. Denn vorgefer-tigte Pläne können gefährlich werden. Man weiß eben nicht, wann eine Gewitterfront aufzieht, wann plötzlich ein wildes Tier auftaucht oder einem die Natur einen Strich durch die Rechnung macht, wenn man gerade sein Lager aufschlagen will.

An diese Philosophie habe ich mich stets zu halten versucht. Doch auch wenn ich mich auf Unwägbarkeiten meist gut und schnell einstellen kann, muss ich zugeben, dass es durchaus Momente gab, in denen ich ums Verrecken keine Entscheidung treffen konnte. Ich war unschlüssig, wie es weitergehen sollte. Und so ging ich eines schönen Frühlingsmorgens in mich und notierte mir ein paar Ziele.

An erster Stelle stand ein Trip, wie ich ihn bislang noch nicht unternommen hatte. Ich wollte drei Monate durch die Wildnis ziehen. Dann kam er mir plötzlich zu kurz vor. Ich beschloss, den Trip auf sechs Monate auszuweiten – von der Wintersonnenwende zur Sommersonnenwende. Ich hatte mich durchaus schon über längere Zeiträume in der Natur aufgehalten, wie etwa während meines schiefgelaufenen Steinzeit-Hikes. Doch auf all meinen Wanderungen war ich durch irgendwelche Dörfer oder sonst irgendwie mit der Zivilisation in Berührung gekommen. Und so setzte ich mir für meinen Trip zwischen den Sonnenwenden das Ziel, ausschließlich in der Wildnis zu leben, keinen einzigen Dollar auszugeben und keinerlei moderne Gerätschaften zu benutzen.

Tagelang fragte ich mich, wie es um meine Fähigkeiten als Survivalist tatsächlich bestellt war. Wie lange konnte ich ohne Kontakt zur Außenwelt in der Wildnis aushalten? Welche Erfahrungen würde ich dabei machen? Würden sie mich verändern? Wie würde sich diese Reise auf meine Physis, auf meine Fähigkeiten, auf mein Selbstbild als Survivalist auswirken?

Während der Kurse, die ich in diesem Sommer gab, wuchs meine Vorfreude auf den Trip ins Unermessliche. Gleichzeitig war mir aber auch bange. Im Herbst konnte man problemlos wochenlang durch die Wüste ziehen. Doch der Gedanke, mitten im Winter loszuziehen und sechs Monate ohne menschlichen Kontakt zu verbringen, war ziemlich einschüchternd.

Mein Entschluss, die Wanderung zur Wintersonnenwende zu beginnen, ermöglichte es mir, mich nach dem letzten Kurs vor dem Winter mental darauf vorzubereiten und mich um Ausrüstung und Proviant zu kümmern. Auf dem BOSS-Gelände wohnte ich in einem kuppelförmigen Wickiup, einer kleinen Grashütte, wie sie vielen nordamerikanischen Indianerstämmen als Behausung diente. Zwei Jahre lang hatte ich in meinem Wickiup gelebt, das gerade groß genug für mich und, falls nötig, eine weitere Person war. Die Feuerstelle befand sich aus Platzgründen vor dem Wickiup. In jedem Falle war es eine gute Ausgangsbasis für meine bevorstehende Reise.

Ich packte so wenig wie möglich in mein Backpack: Klamotten, Mokassins, ein Kojotenfell und eine Daunendecke, dazu eine Säge, eine Machete, Federn für Pfeile und ein paar Tierhäute, an denen ich noch arbeiten wollte. Ich trug Laufschuhe.

Mein Proviant bestand aus Reis, Linsen, Olivenöl, Nüssen, Samen, Dörrobst und getrocknetem Gemüse. Dazu packte ich getrocknete Minze und Ahornfrüchte, drei Pfund frisches Fleisch und fünfzehn Pfund getrocknetes Elchfleisch. Es war genug, um die ersten Winterwochen zu überstehen, und mehr konnte ich ohnehin nicht tragen.

Ich stand am Scheideweg. Ich hatte einen Punkt erreicht, an dem ich mir sagte: Du kannst nicht länger als

Survival-Experte arbeiten und anderen von Einstellung, Willenskraft und psychischer Stärke erzählen, wenn es dir nicht gelingt, diese sechs Monate von Winter- zu Sommersonnenwende durchzustehen. Gleichzeitig fürchtete ich, dass ich mich auf Jahre nicht davon erholen würde, wenn ich mein Ziel verfehlte. Wenn ich versagte, würde ich mein Leben überdenken müssen. Vielleicht würde ich sogar meinen geliebten Job aufgeben müssen. Oder gar beim Fernsehen landen.

Am kürzesten Tag des Jahres, der Wintersonnenwende, marschierte ich los, mitten hinein in die Wildnis im südlichen Utah. Es schneite, war jedoch nicht sehr kalt, und mir war, als würde ein langer weißer Teppich für mich ausgerollt.

Knapp dreizehn Kilometer vom Ort entfernt schlug ich mein Basislager auf. Erst einmal baute ich mir ein geräumiges Wickiup, groß genug, um darin ein Lagerfeuer zu entfachen.

Es kostete mich mehrere Tage, die nötigen Materialien zu sammeln und das Stützgerüst zu errichten. Die Wände nahmen dann noch einmal eine ganze Woche in Anspruch. Da es nachts frieren würde, baute ich mit Hilfe von Zweigen, Strauchwerk, Borke und Kiefernzapfen Wände, die mehr als einen halben Meter dick waren. Die fertige Behausung war ein echter Traum. Wenn ich schlafen ging, gluckste ich zufrieden in mich hinein, weil ich es so behaglich hatte. Auch die Abluft war kein Problem, da ein Wickiup im Gegensatz zu einem Tipi natürlich atmet. Auf eine Öffnung im Dach hatte ich verzichtet, da ich keine Wärme entweichen lassen wollte. Zunächst schien alles bestens zu funktionieren, doch nach etwa drei Wochen bekam ich einen hartnäckigen Husten.

Das Problem bestand darin, dass die Luft nicht anständig zirkulierte. Weshalb ich nun doch für eine Öffnung im Dach sorgte. Zwar wurde es sofort kühler in meiner Behausung, dafür zog der Rauch merklich besser ab. Dennoch war es in manchen Nächten so bitter kalt – es herrschten fiese minus zehn Grad –, dass ich mir die Seele aus dem Leib hustete.

Ich achtete sehr genau darauf, welches Holz ich verwendete. Eiche schlug mir schwer auf die Lunge, mit Wüsten-Beifuß oder Pappelholz fuhr ich um einiges besser. Während ich weiter experimentierte, stellte ich fest, dass Kiefernholz auch nicht gerade ein Freund meiner Atemwege war, wenngleich Eiche das größte Gift für meine Lunge blieb.

Jeden zweiten Morgen sprang ich direkt nach dem Aufwachen in den nahegelegenen, teilweise zugefrorenen Creek und wärmte mich anschließend am Feuer wieder auf. An anderen Tagen joggte ich erst mal eine Runde und sprang ins eiskalte Nass, wenn mein Körper richtig auf Touren gekommen war. Und danach meditierte ich.

Meine Reise hatte verschiedene Phasen. Zu Beginn war ich ziemlich von der Rolle. Besonders an die Nieren ging mir die Einsamkeit, weil ich wusste, wie lange ich mich allein in der Wildnis aufhalten würde. Zwar hatte ich genug Proviant, trotzdem plagte mich in den ersten Wochen ein Bärenhunger. Ich verbrachte viel Zeit damit, meine Energien zu konzentrieren, meditierte stundenlang auf den Felsen, machte Yoga, schrieb und sann über das Leben nach. Nach einer Weile verlor ich allmählich mein Zeitgefühl.

Während des ersten Monats versuchte ich meinen Proviant zu strecken, beschränkte mich auf eine Mahlzeit am Tag. Nebenbei befiederte ich Pfeile und nähte mir aus den mitgebrachten Fellen neue Sachen. Zweimal die Woche ging ich fischen. Jeden zweiten Tag lief ich fünfzehn Kilometer, erkundete die Umgebung und kehrte gegen Sonnenuntergang zurück.

Der einzige Mensch, den ich während des ersten Monats sah, war Dave Neesha, ein enger Freund von mir, der quasi um die Ecke sein Lager aufgeschlagen hatte. Er wollte vierzig Tage in der Wildnis verbringen. Das Wissen darum, dass Dave weniger als einen Kilometer entfernt mit seiner Freundin zeltete, verstärkte nur mein Gefühl, mutterseelenallein zu sein. Es wäre einfacher gewesen, wenn sich niemand in meiner Nähe aufgehalten hätte.

Nachdem Dave weg war, kreuzte zweieinhalb Monate niemand meinen Weg.

Während ich mich mit der Natur um mich herum vertraut machte, begann das Gefühl der Einsamkeit nach und nach zu verfliegen. All meine Sinne waren hellwach. Ich sah mehr, hörte mehr, spürte mehr. Und fühlte mich prompt nicht mehr so allein.

Abends las ich Bücher über die Natur. Normalerweise verzichte ich bei meinen Unternehmungen in der Wildnis auf Bücher, hier machte ich eine Ausnahme – nicht, dass ich am Ende noch ein Mondgesicht auf einen Felsen malte, um ihm mein Herz auszuschütten. Ich las Ratgeber und Naturführer über Spurenlesen und Pflanzen.

Und obwohl die Bücher alles andere als fesselnd waren, las ich jedes sechs- oder siebenmal. Noch heute kann ich ganze Passagen auswendig.

Außerdem hatte ich ein Miniradio dabei, das aber aus irgendeinem unerfindlichen Grund nur abends funktionierte und dann auch kaum Empfang hatte. Durch das Rauschen hörte ich, wie sich irgendwelche Anrufer bei irgendwelchen Talkshows ausheulten. Hätte ich ein Handy dabeigehabt, hätte ich dort mal angerufen, um ihnen zu sagen, wie einsam man sich hier draußen fühlte.

In der gesamten Zeit gab ich ungefähr fünf Sätze von mir, Sachen à la: »Ich muss los. Ich muss Vorräte sammeln. Das Loch in der Wand muss geflickt werden.« Und manchmal summte oder sang ich vor mich hin, nur um den beruhigenden Klang meiner Stimme zu hören. Trotzdem wäre mir nicht im Traum eingefallen, Selbstgespräche zu führen oder mit Felsen, Bäumen oder Kiefernzapfen zu sprechen.

Es war Winter. Die Indianer hatten zu dieser Zeit längst Fleisch getrocknet und eingelagert. In den kalten Monaten ist es nicht ganz einfach, sich von der Natur zu ernähren. Es gelang mir, einige Zwiebeln und ein paar essbare Liliengewächse zu finden. Jeden Morgen bereitete ich mir Tee aus Kiefernnadeln und Yuccablättern. Den ersten Monat über aber ernährte ich mich sonst fast ausschließlich von meinem Proviant.

Körperlich war ich gut drauf. Obwohl ich im Lauf der ersten zwei Monate etwa zehn Pfund verlor, hatte ich jede Menge Power. Auch plagten mich keinerlei Wehwehchen.

Aber dann ...

Nach den ersten acht Wochen ging es plötzlich rapide mit mir bergab. Meine Psyche wirkte sich nachteilig auf meine Physis aus. Dauernd musste ich daran denken, dass ich ursprünglich vorgehabt hatte, nur drei Monate in der Wildnis zu verbringen. Doch statt bald zu meinen Freunden zurückkehren, mir den Bauch vollschlagen und gute Musik hören zu können, hatte ich nun noch vier zermürbende Monate vor mir.

Ich hing komplett in den Seilen, hatte keine Kraft mehr. Mein ganzer Körper war bleischwer. Und ich sah aus, als würde ich zu Tode hungern. Und wenn es so weiterging, war das durchaus möglich. Jeden Morgen musste ich meine gesamte Energie aufbieten, um mich überhaupt hochrappeln zu können.

Die folgenden zwei, drei Wochen waren der Tiefpunkt. Ich befand mich in einer durch und durch lebensbedrohlichen Spirale. Manchmal wusste ich nicht, ob ich es schaffen würde. Ich bewegte mich so wenig wie möglich, zwang mich, das bisschen Energie zu bewahren, das mir geblieben war.

Inzwischen fehlte mir selbst die Kraft, eine Pfeilspitze zu bearbeiten. An andere handwerkliche Tätigkeiten brauchte ich gar nicht erst zu denken. Nachmittags versuchte ich, auf die Jagd zu gehen. Gelegentlich gelang es mir sogar, ein Kaninchen mit dem Speer zu erlegen, aber höchstens einmal pro Woche. Ich war derart am Ende, dass ich es kaum schaffte, mich überhaupt in Gebiete zu schleppen, wo es Tiere gab.

Was mich rettete, war mein Talent im Speerfischen, und wenigstens in dieser Hinsicht funktionierten meine Sinne und Instinkte noch. So musste ich mich nur noch irgendwie zum Creek schleppen, um ein paar Fische zu erbeuten.

An den Tagen, an denen ich fischte, sammelte ich auch Wildkräuter. Dann kehrte ich zu meinem Basislager zurück, um den Fisch mit Kräutern in ein wenig Olivenöl zu braten.

Ich schlief fünfzehn, sechzehn Stunden pro Tag. Wenn ich morgens erwachte, kam es mir vor, als wäre ich tausend Kilo schwer, obwohl ich nur noch etwas mehr als sechzig Kilo wog. Ich schätzte, dass ich etwa fünfzehn Kilo verloren hatte. Es fühlte sich an, als hätte ich Zementsäcke an Armen und Beinen, und an manchen Morgen gelang es mir nicht einmal, den Kopf zu heben. Dann rollte ich mich auf die Seite, nahm meine ganzen Kräfte zusammen und brachte mich in sitzende Position. Dabei wurde mir so schwindelig, dass sich das ganze Wickiup um mich drehte.

Ich benötigte eine ganze Stunde, um mich auf die Beine stemmen zu können. Dann machte ich mich auf zum Creek, um Kräuter und Wurzeln zu sammeln, da mein Proviant komplett aufgebraucht war. Selbst das Bücken strengte mich an, doch irgendwie gelang es mir, meine tägliche Portion Grünzeug zu pflücken, die ich anschließend in einem Tontopf dünstete. Zum Abschluss machte ich mir noch einen Tee aus Kiefernnadeln, und dann war ich so platt, dass ich mich wieder hinlegen musste.

Eine ganze Zeitlang wusste ich nicht, was mir fehlte. Und fand mich schon fast damit ab, dass ich dort draußen wohl sterben würde.

Nach drei Wochen totaler Erschöpfung begann ich mich langsam wieder zu erholen. Als ich losgezogen war, hatte ich nur so gestrotzt vor Kraft. Mittlerweile weiß ich, dass mein Körper sich erst einmal entgiften musste. Obwohl ich mich in der Zivilisation stets gesund ernährte, hatte ich bei meinen Mahlzeiten auch Kohlehydrate und andere Energielieferanten zu mir genommen, die nicht zur täglichen Kost von Jägern und Sammlern gehören.

Mein Stoffwechsel hatte sich auch deshalb verlangsamt, weil ich weniger aß als sonst. Mir ging es dabei um nichts anderes als Effizienz. Wir Amerikaner essen ständig, weshalb unser Blutzuckerspiegel sofort sinkt und uns der Magen knurrt, wenn wir nicht alle vier Stunden etwas konsumieren. Wenn man aber an den Punkt gelangt, an dem ich war, bleibt der Blutzuckerspiegel konstant, selbst wenn man mehrere Tage hintereinander keinen Bissen zu sich nimmt.

Endlich hatte ich ins Leben zurückgefunden. Während ich allmählich wieder zu Kräften kam, stellte ich fasziniert fest, dass sich meine Wahrnehmung verändert hatte.

Plötzlich stiegen mir Gerüche in die Nase, die ich vorher nie wahrgenommen hatte, hörte ich Geräusche, die nie zuvor an meine Ohren gedrungen waren. Während ich durch den Canyon streifte, nahm ich die Witterung einer alten Fährte oder eines Tiers auf, das sich gerade erst in die Büsche geschlagen hatte. Wenn ich fischen ging, hörte ich die Fische durchs Wasser schießen. Obwohl ich sie nicht sehen konnte, wusste ich, wie groß sie waren und in welche Richtung sie flitzten.

Mein Körper fühlte sich federleicht an, wie der eines echten Jägers und Sammlers. Ich hatte kaum Körperfett, mein Körper schien nur noch aus Muskeln und Sehnen zu bestehen. Ich konnte tagelang mit einem Minimum an Nahrung auskommen und mich wie ein Raubtier bewegen.

Doch am bemerkenswertesten fand ich, dass sich der Belag von meinen Zähnen löste. Zuerst hatte ich ständig einen säuerlichen Geschmack auf der Zunge, doch als die Plaque gänzlich verschwunden war, schmeckte alles frisch und angenehm.

Außerdem hatte ich ein kleines schwarzes Loch in einem meiner Backenzähne, offensichtlich durch Karies verursacht. Monatelang hatte mir der Zahn zwischendurch immer wieder weh getan, doch mit dem Zahnbelag verschwand auch der Schmerz. Als ich eines Tages einen Blick in meinen Kompassspiegel warf, war das Loch verschwunden, nur noch ein Fleck auf dem Zahnschmelz zu sehen. Irgendwie schien sich der Zahn quasi selbst repariert zu haben. Einige Wochen später konnte ich auch den Fleck nicht mehr entdecken.

Später erzählte ich einem Zahnarzt davon. Der Arzt inspizierte den Zahn und sagte, unter dem Zahnschmelz könne er einen braunen Fleck erkennen, aber der Zahn sei ganz sicher nicht kariös. Ich erfuhr von ihm, dass man sich sieben Jahre nicht nur zuckerfrei, sondern zudem von vitamin- und proteinreicher Kost ernähren muss, damit sich Zahnschmelz von selbst regenerieren kann. Die Natur hatte das in zwei Monaten bewerkstelligt.

Im April, zur Halbzeit der sechs Monate, begann die letzte Phase meines Trips. Ich hatte meine Kräfte wiedererlangt und wusste, dass mein Sechs-Monate-Ziel machbar war – physisch, psychisch, emotional. Ich war Feuer und Flamme.

Das Gefühl der Einsamkeit, das sich bei derartigen Unternehmungen fast zwangsläufig einstellt, hängt eng mit dem gesteckten Zeitrahmen zusammen. Wenn etwa jemand für vier Tage loszieht, wird er sich am ersten Tag aller Wahrscheinlichkeit nach ziemlich allein fühlen. Am zweiten Tag kommt er allmählich in den Rhythmus, am dritten Tag fühlt er sich super, weil sein Ziel näher und näher rückt. Begibt man sich hingegen für ein halbes Jahr in die Wildnis, hat man eine ziemliche Geduldsprobe vor sich, bis das Ende abzusehen und zu spüren ist.

Ich hatte mich nie zuvor so lange in der Wildnis aufgehalten. Von Anfang an war mir klar gewesen, dass es eine echte Herausforderung sein würde. Als ich losgezogen war, hatte ich lediglich Proviant für sechs Wochen dabeigehabt. Was bedeutete, dass ich mich nach dieser Eingewöhnungsphase ausschließlich von der Natur ernähren musste – viereinhalb Monate lang.

Die verbleibenden drei Monate waren in vielerlei Hinsicht außergewöhnlich. Der Frühling war gekommen. Es war wesentlich wärmer als zuvor, und die Natur erwachte zu neuem Leben. Dass ich alles mit neuen Augen wahrnahm, lag daran, dass ich es durch den Winter geschafft hatte. Die Tiere kamen aus ihren Verstecken und wurden wieder aktiv, und die Pflanzen hoben die Köpfe aus der Erde. Der braune Senf streckte seine Triebe, und die Brunnenkresse gedieh prächtig.

Ich unternahm lange Wanderungen mit leichtem Gepäck, verließ mein Basislager gelegentlich für zwei ganze Wochen. An manchen Tagen legte ich fünfzig Kilometer und mehr zurück. Indem ich mich nach dem Stand der Sonne und charakteristischen Merkmalen der Landschaft richtete, etwa eigentümlich geformten Felsmassiven oder wild wuchernden Riesenfarnen, fand ich stets zielsicher wieder zurück.

Und ich konnte es locker angehen. Mein Wickiup

brauchte ich eigentlich nur noch für den Notfall. Meine Power war zurückgekehrt, ein tolles Gefühl nach den Todesängsten, die ich ausgestanden hatte. Mir hüpfte geradezu das Herz. Jeden Tag erkundete ich die Canyons, verbrachte lange Tage auf dem Kaiparowits-Plateau, wo ich Pflanzen sammelte, Kaninchen jagte und Fallen für Eichhörnchen auslegte.

Als ich mein Lager zum ersten Mal verließ, blieb ich vierzehn Tage fort. Anschließend ruhte ich mich ein paar Tage aus, ehe ich wieder loszog – diesmal für satte sechs Wochen.

Ich streifte über das viertausendzweihundert Quadratkilometer große Kaiparowits-Plateau. Obwohl es dort Straßen gibt, kann man ihnen ausweichen, wenn man mit dem Terrain vertraut ist. In den gesamten sechs Monaten überquerte ich nur zweimal einen Highway.

Zeit spielte keine Rolle mehr für mich. Ich hatte es aufgegeben, die Tage zu zählen. Es war eine Erfahrung für sich, mehr oder weniger ohne Zeit zu leben. Natürlich hätte ich auch Kerben in einen Baumstamm ritzen können, doch dabei wäre ich mir vorgekommen wie ein Gefangener, der die Zeit mit Strichen an seiner Zellenwand misst. Es hätte mich schlicht verrückt gemacht.

Als ich eines Tages auf einen Anhalter traf – seit vier Monaten der zweite Mensch, der meinen Weg kreuzte –, fragte ich ihn nach dem Datum. Als er mir sagte, es sei der 6. Juni, fing ich wieder an, die Tage zu zählen, da sich mein Trip allmählich dem Ende näherte.

Als es auf Mitte Juni zuging, war ich bereit für die Rückkehr, schon aus rein praktischen Gründen, da ich im Sommer wieder Kurse leitete und mich darauf vorbereiten musste. Ich freute mich darauf, meine Freunde wiedersehen und mein altes Leben wieder aufnehmen zu können. Und trotzdem fragte ich mich, ob ich es durchstehen würde, ein *ganzes* Jahr in der Wildnis zu verbringen.

Nichts leichter als das, dachte ich. Vom 21. Juni bis zum 21. Dezember ist der Tisch von Mutter Natur reichlich gedeckt. Der Sommer erntet die Saat des Frühlings, und der Herbst ist besonders ertragreich, da die Natur uns vor dem Winter immer reich beschenkt.

Doch nun stand meine Rückkehr an. Ich hatte mein Ziel erreicht und konnte hocherhobenen Hauptes meine Zukunft ins Auge fassen.

Am 20. Juni, zwei Tage vor der Sommersonnenwende, machte ich mich auf den Heimweg. Meine Habseligkeiten befanden sich in einer Hirschledertasche, gefertigt aus diversen Häuten, die ich seinerzeit bei meinem Aufbruch mitgenommen hatte. Von einer Felsenkuppe aus sah ich auf Boulder hinunter. Lediglich eine Stunde Fußweg lag noch vor mir, doch ich ließ mich zu Boden sinken. Schließlich war noch nicht der 21. Juni, und mich so kurz vor dem Ziel noch selbst zu betrügen, erschien mir einfach lächerlich.

An jenem Abend ließ ich den Blick von hoch oben über die hell erleuchteten Häuser und Farmen schweifen. Schließlich kroch ich unter meine Decke und schlief sanft ein.

Ich erwachte, als die Sonne aufging und die Lichter im Tal erloschen. Ich packte meine Sachen zusammen und machte mich auf den Weg zum BOSS-Gelände, wo mein Wickiup auf mich wartete. In einer kleinen Tasche hatte ich eine Handvoll biologisch nicht abbaubaren Abfall verstaut: ein paar Dosen, ein bisschen Plastik und leere Batterien, die aus meiner Leselampe stammten. Mein ökologischer Fußabdruck war wirklich minimal.

Auf dem BOSS-Gelände angekommen, begab ich mich erst einmal ins Büro. Diverse Mitarbeiter wieselten herum oder saßen an ihren Laptops. Es war ein seltsamer Anblick. Mein alter Freund Steve Dessinger saß an dem Schreibtisch gleich hinter der Tür. Er sah von seinem Computer auf. »Oh. Hi, Matt.« Dann richtete er den Blick wieder auf den Monitor und fuhr mit seiner Arbeit fort.

Ich verharrte einen Moment lang auf der Stelle und ließ den Blick durch das Büro schweifen. Niemand schien mich zu bemerken. Dann verließ ich den Raum und ging erst einmal zu meinem Wickiup. Ein ziemlich lapidarer Empfang für jemanden, der ein halbes Jahr in der Wildnis verbracht hatte, dachte ich, während ich meine Sachen auspackte.

Am Abend aber wurde eine Riesenparty für mich geschmissen. Mit großem Hallo und tausend Umarmungen, und endlich schien auch bei Steve angekommen zu sein, dass ich wieder da war. Einige meinten, ich sähe so aus, als wäre ich dem Tod in letzter Sekunde von der Schippe gesprungen. Andere flachsten herum, nach den sechs Monaten hätte ich doch sicher schwer einen an der Waffel. Und mein Kumpel Mojo löcherte mich unentwegt, wollte unbedingt spirituelle Antworten von mir hören, die ich ihm aber beim besten Willen nicht liefern konnte.

Ich aß reichlich, schlug mir erst einmal richtig den Bauch voll. Wirklich vermisst hatte ich eigentlich nur Eiscreme. Aber als ich mir ein paar Tage später eine Portion Eis gönnte, bereute ich es bitter. Irgendwie schmeckte es mir nämlich nicht mehr.

Der Trip war sowohl physisch wie psychisch eine echte Herausforderung gewesen, doch ich profitierte auch spirituell davon. Erst die langen Monate der Einsamkeit haben mich zu dem Menschen gemacht, der ich heute bin, haben meine Art des Umgangs mit anderen unmittelbar beeinflusst. Die meisten Menschen haben keine Vorstellung, was es bedeutet, so lange Zeit allein verbringen zu müssen. Oft stellte ich mir die bange Frage: Was, wenn ich einen Herzinfarkt erleide? Doch meine Gedanken wurden immer klarer, und so seltsam es klingen mag, erlangte ich in der Einsamkeit eine ungekannte Eloquenz. Nach meiner Rückkehr konnte ich mich klarer ausdrücken als je zuvor.

Das Leben in der Wildnis hatte noch eine Menge anderer Vorteile. Zum Beispiel wurde ich nicht ein einziges Mal krank. In der Wildnis kann man sich keine Grippe einfangen – bei wem sollte man sich auch anstecken? Verletzungen waren auch kein Thema. Die meisten Leute verletzen sich im Haushalt, im Büro oder im Straßenverkehr, weil sie gerade in Eile oder durch etwas abgelenkt sind. In der Wildnis aber bleibe ich stets konzentriert, erledige eins nach dem anderen.

Auch wenn es sich nach drei Monaten angefühlt hatte, als würde ich bald sterben: Mein halbes Jahr in der Wildnis bleibt die schönste Erfahrung meines Lebens. Sechs Monate lang hatte ich ein klar umrissenes Ziel verfolgt: unter keinen Umständen mit der Zivilisation in Berührung zu kommen. Ein einziger Tag hätte mich völlig aus dem Rhythmus gebracht. In jenem halben Jahr hatte ich erfahren, wie die Natur denkt.

SURVIVAL-REGEL #5:

VON ANDEREN LERNEN

Ich habe keine Angst mehr, irgendetwas nicht zu schaffen, weil ein etwaiges Versagen mich nicht mehr in Lebensgefahr bringen kann. Aus jeder Schlappe kann ich lernen, das neugewonnene Wissen für meine Kurse nutzen. Survival ist mein Leben, und ich bin jeden Tag bereit, die Gelegenheit beim Schopf zu packen und meine Fähigkeiten zu verbessern.

Die Erfahrungen, die einem das Leben in der Natur vermittelt, kann man sich nicht anlesen. Für mich ist die Natur eine wirklichere, bessere Welt als der künstliche Kosmos, den wir um uns herum erbaut haben, und diese Welt will ich anderen zugänglich machen – eine Welt, in der man allemal ein erfüllteres Leben findet.

Nachdem ich mir die Wildnis durch Laufen und Klettern erschlossen hatte, erwarb ich die nötigen Fähigkeiten, in ihr zu überleben: Ich lernte, Fährten zu lesen, fertigte Werkzeug aus Steinen und Knochen, baute Biwaks und Notunterkünfte, bohrte Feuer. Und nun war ich in der Lage, selbst extreme Situationen zu überstehen.

Ich hoffe, mein Wissen an diejenigen weitergeben zu können, die nicht in der Wildnis leben. Jedenfalls bin ich mehr denn je der festen Überzeugung, dass sich die Fingerzeige, die uns die Natur gibt, nahtlos auf unseren Alltag in der Zivilisation übertragen und praktisch anwenden lassen. Und von dieser Erkenntnis könnten viele profitieren.

17

WAHL DER WAFFEN

Ohne Jagdwaffen ist man als Survivalist aufgeschmissen. Man braucht sie, um sich etwas Essbares zu beschaffen, schließlich will man in der Wildnis nicht verhungern. Darüber hinaus werden sie gleichsam Teil des eigenen Ichs – in ihnen spiegelt sich das Maß an Respekt, das man der Natur entgegenbringt.

Um ein *Survival Tool* – sei es nun eine Jagdwaffe, eine Decke, ein Kleidungsstück oder ein Lagerfeuer – authentisch zum Einsatz bringen zu können, muss man zuerst eine Verbindung zur Natur herstellen. Zunächst klingt die Idee seltsam, sein Feuerzeug gegen ein Set zum Feuerbohren oder seinen Schlafsack gegen eine Wolldecke einzutauschen – oder von vornherein kein Messer mitzunehmen und stattdessen zu lernen, wie man Werkzeug aus Stein anfertigt. Aber sogar Kleidung kann man selbst herstellen.

Anfangs wird das ziemlich mühsam sein, aber wer es nicht versucht, wird das Leben in der Wildnis nie in all seinen Facetten erfahren.

Die Herstellung von Jagdwaffen ist einfach und kompliziert zugleich. Jede Region der Erde hat viele Generationen von Experten hervorgebracht, die perfekte Jagdwaffen für die jeweiligen geographischen Bedingungen entwickelt haben. Es gibt unzählige prähistorische Werk-

zeuge, darunter Speer, Blasrohr, Bolo, Schleuder, Wurfholz, Pfeil und Bogen, Bumerang und die Speerschleuder, die schon im Jungpaläolithikum verwendet wurde.

Speerschleuder und Bogen funktionieren ähnlich.
Mit beiden feuert man ein »Geschoss« auf das Ziel. Die
Speerschleuder ist generell kleiner und eignet sich wegen
der mit dem Speer verbundenen Schnur besonders gut
zum Fischen, während Pfeil und Bogen besser für die
Jagd über größere Entfernungen taugen. Auf offenem
Terrain bevorzuge ich den Bumerang.

Was ich über Jagdwaffen weiß, habe ich mir größtenteils durch Ausprobieren und Zuschauen angeeignet.
Um die richtigen Waffen zu bauen, muss man ein Gefühl
für die Wildnis um sich herum entwickeln, sich mit der
Fauna der jeweiligen Landschaft vertraut machen. Die
Handhabung der Waffen erfordert einen klaren Kopf,
der Umgang mit ihnen muss einem in Fleisch und Blut
übergehen, nur so können sie einem Jäger in Extremsituationen das Leben retten.

Zunächst sollte man sich darüber im Klaren sein, dass
man nicht einfach mal so eben in die Wildnis ziehen, sich
dort einen Bogen, eine Speerschleuder oder einen Bumerang bauen und dann sofort ein paar Tiere erlegen kann.

Erst einmal muss man sich mit der Waffe vertraut machen. Das dauert etwa eine Woche, und es ist unmöglich,
diesen Prozess zu beschleunigen. Der Atlatl, die Speerschleuder der Azteken, ist die einzige Waffe, mit der ich
auf Anhieb kleinere Tiere erlegen konnte. Einen Bogen
zu bauen und damit umgehen zu können, nimmt hingegen sehr viel mehr Zeit in Anspruch. Bislang habe ich

noch niemanden kennengelernt, der mit einem frisch gebauten Bogen noch in derselben Woche etwas geschossen hätte.

Ein Bogen, der funktionieren soll, muss zuvor getrocknet werden. Diesen Prozess kann man etwas beschleunigen, indem man ihn vorsichtig über einem Feuer härtet, in Ruhe trocknen muss er dennoch. Dasselbe gilt für die Pfeile: Wenn man sie im Schnellverfahren trocknet, taugen die Schäfte nicht viel. Man benötigt mindestens vier Tage, um einen halbwegs funktionsfähigen Bogen zu fertigen. Ganz abgesehen davon dauert es oft länger, sich mit dem jeweiligen Jagdterrain vertraut zu machen.

Einen Bumerang hingegen kann man auch benutzen, wenn er noch »grün« ist. Überhaupt ist er leichter zu handhaben, weil man ihn auch zur Jagd auf Vögel einsetzen kann, die in Schwärmen fliegen. Einen erwischt es fast immer.

Wer im Umgang mit Jagdwaffen ungeübt ist, hält sich am besten an Bumerang, Knüppel oder Speer. Auch Fallen sind ein geeignetes Mittel für den Novizen. Einfache Waffen lassen sich für den Anfänger am effektivsten handhaben.

Fest steht, dass es Jahre dauert, bis man den Umgang mit einer Jagdwaffe perfekt beherrscht. Die Waffen müssen stets auf das jeweilige Terrain zugeschnitten sein. Ein Langbogen mag in Umgebung A tadellos funktionieren, in Umgebung B hingegen nicht. Gleiches gilt für Kurzbogen und Bumerang.

Die vielseitigste aller Jagdwaffen ist der Atlatl. Die Speerschleuder verlängert quasi den Wurfarm, wodurch sich eine deutlich höhere Anfangsgeschwindigkeit erzielen und die Reichweite des Speers mindestens ver-

JAGDBUMERANG

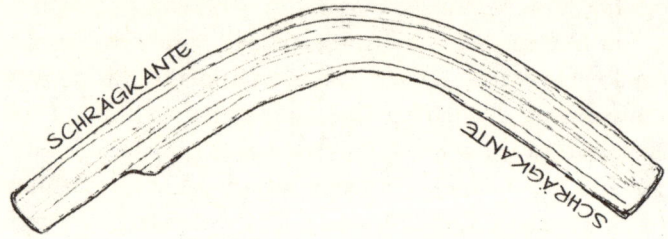

SCHRÄGKANTE

SCHRÄGKANTE

- JUNGES HOLZ (WIRD ERHITZT ODER GEBOGEN); WAHLWEISE HOLZ VON EINEM KRUMM GEWACHSENEN STAMM MIT GERADEM FASERVERLAUF
- STUMPFE ENDEN ERHÖHEN DIE HALTBARKEIT.
- SCHRÄG- UND STIRNKANTEN WERDEN NICHT ABGESCHLIFFEN.

BEVORZUGTE HOLZARTEN:

- EICHE
- KATZENKRALLE
- MESQUITE

doppeln lässt. Im Grunde handelt es sich um eine Kombination aus Wurfspieß und langem Pfeil.

Wie archäologische Funde beweisen, ist der Atlatl die wohl älteste Jagdwaffe der Welt. Ihm verdanken wir unsere Existenz. Alte europäische Kulturen verwendeten die Speerschleuder über einen Zeitraum von zehntausend Jahren, ehe Pfeil und Bogen aufkamen.

Es gibt sogar Nachweise, dass mit der Speerschleuder Mammuts erlegt wurden. Was aber keineswegs bedeutet, dass die Speerschleuder nach dem Aussterben der Mammuts zum alten Eisen gelegt wurde. Noch vor tausend Jahren, als es bereits die Fauna gab, die wir heute kennen, war der Atlatl auf dem amerikanischen Kontinent die Jagdwaffe Nummer eins.

ATLATL/
SPEERSCHLEUDER

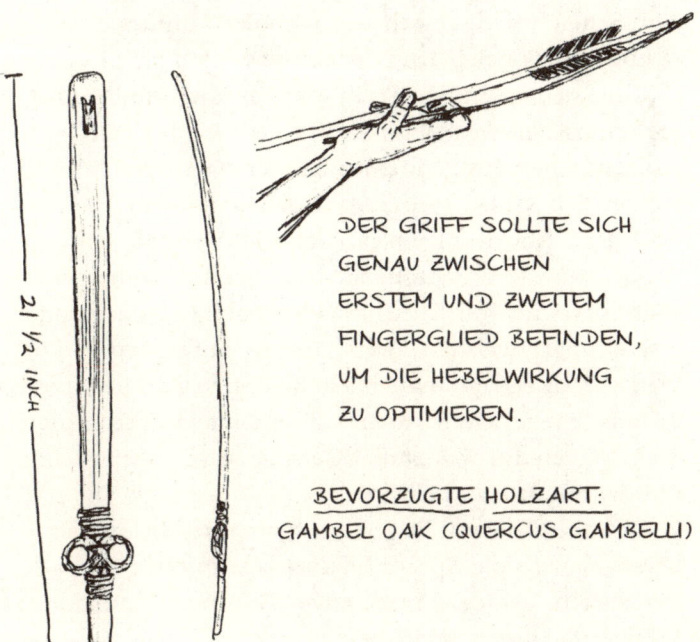

21 1/2 INCH

DER GRIFF SOLLTE SICH GENAU ZWISCHEN ERSTEM UND ZWEITEM FINGERGLIED BEFINDEN, UM DIE HEBELWIRKUNG ZU OPTIMIEREN.

BEVORZUGTE HOLZART:
GAMBEL OAK (QUERCUS GAMBELLI)

Viele Leute glauben, dass die Speerschleuder aus der Mode kam, als sich Pfeil und Bogen verbreiteten, doch in Wahrheit wurden lange Zeit beide Waffen parallel benutzt. Inzwischen ist nachgewiesen, dass manche Stämme den Atlatl weiterhin bevorzugten. Pfeil und Bogen wurden zunächst sogar als Kinderspielzeug belächelt oder aber als sehr spezielle Jagdwaffe betrachtet.

Obwohl sich Speerschleuder und Bogen durchaus ähneln, gibt es deutliche Unterschiede. Der Vorteil eines Bogens besteht darin, dass es bei der Handhabung keiner großen oder auffälligen Bewegungen bedarf. Durch das Spannen der Sehne schreckt man so schnell kein Tier auf, auch beim Abschuss des Pfeils bleibt die Hand ruhig, statt auf das Tier zuzuschnellen. Für Krieger war der Köcher ein zusätzliches Plus, da man sich den Speer auf dem Schlachtfeld schlecht zurückholen konnte.

Ein traditioneller Langbogen misst etwa einen Meter fünfundsiebzig. In Süd-Utah wachsen die Gamble Oak, die Schmalblättrige Ölweide oder die Felsenbirnen, deren Holz sich hervorragend zum Bau eines solchen Bogens eignen. Ich selbst bevorzuge Wacholder- oder Eschenholz, auch Ahorn soll ein exzellentes Bogenholz sein.

Die aus zwei Strängen bestehende Sehne oder »Schnur« wird mit Speichel geschmeidig gemacht und erst einmal zwischen zwei Bäumen aufgespannt. Die Pfeilspitzen fertigt man nach Bedarf. Scharfe Spitzen dienen dem gezielten Töten, während man mit stumpfen Steinspitzen das Wild außer Gefecht setzt, ehe man ihm mit dem Messer zu Leibe rückt.

Obwohl Pfeil und Bogen ausgesprochen beliebt sind, bevorzuge ich die Speerschleuder schon allein deshalb, weil sie eine geradezu meditative Wirkung auf mich hat. Wer einmal einen Atlatl perfekt geworfen hat, weiß ge-

PFEIL UND BOGEN

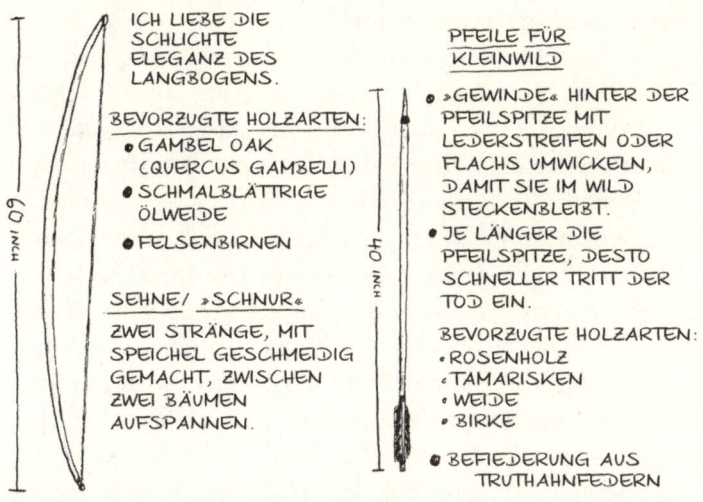

ICH LIEBE DIE
SCHLICHTE
ELEGANZ DES
LANGBOGENS.

BEVORZUGTE HOLZARTEN:
- GAMBEL OAK
  (QUERCUS GAMBELII)
- SCHMALBLÄTTRIGE
  ÖLWEIDE
- FELSENBIRNEN

SEHNE/ »SCHNUR«
ZWEI STRÄNGE, MIT
SPEICHEL GESCHMEIDIG
GEMACHT, ZWISCHEN
ZWEI BÄUMEN
AUFSPANNEN.

60 INH

40 INH

PFEILE FÜR
KLEINWILD

- »GEWINDE« HINTER DER
  PFEILSPITZE MIT
  LEDERSTREIFEN ODER
  FLACHS UMWICKELN,
  DAMIT SIE IM WILD
  STECKENBLEIBT.
- JE LÄNGER DIE
  PFEILSPITZE, DESTO
  SCHNELLER TRITT DER
  TOD EIN.

BEVORZUGTE HOLZARTEN:
- ROSENHOLZ
- TAMARISKEN
- WEIDE
- BIRKE

- BEFIEDERUNG AUS
  TRUTHAHNFEDERN

nau, wie viel Ruhe, innere Balance und Konzentration dies erfordert. Der Umgang mit Pfeil und Bogen ist deshalb so meditativ, weil man jeden einzelnen Muskel kontrollieren muss, um stabil zu stehen und einen vollendeten Wurf hinzubekommen. Mit Pfeil und Bogen zielt man und schießt, doch der Atlatl beansprucht den gesamten Bewegungsapparat und lehrt auf diese Weise Harmonie, bringt Körper und Geist in vollkommenen Einklang.

Während man sich im Werfen übt, beginnt man den Speer zu »verstehen«. Er verbindet sich untrennbar mit dem Werfer, weil er immer wieder zurückgeholt wird. Im Lauf der Zeit versteht man, wie er fliegt, wie sich Wind und Regen auf ihn auswirken. Wenn man sich lange genug mit seinem Speer beschäftigt, kennt man ihn so gut, dass man mit ihm selbst eine in die Luft geworfene Münze treffen könnte – nun ja, jedenfalls einen Kiefernzapfen aus zehn Metern Entfernung.

Außerdem haben Speere eine längere Lebensdauer als Pfeile, was beim Training und der Jagd durchaus von Vorteil ist. Der Speer kann aus jedem Holz gefertigt werden, das die nötige Biegsamkeit hat, Schilfrohr etwa, aber auch Weide und Birke.

Den Atlatl gibt es in verschiedensten Bauweisen und Ausführungen, je nach Kontinent. Die am Meer lebenden Inuit verwendeten steif anmutende Speere, die speziell der Jagd auf Fische und Robben dienten. Ein Bogen bleibt aufgrund seiner Form und Bauart stets minimal unvollkommen, im Gegensatz zu einer perfekt austarierten Speerschleuder.

Meine erste Speerschleuder baute ich, kurz nachdem ich nach Boulder gezogen war. Eine Zeichnung in Larry Dean Olsons Buch »*Outdoor Survival Skills*« diente mir als Vorlage. Ich verwendete eine Menge Zeit und Mühe auf die Konstruktion und übte stundenlang Würfe, doch gelang es mir ums liebe Leben nicht, den Speer so zum Fliegen zu bringen, wie ich es wollte. Meine Ungeduld führte dazu, dass ich aufgab – und den Atlatl lange Zeit als antiquiert, unpraktisch, ja schlicht albern betrachtete.

Es vergingen Jahre, bis ich es erneut versuchte. Ich las Bücher über die Verwendung der Speerschleuder in prähistorischer Zeit und studierte die verschiedenen Modelle, die sich im Lauf der Jahrtausende entwickelt hatten. Und schließlich gelangte ich zu der Einsicht, dass ich einfach ein grottenschlechtes Teil gebaut hatte, das nicht zum Werfen und schon gar nicht für die Jagd taugte.

Und so beschloss ich, es noch einmal zu versuchen.

Diesmal orientierte ich mich an der Zeichnung eines Atlatls, wie er einst von verschiedenen Stämmen benutzt worden war, die auf dem Terrain des heutigen Utah gelebt hatten. Was vor tausend Jahren funktioniert hatte, musste auch in heutigen Zeiten funktionieren, sagte ich mir. Doch wieder erwartete mich der blanke Frust. Zwar funktionierte dieser Atlatl besser als mein erster Versuch, aber seine Flugeigenschaften waren ausgesprochen mäßig, und eine spirituelle Verbindung konnte ich erst recht nicht zu meinem Gerät aufbauen.

Also besorgte ich mir jede Menge Bücher und Fotos aller Speerschleuder-Modelle aus früheren Zeiten, derer ich habhaft werden konnte, und begann sie nachzubauen. Insgesamt baute ich über dreißig verschiedene Speerschleudern. Dann probierte ich sie aus, trainierte das Werfen mit ihnen, um herauszubekommen, welches Modell am besten für meine Zwecke geeignet war. Schließlich entschied ich mich für die Spielart eines Modells, wie es etwa tausendfünfhundert Jahre zuvor im Südwesten der USA verwendet worden war, eine Speerschleuder im sogenannten Korbmacher-Stil.

Zum Korbmacher-Atlatl gehört ein Speer von ein Meter achtzig bis zwei Meter Länge mit vier scharfen Zacken an der Spitze. Das Ende des Schafts ist befiedert, wodurch der Speer an einen Pfeil erinnert. Im Zangengriff gehalten, ermöglicht es mir der Korbmacher-Atlatl, den Speer bis zu fast hundertfünfzig Meter weit zu werfen.

Die Speerspitze hat gegenüber der Pfeilspitze einen entscheidenden Vorteil, da man sie beschweren kann, ohne dass sich der Schwerpunkt nachteilig verlagert. Ob als Dreizack gebaut, mit Widerhaken für den Fang größerer Fische und kleinerer Wildtiere oder mit Steinspitzen für die Jagd auf Großwild ausgestattet, Jäger haben im Lauf der Jahrtausende alle möglichen Varianten zum Einsatz gebracht. Einst existierten sogar Modelle mit faustgroßen Kugeln, um Mammut und Co. im wahrsten Sinne des Wortes eins zwischen die Hörner zu geben.

Bei der Jagd mit der Speerschleuder besteht die Herausforderung darin, die eigenen Bewegungen zu kaschieren und zu antizipieren, wo sich das Tier befinden wird, wenn der Speer es erreicht. Als Jäger, der mal wieder ein bisschen Fleisch auf den Teller bringen will, ist man gezwungen, stets ein paar Sekunden in die Zukunft vorauszudenken.

Ein kleines Beispiel: Wenn ich ein Kaninchen aufscheuche und es auf offenem Terrain vor mir flüchtet, lasse ich keineswegs sofort den Speer zischen, denn das Kaninchen würde dem Wurf mit Leichtigkeit ausweichen. Stattdessen halte ich erst einmal inne und erwäge meine beiden Optionen. Entweder kann ich mich so positionieren, dass die Bewegung meiner Wurfhand verborgen bleibt, oder ich muss den Nager ins Unterholz drängen, wo er sich in Sicherheit fühlt, und mich dann beim Wurf auf mein Gespür verlassen.

Jede Jagd ist anders, und auch auf jeden Wurf muss man sich neu einstellen. Auf offenem Terrain können Würfe über große Distanz vonnöten sein. An einem Bach oder See verfährt man im wahrsten Sinne des Wortes kurz und schmerzlos.

Zudem kann man sich den Speer problemlos zurückholen. Wenn ich mit Pfeil und Bogen fische, muss ich den Pfeil mit einer Schnur versehen oder hinterher ins Wasser springen. Mit dem Atlatl hingegen kann ich im Winter fischen gehen, ohne nasse Füße zu bekommen. Ich schleudere den Speer vom Ufer aus, spieße den Fisch auf und ziehe den Speer aus dem Wasser.

6-8 FEET

SPEER ZUM ERLEGEN KLEINERER UND MITTELGROßER FISCHE

DER VORDERSCHAFT BESTEHT AUS VIER IM FEUER GEHÄRTETEN UND AUFGEFÄCHERTEN HARTHOLZSPITZEN. MIT DEM FISCHSPEER HABE ICH BIS ZU 35 ZENTIMETER LANGE FISCHE ERLEGT; FÜR GRÖßERE FISCHE IST EINE HARPUNENSPITZE BESSER GEEIGNET.

BEVORZUGTE HOLZARTEN:
- FELSENBIRNEN
- SCHMALBLÄTTRIGE ÖLWEIDE
- WEIDE
- BIRKE
- ROHR

Nicht zuletzt ziehe ich den Atlatl vor, weil ich manchmal Fische jage, die sich zwei Meter unter der Wasseroberfläche befinden. Was relativ problemlos möglich ist, da der Speer aufgrund von Gewicht und Länge in ziemlich gerader Linie in die Tiefe schießt. Bei Pfeil und Bogen hingegen kommt das Paradoxon des Bogenschießens ins Spiel.

Das Paradoxon des Bogenschießens beschreibt den Umstand, dass ein abgeschossener Pfeil sich durch die Beschleunigung zunächst biegt und erst in der Luft durch die Federn stabilisiert wird. Wenn ein Pfeil auf die Wasseroberfläche trifft, befindet er sich noch im Stadium der Krümmung und wird deshalb seitlich abgelenkt, während ein Speer geradewegs in einer langen Bahn ins Wasser taucht.

Dazu kommt noch das Phänomen der Lichtbrechung, weshalb einem das Wasser schnell einen Streich spielen kann und man den Fisch an einer Stelle sieht, an der er sich gar nicht befindet. Ein Profi-Jäger weiß, dass er stets ein wenig tiefer zielen muss, um sein Objekt zu treffen. Und auch hier gilt: Übung macht den Meister.

Es gibt weitere Unterschiede zwischen Bogen und Atlatl. Mit Pfeil und Bogen gelingt es einem höchst selten, ein Tier mit dem ersten Schuss zu töten. Wer waidgerecht, sprich: ethisch jagen will, wird dazu mindestens zwei Schüsse benötigen, eher sogar drei oder vier, wenn er kein ganz so präziser Schütze ist. Man hofft, das Wild mit dem ersten Pfeil in den Kopf zu treffen, doch wenn das aufgrund des Timings oder der Entfernung nicht möglich ist, versucht man es in Bauch oder Bein zu erwischen, um es waidwund zu schießen. Dennoch wird das Wild weiterlaufen, weshalb man gezwungen ist, den nächsten Pfeil zum Einsatz zu bringen. Schließlich will man das Tier erlegen und nicht verletzt entwischen lassen. Mit Pfeil und Bogen kann das durchaus passieren, mit der Speerschleuder bringt man zumindest kleineres Wild schnell und sicher zur Strecke.

Zudem erreichen Pfeil und Speer unterschiedliche Flugweiten. Je leichter ein Pfeil, desto weiter fliegt er. Moderne Aluminium- und Karbonpfeile sind besonders leicht. Beim Atlatl erreicht der Speer aufgrund der Hebelwirkung eine atemberaubende Geschwindigkeit. Ein geübter Atlatl-Werfer wird mit seinem Speer jeden durchschnittlichen Bogenschützen locker schlagen.

PFEIL FÜR GROßWILD

WIE MAN AUS EINEM KLEINWILD- EINEN GROßWILDPFEIL

MIT EINER KNOCHEN- ODER STEINAHLE ETWA 15-20 ZENTIMETER UNTERHALB DER SPITZE EIN KLEINES LOCH BOHREN.
OBERHALB DES LOCHS ZWEI KLEINE KERBEN INS HOLZ RITZEN UND AUSHÖHLEN, SO DASS EINE NUT ENTSTEHT, IN DIE SICH DIE GRÖßERE SPITZE EINSETZEN LÄSST.

Einen Bumerang durch die Luft fliegen und dann zum Werfer zurückkehren zu sehen, bringt das Kind in uns zum Vorschein. Doch ein Jagdbumerang ist eine tödliche, höchst effektive Waffe.

Optisch unterscheidet er sich kaum von dem Spielzeug. Allerdings kehrt der Jagdbumerang nicht zum Werfer zurück, dazu ist er schlicht zu schwer. Heutzutage werden Spezialbumerangs vornehmlich aus preiswerten Kunststoffen, insbesondere Polycarbonat hergestellt, was sie quasi unzerstörbar macht. Für gewöhnlich sind sie um die siebzig Zentimeter lang und wiegen knapp ein Kilo.

Zwar findet man den Bumerang auch in anderen Kulturen, doch wird er meist mit den australischen Aborigines in Verbindung gebracht, die mit ihm Vögel jagten. Auf offenem Terrain wie dem australischen Outback lässt er sich auch am wirkungsvollsten einsetzen.

Der Bau eines Bumerangs erfordert Konzentration und Kunstfertigkeit. Ich verwende stets Holz von einem jungen Baum, das ich eine halbe Stunde lang behutsam über einem Feuer erhitze und so langsam in die richtige Form biege. Anschließend zwänge ich mein Wurfholz in spe zwischen zwei Bäume, die gleichsam als Schraubstock dienen. Dort lasse ich den Bumerang vierzehn Tage trocknen, ehe ich ihn zum ersten Mal benutze.

Bumerangs eignen sich am besten zur Vogeljagd, speziell zur Jagd auf größere Bodenvögel. Je mehr auf einem Haufen, desto besser. Im Idealfall sichtet man einen Schwarm in offenem Gelände und lässt den Bumerang loszischen. Selbst wenn sie plötzlich aufstieben, besteht die hohe Wahrscheinlichkeit, dass man ein oder zwei Vögel erwischt. Genau so machten es die australischen Ureinwohner, auch Hopi und Anasazi versorgten sich auf diese Weise mit frischem Wachtelfleisch. Außerdem kenne ich Jäger, die Truthühner mit einem einzigen gezielten Wurf zur Strecke bringen.

Auch bei Kaninchenplagen wurden Bumerangs in Australien gern zum Einsatz gebracht, weshalb das Wurfholz dort auch *Rabbit Stick* genannt wird. Die Jäger kreisten die Kaninchen ein und hielten dann mit ihren Bumerangs tödliche Ernte. Genauso kann man aber auch ein einzelnes Kaninchen so lange verfolgen, bis es müde ist, und dann eiskalt zuschlagen.

Ich selbst hängte den Bumerang recht bald wieder an den Nagel. Meine Jagdwaffe ist der Atlatl, und ich beschloss, mich auf ihn zu fokussieren. Der Tanz auf verschiedenen Hochzeiten bringt nicht viel. Man muss seine Waffe aus dem Effeff beherrschen, sonst taugt sie nicht zur Jagd.

Egal für welche Jagdwaffe man sich auch entscheidet, sie muss robust genug sein, um zum gewünschten Ergebnis zu führen. Und nur wenn man Vergnügen am Bau und am Training mit der Waffe findet, lässt sich die nötige Präzision erzielen, um waidgerecht zu jagen.

18

DAS BLUT DER TIERE

Das Jagen ist ein heiliger Akt, den man mit gebührendem Ernst vollziehen sollte. Der Jäger muss sein Ego im Zaum halten, da er ein Leben auslöscht. Jagdwerkzeuge sollten sich anfühlen wie eine Erweiterung des Körpers und mit der Seele in Verbindung stehen. Der Jäger muss zudem sein Territorium kennen, um ein effizienter und achtsamer Jäger zu sein. Das schuldet er der Natur und den Kreaturen, in deren Domäne er eindringt.

Die meisten Leute stellen sich unter einem Jäger eine Person im Tarnanzug vor, die mit einem Präzisionsgewehr auf wilde Tiere schießt. Prähistorische Waffen werden von modernen Jägern nur äußerst selten eingesetzt. Doch wer noch nie mit einer urzeitlichen Waffe gejagt und seiner Beute viel Zeit gewidmet hat, dem fehlt sowohl der nötige Respekt vor dem Tier als auch vor seiner Entscheidung über Leben und Tod. Ein Jäger, der einfach sein Gewehr auf einen Elch richtet und abdrückt, hat mehrere entscheidende Schritte übersprungen.

Auch wenn es mir zuweilen nicht leichtgefallen ist, glaube ich, dass ich mich auf der Jagd stets ethisch verhalten habe. Ich bin nie so mir nichts, dir nichts mit einer Waffe losgezogen, sei es nun eine Steinaxt oder eine Speerschleuder, um irgendwo in der Wildnis ein Tier zu töten. Ich habe meine Waffen selbst gebaut, verschiedene Ausführungen angefertigt, mich lange mit ihnen beschäftigt, um ihre Funktionsweise zu verstehen, und mich mit dem Lebensraum meiner Beute vertraut gemacht.

Ich habe nur zwei Tiere mit einer Schusswaffe getötet. Freunde von mir, die ausgedehnte Alfalfa-Felder besaßen, hatten fünf Abschussgenehmigungen erhalten, eine Erlaubnis, die Farmern erteilt wird, um schwerwiegende Wildschäden und/oder die Ausbreitung und Vermehrung einer bestimmten Wildart zu verhindern. Und besagte Freunde baten mich um Hilfe. Und so kam ich in jenem Spätherbst zu einem Gewehr. Am Tag der Jagd pirschte ich mich bis auf zwanzig Meter an einen Hirsch heran. Ich wusste, dass ich ihn mit einem sauberen Kopfschuss erlegen konnte, womit ich in den Besitz seiner unversehrten Haut käme. An jenem Tag erlegte ich noch einen weiteren Hirsch; so eine Abschussgenehmigung kann Gold wert sein.

Den Winter über lebte meine Freundin Kirsten bei mir. Und so gesehen waren die beiden Hirsche im wahrsten Sinne des Wortes ein gefundenes Fressen, da meine kulinarischen Bestände sonst nur Reis und Bohnen hergegeben hätten. Wir mussten mit dreihundert Dollar über den Winter kommen, bis wir wieder Kurse geben konnten. Es geht eben nicht immer im Einklang mit der Natur. An jenem Tag ging mir auf, dass man manchmal eben zum Mogeln gezwungen ist, wenn man jemanden versorgen muss. Da draußen leben eine Menge Menschen, die täglich Nahrung für ihre Lieben heranschaffen müssen, und für sie liefert die Schusswaffe schnelle und probate Ergebnisse.

Ich fühle mich keineswegs jemandem überlegen, der ein- oder zweimal im Jahr mit einer Schusswaffe auf

Hirschjagd geht. Dennoch glaube ich, dass meine Herangehensweise andere Perspektiven eröffnet, eine andere Philosophie verkörpert. Im Lauf der Jahre ist es für mich etwas Besonderes geworden, nach einem Messer zu greifen. Ich weiß es zu würdigen, ich habe lange dazu gebraucht, aber heute weiß ich den wahren Wert dieser Waffe wirklich zu schätzen.

Wenn ich mit Atlatl, Pfeil und Bogen oder Bumerang auf die Jagd gehe, empfinde ich eine ganz andere Verantwortung als im Umgang mit einer Schusswaffe. Gleichwohl stürzt mich das Töten mit meinen eigenen Händen immer wieder in einen tiefen Zwiespalt.

Es lässt sich nur schwer beschreiben, wie es ist, ein Tier eigenhändig zu töten. So schrecklich der Akt an sich auch sein mag, er hat eben auch gute Seiten. Einerseits belastet es mich natürlich, dass ich ein Lebewesen getötet habe, doch gleichzeitig danke ich der Natur dafür, dass sie mich ernährt. Und dieser Konflikt ist unlösbar.

Der Respekt vor der Beute erfordert ein hohes Maß an Verantwortungsbewusstsein und Einfühlungsvermögen. Bei einem Aufenthalt auf Hawaii habe ich mir seinerzeit einen Atlatl extra für die Jagd auf Bergböcke gebaut. Zu diesem Zeitpunkt hatte ich das Terrain bereits zehn Tage lang studiert, die Böcke dabei beobachtet, wie sie durch ein Flussbett im Tal liefen. Dabei war mir aufgefallen, wie sie mühelos über steilste Felsen kletterten, auf den Steinen und Kieseln im Creek aber weit weniger gut Halt fanden. Und so erschien es mir am einfachsten, diesen Umstand zu meinem Vorteil zu nutzen.

Die Speerschleuder in der Hand, hetzte ich einem Bock über die Kiesel hinterher. Ich jagte ihn fast einen Kilometer in vollem Sprint, blieb ihm so dicht wie eben möglich auf den Fersen. Ich sah genau, wie er sich abmühte, dass er immer wieder strauchelte. Schließlich holte ich ihn ein, sprang rittlings auf seinen Rücken, packte ihn bei den Hörnern, bog seinen Kopf nach hinten und schlitzte ihm die Kehle auf.

Es war ein traumatisches, emotional aufwühlendes Erlebnis. Ein Tier in den Armen zu halten und zu töten ist nichts für schwache Nerven. Ein Jäger, der Fallen auslegt oder seine Beute mit dem Gewehr erlegt, kommt mit dem Tier nur mittelbar in Berührung, von Supermarktkunden gar nicht zu reden. Und sosehr ich auf das Fleisch des Bocks angewiesen war, liefen mir die Tränen über die Wangen. Ich dankte dem Tier, dass es mir seine sterbliche Hülle überließ, und betete, dass seine Seele weiterleben würde. Auch im Lauf der Jahre ist es für mich nicht leichter geworden, ein anderes Lebewesen zu töten. Das Fleisch eines Tiers ist für mich ein Geschenk der Natur.

Immer wenn ich ein Tier töte – sei es mit einer Waffe, einer Falle oder mit meinen eigenen Händen –, schicke ich ein Gebet zum Himmel: »Wohin auch immer deine Seele nun wandern mag, es ist hoffentlich ein wunderschöner Ort.« Meine Schüler fordere ich zu nichts dergleichen auf. Jeder muss sein eigenes spirituelles Konzept, seine eigene Balance finden.

Wer in der Wildnis überleben will, sollte sich auch im Fallenstellen auskennen. So kann man auch mit weit weniger Mühe und Konzentration als beim Jagen eine ordentliche Ration Fleisch ergattern, was vor allem dann hilfreich ist, wenn man keine rechte Kraft mehr hat.

Ich habe verschiedenste Tierarten mit verschiedensten

Fallen gefangen. Meinen Schülern bringe ich hauptsächlich bei, wie man Eichhörnchen fängt, da sie sich am einfachsten anlocken lassen. Hat ein Schüler damit Probleme, fange ich eine Nummer kleiner an und zeige ihm, wie man Mäuse fängt. Am einfachsten fängt man ein Eichhörnchen mit einer sogenannten *Deadfall*-Falle, wie sie die Paiute-Indianer schon vor Urzeiten verwendet haben. Dabei wird ein großer Stein oder Felsbrocken seitlich von zwei Ästen gestützt; ein dritter, quer auf dem Boden liegender Ast, auf dem für gewöhnlich auch der Köder liegt, dient als Auslösemechanismus. Hat man keinen Köder, kann man die Falle über einem Loch anbringen. Sobald das Eichhörnchen den Auslöser berührt, knallt der Felsbrocken herunter und tötet es auf der Stelle.

Wenn der eine oder andere Schüler wissen möchte, wie man größere Tiere legal fängt, zeige ich ihnen, wie man zum Beispiel eine effektive Schlingfalle baut – natürlich erst kleinere, mit denen man ebenfalls gut Eichhörnchen fangen kann. Das Prinzip ist einfach: Die ausgelegte Schlinge ist an einem gebogenen Ast befestigt. Sobald ein Tier in die Falle tappt, schnellt der Ast zurück und zieht die Schlinge zusammen.

Außerdem bringe ich meinen Schülern bei, wie man Eichhörnchen häutet und ausweidet. Anatomisch sind sich Hirsch und Eichhörnchen ausgesprochen ähnlich, tatsächlich gleicht beider Anatomie der unseren, nur der Magen befindet sich an anderer Stelle. Ich zeige meinen Schülern detailliert, wie man das Tier säubert und vorbereitet, und erwarte, dass sie das Prozedere beim nächsten Mal selbst beherrschen.

Ich erkläre ihnen die Anatomie, zeige ihnen, wie man das Eichhörnchen fachgerecht häutet und ausnimmt, er läutere ihnen, welche Innereien als Nahrung taugen und welche nicht. Fett und Nährstoffe liefern Herz, Lungen und Nieren. Gallenblase und Magen können entsorgt werden.

Weil das erlegte Tier sein Leben für mich gegeben hat, pflege ich es ganz und gar zu verwerten. Einzige Ausnahme ist der Magen, der nicht einmal als Köder taugt, zumindest nicht für die Tiere, die ich fangen will. Das Fett ist nicht nur ideal für die Zubereitung von Grünzeug, sondern hilft bei der Fleischverdauung. Aus den Knochen kann man kleine Werkzeuge machen, Nähnadeln zum Beispiel, und das Fell lässt sich für allerlei verwenden, etwa für kleine Beutel oder eine Gürteltasche.

Das Eichhörnchenfleisch klopfe ich platt und grille es, mit Steinsalz lässt es sich trefflich würzen.

Wenn wir auf der Jagd sind, erkläre ich meinen Schülern auch stets, was das Fell eines Tiers über seinen Gesundheitszustand aussagt. Wirkt das Fell stumpf oder räudig, sollte man das Tier laufen lassen. Stolpert es nach links, hat es wahrscheinlich irgendeine Seuche. Wenn wir schließlich ein Tier erlegt haben, sehen wir uns Leber und Nieren genau an. So erhält man Aufschluss über den allgemeinen Gesundheitszustand des betreffenden Wilds, wovon wiederum abhängt, wie gut man das Fleisch durchbraten sollte. Wenn das Tier kerngesund ist, kann man es theoretisch auch roh essen, gibt es aber auch nur das geringste Krankheitsanzeichen, rate ich, das Fleisch gut durchzugaren. Ist die Leber angegriffen oder hat das Tier gar Würmer, sollte man vom Verzehr des Fleischs tunlichst Abstand nehmen.

Die meisten meiner Schüler sind weit weniger zimperlich, als man glauben würde. Zumindest bei kleinerem Getier sind sie voll konzentriert bei der Sache. Bei großen Tieren hingegen – es kommt durchaus vor, dass wir auf einen toten Hirsch stoßen, der jemandem vor den Kühler gelaufen ist – dreht sich so manchem meiner Schüler der Magen um. Die Gerüche, die beim Häuten und Ausweiden zutage treten, sind extrem penetrant und gehen selbst mir nach all den Jahren noch an die Nieren. Zudem ist das Procedere auch physisch ausgesprochen anstrengend. Man benötigt einen ganzen Tag, um einen Hirsch zu häuten.

Den meisten Menschen ist nicht bewusst, dass wir auch Gerüche verdauen. Wir nehmen sie nicht nur mit der Nase, sondern auch mit unserem Magen und unserem Verdauungssystem wahr. Und genau deshalb haben wir zuweilen auch Blähungen – die Gerüche, die wir einatmen, verlassen uns wieder über den Darmausgang. Was den Städtern unter uns womöglich auch etwas über die Luft sagen sollte, die sie täglich einatmen.

Im Alltag verdrängen wir nur allzu gern die Tatsache, dass wir permanent Tiere töten und ihren Lebensraum vernichten. Doch kommen wir nicht umhin, der Wahrheit ins Auge zu sehen: Wir alle sind daran beteiligt, zumeist zwar nicht mit unseren eigenen Händen, aber mit unserem täglichen Handeln. Sicher, wir können nicht nur von Luft und Liebe leben, doch statt unsere Umwelt weiter erbarmungslos auszubeuten und Arten zu vernichten, müssen wir zu neuer Balance und Harmonie finden – ein Thema, das bei all meinen Survival-Kursen an oberster Stelle steht.

Viele Leute nehmen an meinen Kursen teil, weil es ihnen um Nachhaltigkeit geht, sie nach Wegen suchen, in Einklang mit der Umwelt zu kommen. Manche von ihnen – ich schätze, jeder zehnte – sind Veganer; kein Problem, da sich meine Kursteilnehmer alle gegenseitig respektieren. Erstaunlicherweise aber gelangen so gut wie alle Veganer im Lauf meiner Kurse zu der Erkenntnis, dass der Konsum von Fleisch nicht nur für sie selbst gravierende Vorteile hat, sondern auch für das ökologische Gleichgewicht.

Den Zusammenhang versuche ich meinen Schülern immer wieder deutlich zu machen: Fast überall, wo wir uns gerade befinden, versorgt uns die Natur mit Kräutern, Wurzeln und Beeren, die es uns ermöglichen, genügend gesunde Nahrung zu finden. Doch von anderen Säugetieren wird diese Nahrung ebenso heiß begehrt, weil sie überlebenswichtige Kohlehydrate und Glucose liefert.

Achtung gegenüber Tieren – vor einiger Zeit diskutierte ich mit einem meiner Schüler darüber, was das eigentlich bedeutet. Er war Vegetarier, jemand, der den Tieren ein hohes Maß an Respekt entgegenbrachte. Wir befanden uns mitten in der Wildnis, weit abseits der Zivilisation. In dem knapp fünf Kilometer langen Canyon, in dem wir unser Lager aufgeschlagen hatten, gab es reichlich Beerensträucher. Entsprechend pflückte er, was das Zeug hielt, versorgte uns beide mit Kilos leckerer Beeren. In der Schlucht lebten auch jede Menge Eichhörnchen, die sich von denselben Sträuchern ernährten. Nach einigen Tagen fiel mir auf, dass die meisten Sträucher in unserer Umgebung komplett geplündert waren. Worauf ich meinem Schüler erklärte, dass die Eichhörnchen Hunger leiden mussten, weil wir die Natur aus dem Gleichgewicht brachten. Und dass es besser wäre, ein paar Eichhörnchen zu fangen, damit nicht so viele um die Sträucher konkurrieren mussten. Nur indem wir eine natürliche Balance des Ökosystems herstellen, ist langfristiges Überleben für alle Arten möglich.

Jede Umgebung ist anders. Wenn man aber etwa auf einen Wunderbeerenbaum stößt, besteht durchaus die Möglichkeit, dass es im Umkreis von mehreren Kilometern keinen anderen Wunderbeerenbaum gibt und sich eine Vielzahl von Tieren von ebendiesem Baum ernährt. Wer als Veganer also stur darauf beharrt, weiterhin nur Beeren essen zu wollen, beraubt damit zahlreiche Tiere ihrer Nahrung.

Unterm Strich bleibt die Erkenntnis, dass es unsere primäre Aufgabe sein muss, für die Stabilität des jeweiligen Ökosystems zu sorgen. Als intelligente Wesen haben wir die Pflicht, vorab die Natur unter die Lupe zu nehmen, um dann etwa festzustellen: »Hier gibt es nur eine begrenzte Anzahl von wilden Zwiebeln, Beeren und Rohrkolben, die nicht mir allein zur Verfügung steht. Was heißt, dass ich das eine oder andere Wild töten muss, nicht aus niederen Beweggründen, sondern weil es allen Lebewesen nützt, die sich von diesen Zwiebeln, Beeren und Rohrkolben ernähren.«

Auf diese Weise kann man das ökologische Gleichgewicht nicht nur erhalten, sondern sogar verbessern.

Viele Veganer, die an meinen Kursen teilnehmen, beschäftigen sich eingehend mit dem Gleichgewicht der Natur und gelangen zu dem Schluss, dass die natürliche Ordnung der Dinge einen tieferen Sinn hat. Doch auch wenn sie schließlich Fleisch verzehren, weil ihnen meine Argumentation einleuchtet, besteht für sie weiterhin der Zwiespalt, wie sie sich ernähren sollen, wenn sie wieder zu Hause sind. Manche kehren zu ihrer veganen Lebensweise zurück, andere wiederum haben kein Problem mehr damit, tierische Produkte zu essen, zum Teil, weil sie sich dadurch körperlich besser fühlen, manche aber auch, weil sie persönlich zu der Erkenntnis gelangt sind, dass sie mit dem Verzehr von frei lebenden, ökologisch und artgerecht gehaltenen Tieren ebenfalls zu einem harmonischen Gleichgewicht zwischen Umwelt, Tier und Verbraucher beitragen. Eins aber steht fest: Kein Veganer schlägt sich den Bauch mit Hamburgern voll, sobald er wieder zu Hause ist.

Auf der Jagd kommt es immer wieder zu Diskussionen. Schließlich sind Säugetiere mit uns verwandt. Sie gründen Familien, ziehen ihre Jungen auf, und auch ihre Instinkte ähneln den unseren. Klar, dass es nicht leicht ist, ein derartiges Lebewesen zu töten. Die Debatte endet stets unausweichlich bei der Frage, wo man die Grenze zieht. Mit dem Töten von Hühnern oder Schweinen haben die meisten kein Problem, es sei denn, jemand hatte als Kind ein Schwein als Haustier. Hunde hingegen sind tabu.

Doch wenn meine Schüler selbst erfahren, was es bedeutet, ein Tier in der Wildnis zu erlegen, geht die Diskussion unweigerlich von vorne los. Was nur beweist, wie entfremdet wir von unseren Nahrungsquellen sind. Die meisten von uns haben schon mal ein Rind auf einer Weide grasen sehen, doch nur wenige führen sich dieses Bild vor Augen, wenn sie im Supermarkt ein eingeschweißtes Lendenstück kaufen. Deshalb ist es für uns auch so schwierig, den wahren Wert unserer Nahrung zu ermessen.

Jäger und Sammler hingegen sind mit der Natur verbunden. Zuallererst müssen sie sich vergewissern, was Flora und Fauna hergeben, ob es auf dem jeweiligen Terrain ausreichend Nahrung gibt. Das Leben in der Wildnis lehrt einen, die Natur richtig einzuschätzen. Wer keinen Blick für sie entwickelt, kann nicht überleben.

Die immer wiederkehrenden Fragen diskutierte ich wohl am heftigsten mit meinem Schüler Jesse Perry auf unserem Hike von Flagstaff nach Boulder. Jesse graute davor, Tiere zu jagen und auszunehmen. Als ich das erste Kaninchen tötete – schließlich mussten wir dringend etwas essen –, brach Jesse in Tränen aus. Als ich am nächsten Tag Vogeleier aus einem Nest nehmen wollte, weigerte er sich vehement, mir dabei zu helfen. Dennoch führte unser Trip dazu, dass er das Leben in unserer modernen Gesellschaft in Frage stellte.

Zurück in der Zivilisation, schrieb Jesse in sein Tagebuch, wie sehr ihn seine eigene Doppelmoral anwidere, dass er sich genauso selbst betrüge wie die meisten anderen Konsumenten. Er brachte die Sache auf den Punkt, indem er sich fragte, warum er sich bei größtem Hunger nicht überwinden konnte, ein paar Vogeleier zu stehlen, während er bei Denny's keinerlei Problem damit hatte, ein leckeres Omelett zu verputzen.

An einer Einsicht kommen wir nicht vorbei: Wir sind von unserer Nahrung inzwischen derart entfremdet, dass wir uns dringend selbst in Frage stellen sollten. Ökologische Landwirtschaft und nachhaltige Ernährung sind in aller Munde, doch Tiere werden nach wie vor geschlachtet. Wir wollen artgerechte Tierhaltung *und* erstklassiges Fleisch, und aus diesem Dilemma kommen wir nicht heraus. Wir schreiben Bücher darüber, versuchen diesem Konflikt auf den Grund zu gehen, letztlich jedoch ohne Erfolg – aus dem simplen Grund, weil die meisten Leute völlig vergessen haben, was Natur eigentlich ist.

19

THRIVAL: IN UND MIT DER NATUR

Für einen wahren Survivalisten geht es nicht darum, sich lebensgefährlichen Situationen auszusetzen. Es geht nicht darum, sich mit dem Helikopter im Dschungel absetzen zu lassen und durch die Wildnis zu schlagen, wie man es aus dem Fernsehen kennt. Es geht nicht darum, etwas besonders Extremes zu tun, wie beispielsweise eine Gletscherwand hinaufzuklettern. Es geht vielmehr um das Unbekannte, darum, eine Wüste ohne Karte oder Kompass zu durchqueren, ohne zu wissen, wann und wo man Wasser herbekommt. Die meisten würden so etwas als Risiko bezeichnen, ich nenne es Urvertrauen.

Genau das unterscheidet mich von anderen Lehrern. Viele geben einfach kein Vertrauen weiter. Für sie ist alles eine Frage der Zahlen und Statistik, auf die sie eine mathematische Gleichung anwenden können. Wie lange halte ich es ohne Nahrung aus, um von A nach B zu gelangen, ohne dass dabei meine Gesundheit zu Schaden kommt? Schaffe ich es, einen Tag aufs Essen zu verzichten? Und wenn das Resultat sagt, dass es schaden könnte, lassen sie die Finger davon.

Auch ich betrachte mich als Wissenschaftler. Allerdings ist die Wissenschaft genauso wenig allwissend wie ich. Daher versuche ich für mich herauszufinden, ob bestimmte Dinge der Wahrheit entsprechen. Denn schwierig wird es genau dann, wenn jemand glaubt, der Weisheit letzter Schluss zu einem bestimmten Thema gefunden zu haben. Und für die Natur gilt das umso mehr.

Nahezu während der gesamten menschlichen Evolution drehte sich im Grunde genommen alles ums Überleben. Jäger und Sammler hatten gar keine andere Wahl, als anzuwenden, was sie gelernt hatten. Die Natur wandelt und verändert sich stetig, und um in einem bestimmten Gebiet leben zu können, muss man ihren Rhythmus und ihre Veränderungen erspüren und sich an sie anpassen.

Meine Survival-Kurse und die zahllosen lebensbedrohlichen Situationen, die ich erlebt habe, haben mich gelehrt, dass Handbücher und Ratgeber nur vage umreißen können, welche Fähigkeiten notwendig sind, um in der Wildnis zu überleben. Schlimmer noch, sie vermitteln den Leuten häufig ein trügerisches Gefühl der Sicherheit, suggerieren ihnen, sie hätten die erforderlichen Mittel, um im Einklang mit der Natur zu leben, obwohl es in Wahrheit gar nicht so ist. In der Wildnis zu überleben ist nichts, was man sich bei einem Wochenendseminar aneignen kann.

Vielmehr kann ich garantieren, dass jemand, der sich einzig und allein auf ein Handbuch verlässt, nicht sehr lange Freude an seinem Abenteuer haben wird, da die Leute in den Büchern aufgefordert werden, völlig unsinnige Utensilien herzustellen, die sie keinen Schritt weiterbringen. Im Einklang mit der Natur zu leben, erfordert Nachdenken und die Fähigkeit, die richtigen Fragen zu stellen. Wo sollte sich ein Unterschlupf befinden und wie sollte er idealerweise aussehen? Wann sollte man ihn einrichten? Um welche Tageszeit sollte eine bestimmte Wurzel ausgegraben werden (sofern sie überhaupt ausgegraben werden sollte)? Sollte ein Tier in einem bestimmten Gebiet gejagt werden, weil es genug davon gibt, oder sollte man die Jagd lieber in ein anderes Areal verlegen?

Kurz gesagt, ist die zentrale Frage, wie und wofür man seine Energien investieren sollte. Bei Schnee und Kälte kann diese Entscheidung über Erfolg und womöglich sogar über das eigene Leben entscheiden.

Wieder und wieder versuche ich meinen Schülern zu verdeutlichen, dass es in einer lebensbedrohlichen Situation niemals nur eine einzige Antwort gibt. Die Antwort hängt stets von den Details ab.

Es besteht ein ganz wesentlicher Unterschied zwischen Survival in der Phantasie der Menschen und in der Realität. Viele Leute glauben, ihre Energie einsetzen zu müssen, solange sie sie noch haben. In Survival-Büchern wird häufig geraten, vom ersten Moment an aktiv zu werden, da man mit jeder Minute, die man im Freien verbringt, an Energie verliert. Aber die Natur sieht das ganz anders.

Menschen, die sich kopflos hineinstürzen, treffen potentiell falsche Entscheidungen. Sie haben noch keine Verbindung mit der Natur aufgebaut und fangen folglich überstürzt an, etwas zu bauen, was ihnen am Ende nichts oder kaum etwas nützt. Die Natur will, dass wir uns einen Moment lang ruhig hinsetzen, die Situation auf uns wirken lassen und uns dann überlegen, was am besten zu tun ist. Genau diese Gelegenheit lassen viele ungenutzt verstreichen. Viele halten eine solche Herangehensweise für zu passiv, dabei ist sie das keineswegs.

Manchmal sehen mich meine Schüler, wie ich im Turbogang durch die Gegend sause. Auch das ist ein Teil der Aufgabe, den Rhythmus und das Timing der Natur zu erspüren. Allerdings ist meine Bindung zur Natur so tief, dass ich selbst bei Höchstgeschwindigkeit noch mehr wahrnehme als meine Schüler im Schneckentempo. Der Rhythmus der Natur ist wie ein Fluss, der an manchen Stellen gemächlich dahinplätschert, an anderen hingegen zum reißenden Strom wird.

Ich gebe meinen Schülern stets einen Rat: In einer unbekannten Umgebung sollte man zuerst einmal langsam herumgehen und alles genau beobachten; man sollte weder irgendetwas sammeln noch versuchen, sonst irgendwie produktiv zu sein. Findet man eine Stelle, die zum Verweilen einlädt, sollte man sich hinsetzen oder -legen, je nachdem, welchen Impuls der Körper aussendet, und offen und empfänglich für alles sein. Man kann dem Wind lauschen, den Vögeln und anderen Tieren, sich umsehen und vielleicht ein Nest oder essbare Beeren an einem Strauch entdecken. Wichtig ist, die Dinge zu sehen, die einem entgehen, wenn man wie ein Berserker durch die Gegend fegt. Dies mag eine Lektion für Anfänger sein, nichtsdestoweniger ist sie von größter Bedeutung.

Es gab Zeiten, in denen ich mich hingelegt habe und nicht eingeschlafen bin. Stattdessen verfiel ich in eine Art Trance und durchlebte unterschiedlichste Visionen.

Die meisten Menschen bewegen sich immer im selben Tempo durchs Leben. Ich habe hingegen festgestellt, dass man die Vielfalt der Natur am besten zuerst mit qualvoller Langsamkeit und dann mit Höchstgeschwindigkeit wahrnehmen sollte. Nach diesen beiden Extremen kann man sich auf einen Mittelweg einpendeln. Wichtig ist nur, erst einmal das Timing begriffen zu haben.

»Was kann ich mit meinen bisher erlangten Kenntnissen anfangen, um mir den Trip leichter und bequemer zu machen?« Sich diese Frage zu stellen, macht es einfacher, klare Entscheidungen zu treffen. Das wiederum verhilft einem zu größerer Stärke, weil uns die Natur Energie schenkt.

Immer wieder betone ich, wie wichtig es ist, unterschiedliche Wege zu beschreiten, statt einfach an bewährten Methoden festzuhalten. Holt beispielsweise jemand das erste Mal Wasser und geht den bekannten Weg zurück zum Lager, rate ich ihm, beim nächsten Mal vielleicht den Pfad durchs Unterholz auszuprobieren und sich alles genau anzusehen, denn viele Male habe ich auf diese Weise Nahrung gefunden, die mir sonst womöglich entgangen wäre.

Diese Herangehensweise lässt sich auch auf den Alltag übertragen. Wenn jemand immer nur dieselben Wege geht und nie nach links und rechts blickt, übersieht er womöglich viele neue Gelegenheiten. Setzt man sich an einem neuen Ort hin und lässt die Umgebung auf sich wirken, stellt man womöglich ganz schnell fest, dass der Ort nicht der richtige für einen ist. Wichtig ist, offen zu sein. In der freien Natur kann so etwas darüber entscheiden, ob man sich in einer lebensbedrohlichen Situation wiederfindet oder eben nicht.

Viele Menschen kennen ihren Alltag sehr gut, aber sobald sie in die Natur kommen, glauben sie, die Regeln verändern zu müssen. Aber das funktioniert nicht. Versuchen Sie, im Arbeitsalltag oder in sonstigen Lebenssituationen einfach das Ruder an sich zu reißen, obwohl niemand weiß, wer Sie eigentlich sind, werden Sie niemals dafür respektiert werden. Dasselbe gilt für die Natur, sie wird sich Ihnen niemals unterwerfen. Völlig unterschiedliche Welten, aber dasselbe Prinzip. Mit einem Unterschied: Wenn Sie sich in der Wildnis zu sehr in die Brust werfen, bringen Sie, wenn Sie Pech haben, einen Löwen gegen sich auf.

Ich kann keine allgemeingültigen Regeln aufstellen. Würde ich es versuchen, käme nur eines dieser völlig nutzlosen Handbücher dabei heraus. Stattdessen lernen meine Schüler in den zwei (oder mehr) Wochen mit mir die Muster der Natur, was sie befähigt, ihre Umgebung zu beobachten und die Survival-Strukturen zu erkennen.

Wie schaffe ich es, überflüssige Energie nicht zu nutzen? Woher beziehe ich Energie ohne Nahrung? Wie richte ich mir einen Unterschlupf und ein Bett ein? Wie kann ich mich dort wohl fühlen? Woran erkenne ich, ob eine Pflanze essbar ist? Wie fühlt sie sich an? Wie riecht und schmeckt sie? Und, das ist das Allerwichtigste, wie verwandle ich eine lebensbedrohliche Situation in eine interessante Lebenserfahrung?

Indem ich diese Fragen mir selbst gestellt habe, konnte ich auch meine Fähigkeiten als Lehrer verbessern. Meinen Schülern zu zeigen, wie man sich von der Natur ernähren kann, ohne ihr zu schaden, ist wohl meine wichtigste Lektion. Und dazu gehört eben, sich dem Fluss der Natur anzupassen und selbst nachzudenken, statt sich auf andere zu verlassen.

Manche meiner Schüler denken: *Ich muss jetzt lernen, in der Wildnis zu überleben.* Schuld daran sind nicht zuletzt die vielen Survival-Reality-Shows. Von diesem Irrglauben befreie ich meine Schüler gleich als Allererstes, indem ich ihnen klarmache, dass ich ihnen die Natur mit ihren Mechanismen nahebringen will. Mein idealer Kandidat ist jemand, der alles über die Natur lernen möchte. Ich lehre die Menschen, im Einklang mit der Natur zu leben, ohne dass es sich wie Survival anfühlt.

Sie sehen mir dabei zu, wie ich uns das, was die Natur uns schenkt, zunutze mache. Und ich helfe ihnen, herauszufinden, was wir wirklich brauchen und was nicht.

Das macht es einfacher, sich in schwierigen Situationen zurechtzufinden, beispielsweise in anspruchsvollem Gelände oder bei der Nahrungssuche. Interessanterweise nutzen die Leute nach ihrer Rückkehr in ihr altes Leben die Erkenntnisse aus dem Kurs und befreien sich von altem Ballast: angewöhnten oder gelernten Routinen, die ihnen in jüngeren Jahren ein Gefühl von Sicherheit vermittelt haben. So angenehm viele von diesen Dingen früher gewesen sein mögen, können sie in späteren Jahren einem Reifeprozess im Wege stehen.

Jeder reagiert anders auf die Wildnis. Setzen überzeugte Großstadtpflanzen am ersten Tag einen Fuß auf den Trail, kommen sie sich vor, als befänden sie sich in einer völlig anderen Welt. Sie gehen ein Stück weit, sammeln ein paar Pflanzen und spüren irgendwann, wie sich eine gewisse Magie entfaltet. Sie werden konzentrierter, lassen sich nicht mehr so schnell ablenken, und ihre Alltagssorgen verflüchtigen sich. Am zweiten Tag lernen sie, was nötig ist, um in der Wildnis zu überleben. Am dritten oder vierten Tag wachen sie morgens auf und fühlen sich benommen, weil der Entgiftungsprozess eingesetzt hat. Da wird ihnen meist bewusst, dass es hier keinen chinesischen Lieferservice gibt, den sie kurz mal antanzen lassen können, sondern sie sich stattdessen von exotischen Pflanzen und allerlei Getier ernähren müssen, das wir gemeinsam jagen und erlegen.

Selbst die fittesten Kandidaten fühlen sich an dieser Stelle wie durch den Fleischwolf gedreht, wobei jeder anders damit umgeht. Manche haben das Gefühl, gleich sterben zu müssen, und machen aus reinem Reflex weiter, andere grübeln über den tieferen Sinn nach. Jesse Perry fand das Gefühl des »erweiterten Bewusstseinszustands wie früher auf irgendwelchen Psychopilzen«

ganz angenehm, wodurch der einschlägige Absatzmarkt möglicherweise noch angekurbelt werden könnte.

Optimistische Schüler empfinden das Erlebnis als durchaus erleuchtend. Während sich der Rhythmus ihres Körpers verlangsamt, nehmen sie auf einmal viel mehr wahr. Beispielsweise eine vorbeifliegende Biene, die nicht länger nur ein summendes Insekt ist, sondern ein höchst spannendes Lebewesen mit gelb-schwarz gestreiftem, pelzigem Hinterleib. Sie sehen die hauchzarten Flügel, die sich in scheinbar unfassbarer Geschwindigkeit bewegen, betrachten ihre filigranen Beinchen. Genau das ist der Moment, wenn die wahre Beziehung zur Natur beginnt.

Meist sehe ich bereits im Voraus, welche Probleme meine Schüler bekommen könnten. Ich behalte sie ganz genau im Auge, sehe ihnen zu und schätze ihre Fähigkeiten ein. Ich nehme mir ihre medizinische Vorgeschichte vor, um herauszufinden, welche Gefahren ihnen drohen könnten, lese ihre Medikamentenliste durch und versuche in Erfahrung zu bringen, ob sie beispielsweise an einer Allergie auf Bienengift oder Ähnlichem leiden. Mit einem anaphylaktischen Schock ins nächste Krankenhaus zu fahren ist schon eine ziemliche Herausforderung, doch wenn so etwas mitten in der Wildnis passiert, könnte es das Todesurteil sein.

Aus den Erkenntnissen über meine Schüler ergibt sich die Route und die Geschwindigkeit unseres Abenteuers. Viele Lehrer treiben ihre Schützlinge an ihre Grenzen und riskieren dabei Knochenbrüche oder schwere Stürze.

Für einen Lehrer ist die Fähigkeit, Unfälle vorherzusehen, unerlässlich. Durch die veränderte Ernährung fällt der Blutzuckerspiegel sehr stark ab, was besondere Vorsicht erfordert. Meinem Empfinden nach leiden praktisch alle Amerikaner zumindest ansatzweise unter Diabetes, was bei Survival-Exkursionen ganz besonders zutage tritt. Bislang ist zwar noch keiner meiner Schützlinge wegen des niedrigen Blutzuckerspiegels zusammengebrochen und minutenlang ohnmächtig gewesen, aber die meisten leiden unter Schwindel und sehen Sterne.

Als Lehrer kann ich Unfälle nicht durch die Einhaltung der üblichen Sicherheitsvorkehrungen verhindern. Viel wichtiger ist es, den Wissensstand und die Fähigkeiten jedes einzelnen Schülers einzuschätzen und die Anforderungen auf der Tour entsprechend zu planen.

Ich versuche, ihnen stets einen Schritt voraus zu sein und für ihr Wohlbefinden zu sorgen, schließlich kann ich im Zweifelsfall kein Snickers aus der Tasche ziehen und ihnen reichen, damit der Zucker sie aus dem Tief reißt. Sobald wir uns auf den Weg machen, sorge ich dafür, dass sie ständig etwas zu sich nehmen, um ihren Blutzuckerspiegel halbwegs stabil zu halten.

Ich hatte Schüler, die bereits über siebzig waren. Hier waren Probleme natürlich vorprogrammiert. Richtig ernst wurde es aber nur ein einziges Mal bei einer der Lama-Touren, als eine ältere Dame sich auf einen Baumstumpf setzte, um sich die Schuhe zuzubinden, und ihr künstliches Hüftgelenk dabei aus der Pfanne sprang. Sie hatte höllische Schmerzen.

Als ausgebildeter Wilderness First Responder bin ich befugt, eine ausgerenkte Hüfte zu behandeln. Ein WFR ist eine Stufe über dem normalen Rettungssanitäter, deshalb war ich damit vertraut, Schultern, Hüften und andere Gelenke wieder einzurichten, außerdem hatte ich gelernt, Wunden zu verbinden und Adrenalinspritzen zu verabreichen. Ansonsten verfüge ich über die erforderlichen Kenntnisse bei der Versorgung offener Brustwunden und kann einen Luftröhrenschnitt setzen.

Doch sosehr ich mich auch anstrengte, gelang es mir nicht, die Hüfte wieder dorthin zu bekommen, wo sie hingehörte. Ich gab ihr eine Schmerztablette. Die Frau war wirklich hart im Nehmen, aber es lag auf der Hand, dass wir medizinische Hilfe benötigten. Leider fand die Firma, für die ich arbeite, dass die Survival-Lehrer keine Handys bei sich tragen sollten. Daher waren wir nicht nur dreizehn Kilometer vom nächsten Wanderknotenpunkt entfernt, sondern auch noch ohne jede Kommunikationsmöglichkeit. Also lief ich los. Vierzig Minuten später hatte ich die Strecke zurückgelegt und ein Telefon gefunden, um einen Rettungshubschrauber anzufordern.

Zwanzig Minuten später traf er ein, doch auch die Notärzte konnten das Gelenk nicht wieder einrichten, also gaben sie ihr ein Beruhigungsmittel und flogen sie ins Krankenhaus, wo sie glücklicherweise wieder ganz gesund wurde.

Ein Feuer zu machen ist der praktischste Aspekt am Survival-Training. Ich habe es anhand der poetischen Beschreibungen in einem Handbuch von Tom Brown gelernt. Gemeinsam mit fünfzehn weiteren einschlägigen Fachbüchern hatte ich es mit in die Sierras genommen und mein Glück versucht, um meine Erkenntnisse später an meine Schüler weitergeben zu können.

Anfangs hatte ich ganz gewaltig zu kämpfen. Stundenlang zwei Stöckchen aneinanderzureiben brachte mir nichts als Blasen ein. Aber im Lauf der Zeit wurde ich immer besser und lernte, dass es viele natürlichere Methoden gibt. Ich habe Tom Brown nie persönlich kennengelernt, weiß aber aus seinen Büchern und von Schülern, die Kurse bei ihm belegt haben, dass er häufig wichtige Informationen unterschlägt, um den Lerneffekt zu vergrößern, so wie dieser Shaolin-Mönch, der seinen potentiellen Schüler erst einmal zwei Jahre lang den Boden fegen lässt, bevor er ihm einen Karate-Basiskick zeigt.

Bis heute lerne ich am liebsten, indem ich mir alles genau ansehe und dann versuche, eine Lösung zu finden. Als Lehrer hingegen bevorzuge ich jedoch eine direktere Herangehensweise. Ich behaupte von mir, mein Wissen auf eine sehr klare und detaillierte Weise weiterzugeben, damit meine Schüler es aufnehmen können, ohne dabei frustriert zu werden. Meiner Erfahrung nach legen wir Menschen in der Wildnis eine derartige Unfähigkeit an den Tag, dass meine Schüler vermutlich ganz schnell das Handtuch werfen würden, wenn ich es ihnen noch zusätzlich erschweren würde. Vielmehr ist es wichtig, die Flamme ihrer Leidenschaft immer schön köcheln zu lassen, damit sie das Gefühl haben, etwas geschafft zu haben. Dabei greife ich lieber auf althergebrachte Methoden zurück, da sie bis zum heutigen Tage Bestand haben.

Ohne Hilfsmittel Feuer zu machen ist eine Sache für sich. Ich erkläre meinen Schülern immer wieder, dass das richtige Holz das A und O ist. Die Holzfasern müssen möglichst kurz sein, da nur so eine feine, dunkle Kohle entsteht. Ist das Holz zu hart, muss man zu viel Muskelkraft aufwenden, ist es zu weich, schraubt sich der Drillbohrer zu tief durch das Brett. Ich überprüfe die Härte meist, indem ich mit dem Daumen auf das Holz drücke. Wenn es sich leicht einbeult, ist es zu weich.

Das Holz sollte knochentrocken sein, allerdings gibt es auch hier Ausnahmen. Salbei eignet sich besser, wenn er noch ganz frisch ist. Er verfügt über winzige Poren in der Maserung, die eine perfekte Kohle ergeben. Bei Schneefall oder starkem Regen suche ich mir eine Stelle mit überhängenden Bäumen aus, oft muss ich aber mehrere Zentimeter tief in den Stamm hineinschneiden, bis ich auf ein Stück Holz stoße, das trocken genug ist.

Der Drillbogen hat den Vorteil, durch mechanische Reibung Feuer zu erzeugen, hat man allerdings keine Hilfsmittel zur Hand, ist das Ganze wesentlich aufwendiger. Bei den Ureinwohnern Nordamerikas wurde fast ausschließlich der Drillbogen verwendet, mit der erforderlichen Sachkenntnis und dem richtigen Holz eine höchst effiziente Art und Weise, ein Feuer zu entfachen.

Häufig diktiert die Natur selbst die Vorgehensweise. In einem höher gelegenen Schneegebiet ist es unwahrscheinlich, brauchbares Feuerholz zu finden, aber da ich das bereits im Vorfeld weiß, suche ich mir in tieferen Lagen einfach geeignetes Material und nehme es mit. Ansonsten würde ich notfalls absteigen oder warten, bis der Schneefall aufhört. Das Zauberwort ist Geduld. Ich baue mir einen Unterschlupf, kauere mich hinein und verzichte eben auf Nahrung. Der Vorteil, zu fasten und sich nicht zu bewegen, liegt darin, dass der Stoffwechsel herunterfährt. Ich kämpfe niemals gegen die Natur an, sondern lasse mich von ihr leiten, und wenn sie sich mir wieder öffnet, finde ich meinen Rhythmus.

Sicherheit hat oberste Priorität. Wo immer ich mich aufhalte, sorge ich dafür, dass sich in einem Halbkreis von etwa drei bis fünf Metern nichts außer Sand oder Erde befindet. Gras, Blätter und alles andere schiebe ich weg, bevor ich eine Feuerstelle in der Mitte des Halbkreises baue. Jegliches entzündliche Material zu entfernen ist wichtiger als eine solide Begrenzung der Feuerstelle.

Die meisten Waldbrände entstehen, weil die Leute diese Regel missachten. Sie suchen sich eine Stelle aus, legen ein paar Steine kreisförmig auf den Boden und machen Feuer. Das Problem dabei ist, dass die Flammen jederzeit auf das Gras übergreifen können.

Wurzeln sind ebenfalls ein Problem. Wenn man auf einer abgestorbenen Wurzel ein Feuer macht, kann es sein, dass die Glut sich bis zum Baumstamm frisst und der Baum beim geringsten Windstoß in Brand gerät.

Am Morgen danach bringe ich meinen Schülern bei, was mit den Überresten des Lagerfeuers zu geschehen hat. Manche gehen einfach und lassen alles stehen und liegen. Ich bestehe jedoch auf einem respektvollen Umgang mit dem Feuer. Ich lasse die Schüler die übrigen Kohlenstücke einsammeln und zu einem feinen Pulver zermahlen, das sie mit Tierkot vermischen und dann im Gebüsch verteilen, so dass der Stickstoff ein gutes Wachstum gewährleistet.

Manchmal, wenn ich möglichst keine Spuren hinterlassen, sondern nur kurz Rast und mir eine Mahlzeit zubereiten will, suche ich mir eine kleine Insel im Fluss oder entzünde ein Feuer direkt am Ufer, wo es weder Gras noch sonst etwas gibt, das in Brand geraten könnte. Bevor ich weiterziehe, schiebe ich die Asche ins Wasser. Die Wasserqualität leidet nicht darunter, weil sich die Asche auf Millionen Liter verteilt. Außerdem ist eine Insel ein sicherer Ort für Unerfahrene, weil ein Waldbrand dort ausgeschlossen ist.

Das Feuer ist tiefer in uns Menschen verankert als jede andere Kraft der Natur. Vermutlich haben Urzeitmenschen sich regelmäßig ums Feuer geschart, nicht nur um sich zu wärmen – das hätten ihre Felle ebenso gut gekonnt –, sondern um der Gemeinschaft willen.

Der Umgang mit Feuer unterscheidet auch den Menschen maßgeblich vom Tier, da Tiere Angst davor haben und instinktiv die Flucht ergreifen. Die Nutzung von Feuer war ein gewaltiger Evolutionsschritt. Nach Meinung der Archäologen liegt der große Unterschied zwischen Mensch und Tier in unserer Fähigkeit, Werkzeuge zu benutzen. Aber auch Affen sind in der Lage, einen Stock in einen Ameisenhügel zu stecken und die winzigen Tierchen auf diese Weise aus ihrem Versteck zu locken. Folglich ist also doch das Feuer der Dreh- und Angelpunkt, denn wilde Tiere sitzen in aller Regel nicht abends ums Lagerfeuer.

Während das englische Verb *to survive* auf Deutsch überleben bedeutet, heißt *to thrive* gedeihen und Erfolg haben. Entsprechend meint der Begriff Thrival nicht das bloße Überleben, sondern das Reifen an einer ausweglos scheinenden Situation. Natürlich spielt dieser Begriff in der Survival-Szene eine wichtige Rolle.

Im Zusammenhang mit dem Leben in der Wildnis spricht man von Thrival, wenn die Bindung zur Natur über Hoffnungslosigkeit und Überlebensdrang triumphiert. An diesem Punkt wird man endgültig selbst Teil der Wildnis. Die Natur ist nicht länger der Feind, der versucht, einem den Platz auf der Welt streitig zu machen. Stattdessen verschmilzt man mit ihr und könnte für immer in Einklang mit ihr leben, weil man ihren Gesetzen folgt und nicht länger nur überlebt, sondern reift und an ihr wächst.

Zwei Faktoren spielen dabei eine zentrale Rolle: Erstens muss man offen für alle Unwägbarkeiten sein, stets im Hinterkopf haben, dass man niemals ein endgültiges Ziel erreichen oder gar die Wildnis bezwingen wird. Optimismus und die Fähigkeit, sich an dem Ort zu erfreuen, sind die beste Grundlage, und das Schöne daran ist, dass sich einem die Natur öffnet und ihre Geheimnisse preisgibt. Auf diese Weise wächst die Leidenschaft mit jedem Survival-Abenteuer, in das man sich begibt, auch wenn man nie alle Geheimnisse ergründen kann.

Der zweite Hauptaspekt ist jener Zustand puren Glücks. Wir sind nicht länger Fremde auf unserem Planeten, sind nicht länger durch moderne Technik und irgendwelche Spielereien von der Natur entfremdet, sondern spüren eine einzigartige Verbindung, wo auch immer wir uns befinden mögen.

Einmal erlangt, lässt sich dieses Lebensgefühl auch auf andere Erlebnisse oder andere Orte übertragen, eine neue Stadt, einen neuen Job oder ein neues Haus. Wie auch immer die Reise aussehen mag, braucht man Training, Wissen und viel Geduld, um sich dieses Gefühl über einen längeren Zeitraum hinweg zu bewahren.

Im Lauf der Jahre hatte ich Gelegenheit, Hunderte, wenn nicht sogar Tausende Schüler aus allen Formen und Ausprägungen des modernen Lebens unterrichten zu dürfen. Ich habe miterlebt, wie sie eine Bindung zur Natur aufgebaut, was sie aus diesem Erlebnis mitgenommen und in ihren persönlichen Alltag integriert haben. Auf den ersten Blick scheinen alle Menschen gleich zu sein, ob sie nun aus einer bestimmten Schicht der modernen Gesellschaft oder aus einem Naturvolk stammen, aber im Hinblick auf die mentalen Fähigkeiten sind die Unterschiede gewaltig. Dass wir uns der Technik und den Dogmen der Wissenschaft unterwerfen, hat unsere enge Bindung zur Natur aufgelöst. Dabei ist bewiesen, dass die Kapazität unseres Gehirns nachgelassen hat, seit wir uns vom Jäger-und-Sammler-Dasein verabschiedet haben.

Klugheit und Intelligenz haben ganz unterschiedliche Formen und Ausprägungen. Sie können sich auf sozialer Ebene, in Geschäftsbelangen, mathematisch oder in der Jäger-und-Sammler-Lebensweise zeigen. Jede dieser Formen von Intelligenz funktioniert perfekt in ihrem jeweiligen Umfeld. In der heutigen Gesellschaft muss alles stets linear sein. Die Gesellschaft fordert Routinen, die immer auf die gleiche Weise funktionieren müssen. In der Natur ist so etwas unmöglich. Alles wächst und entwickelt sich, in der Natur gleicht keine Form der anderen. Für uns muss alles in eine bestimmte Schublade passen, und dass so etwas in der Natur nicht geht, macht den Menschen Angst. Sich auf etwas einzulassen, das nicht so glatt und gleichmäßig geformt ist, erfordert eine Art von instinktivem Verstand, den wir meines Erachtens verloren haben.

Nehmen wir zum Beispiel einen Raketentechniker, der in der Natur ausgesetzt wird – im wahrsten Sinn des Wortes. Ich hatte schon mal einen in einem meiner Survival-Kurse und stellte ihm eine Aufgabe mittlerer Schwierigkeit: Er sollte aus Naturmaterialien eine Falle bauen und stellen. Da die Natur bekanntermaßen keine kerzengeraden Strukturen kennt, muss man ein gewisses Maß an Flexibilität mitbringen, um zu gewährleisten, dass die Falle über eine längere Zeit offen bleibt und im entscheidenden Moment zuschnappt. Noch nie musste ich so viel Geduld aufbringen wie bei ihm. Am Ende begriff ich, dass jemand, der in einem bestimmten Fachgebiet ein absolutes Genie ist, durchaus unfähig sein kann, die Gesetze und Mechanismen der Natur zu begreifen.

Viele meiner Schüler kommen mit der vorgefassten Meinung in meine Kurse, die Jäger und Sammler seien ein Teil unserer Vergangenheit als »primitives« Urvolk. Allerdings kann ich nach über zwanzig Jahren, in denen ich in der Wildnis lebe, mit an Sicherheit grenzender Wahrscheinlichkeit sagen, dass die Menschen damals über größere geistige Kapazitäten verfügt haben, als wir glauben und begreifen können. Fest steht, dass jemand sich die Natur ganz bestimmt nicht zu eigen machen kann, nur weil er oder sie über einen im modernen Sinne großen Intellekt verfügt. Um ein *Thrivalist* zu sein, muss man komplett andere Prinzipien verfolgen.

Geduld und die Fähigkeit, sich nicht von der Natur zu entfremden, sind die beiden Tugenden, die ich meinen Schülern immer wieder nahezubringen versuche. Geduld zu haben bedeutet, dass man für alles offen bleibt, sich ansieht und lauscht, was die Natur und im Gegenzug man selbst braucht. Um das herauszufinden, setzten sich die amerikanischen Ureinwohner häufig in einem Kreis zusammen. Vier Tage und Nächte ohne Nahrung und Wasser in der Hoffnung auf eine Vision zu verbringen macht einen unweigerlich geduldig.

Um sich nicht von der Natur zu entfremden, müssen Menschen sich häufig von all ihrer Technik – zumindest den gängigen Survival-Utensilien aus dem Trekkingladen – verabschieden. Statt des Lieblingsmessers einen Stein oder andere scharfkantige Dinge zum Schneiden zu benutzen mag das Überleben in der Wildnis erschweren, gleichzeitig machen meine Schüler auf diese Weise eine Erfahrung, die ihnen länger im Gedächtnis bleibt.

Jeder Mensch ist von Geburt an mit individuellen

Denkmustern und -prozessen ausgestattet. Manche können sich hervorragend konzentrieren und haben einen messerscharfen Verstand, anderen wiederum fällt es weniger leicht, ihre Gedanken zu bündeln. Heute werden Letzteren gern Stempel wie ADS und ADHS aufgedrückt, dabei kommen Menschen mit einem »Aufmerksamkeits-Defizit-Syndrom« oder einer »Aufmerksamkeits-Defizit-Hyperaktivitäts-Störung« häufig viel besser in der Natur zurecht, weil die Aufmerksamkeit breiter angelegt sein muss, wenn man sprechen können und gleichzeitig den Geräuschen der Natur lauschen will. Diese Fähigkeit kann sich als sehr nützlich erweisen, da in der Natur vieles gleichzeitig geschieht und man folglich vielleicht etwas Wichtiges versäumt, nur weil man sich zu sehr auf etwas anderes konzentriert.

Wenn man glaubt, man hätte einen komplexen Job, beispielsweise als Elektroingenieur, als Steueranwalt oder als Vorstand eines Fernsehsenders, kann ein Aufenthalt in der Natur zu einer wunderbaren Erkenntnis darüber verhelfen, was wahre Komplexität bedeutet. Womöglich hilft sie sogar dabei, seinen eigenen Alltag zu entschleunigen und einfacher zu gestalten. In unserer Vorstellung ist die Natur häufig ganz simpel, dabei ist das genaue Gegenteil der Fall. Unter meinen Schülern fand sich die gesamte Palette an Berufen und Lebensentwürfen – Ärzte, Anwälte, Hippies, Sportler, Naturalisten, Comedians, Musiker und Bauchtänzerinnen, aber egal, woher sie kamen und welchen Hintergrund sie mitbrachten, haben sie ausnahmslos von der Natur profitiert.

Ich als Lehrer habe gelernt, dass ich etwas, das ich mehr liebe als mich selbst, nämlich meine Leidenschaft für die Natur, anderen näherbringen und erleben kann, wie sie darauf reagieren. Inzwischen habe ich begriffen, dass ich am besten lerne, indem ich anderen etwas beibringe.

Nach ihrer Rückkehr aus der Natur sind die Menschen nicht mehr dieselben. Zwar brauchen sie auch danach noch Seelentröster in Form von Nahrung, insgesamt jedoch greifen sie häufig auf gesündere, weniger stark prozessierte Lebensmittel zurück. Sie sind weniger ängstlich und insgesamt lockerer. Viele erzählen mir, sie hätten zu mehr Balance und Ausgeglichenheit gefunden, und ich stelle fest, dass ihnen bei kleineren Aufgaben, wie beispielsweise ihren Müll zu trennen, bewusster ist, wofür sie es überhaupt tun.

Zu lernen, wie man in der Wildnis überleben kann, auch wenn es noch so kurz ist, führt bei vielen dazu, dass sie ihre Ängste besser im Griff haben. Wann immer ich Angst verspüre, zum Beispiel bei Fernsehauftritten, die für mich weitaus beängstigender sind als die meisten Orte in der Wildnis, trete ich einen Schritt zurück und versuche, die Situation aus einer größeren Perspektive zu betrachten. Wenn ich das größere Bild erkenne, kann ich den eigentlichen Knackpunkt schneller ausmachen und meine Aufgabe in Angriff nehmen, ohne mich von meiner Angst lähmen zu lassen. Meiner Meinung nach gilt dasselbe für noch viel gefährlichere Situationen: Gelingt es einem, das große Ganze zu erkennen – wobei es keineswegs gleich etwas so Komplexes wie die eigene Zukunft sein muss –, kann man sich viel leichter an den Punkt bringen, zu entspannen und die Dinge unbeschwerter in die Hand zu nehmen.

Jene unter meinen Schülern, denen es gelingt, eine

Bindung mit der Natur herzustellen, erkennen das Potential dessen, was sie auf körperlicher oder spiritueller Ebene erreichen können – eine Erkenntnis, die unweigerlich den Wunsch weckt, zurückzukehren und weiter daran zu arbeiten. Nach einem gemeinsamen Monat vollziehen sie eine Entwicklung, die sie selbst niemals für möglich gehalten hätten.

Es gab eine Zeit, in der ich dachte, die Menschen könnten all das auch ohne die Natur finden, aber meine Schüler haben mir gezeigt, dass sich dieses Gefühl des Friedens, der inneren Reinheit und Erfüllung meist dann einstellt, wenn man sich einen Moment nimmt, um die Natur ringsum zu genießen.

SURVIVAL-REGEL #6:

MIT BEIDEN BEINEN AUF DER ERDE

Es sollte unser aller Ziel sein, in Einklang mit der Krume unter unseren Füßen zu leben, unsere vorgefassten Meinungen zu überdenken und im Kleinen wie im Großen von unserer Umwelt zu lernen. Ich will Menschen dazu inspirieren, zu ihren Ursprüngen zurückzukehren. Mittlerweile bin ich mehr denn je davon überzeugt, dass wir eine neue, gesunde Beziehung zur Natur entwickeln müssen, um wieder zu uns selbst zu finden.

Wir müssen uns die Weisheit der Wildnis wieder zu eigen machen, in einer Zeit, in der die Natur von allzu vielen Menschen entweder als lästiges Hindernis angesehen wird, das der modernen Zivilisation im Weg steht, oder bestenfalls als hübsche Nichtigkeit, die man im Vorbeifahren aus dem Autofenster betrachtet. Und das, obwohl die meisten Menschen an irgendeinem Punkt ihres Lebens schon einmal eine spirituelle Verbindung zur Natur gefühlt haben – eine Verbindung, die uns im tiefsten Innern berührt, die gleichsam jauchzt: »Wach schon auf! Die Natur ist zum Greifen nah! Sie ist keine Illusion, und dort kann sich deine Seele endlich entfalten.«

Wir müssen damit aufhören, uns immer weiter von der Natur zu isolieren. Je fester wir mit beiden Beinen auf der Erde stehen, desto nachhaltiger wird sich unser Leben verbessern.

20

BARFUSS DURCH DIE WILDNIS

Die Sonne war noch nicht aufgegangen. Ich musste nur noch loslaufen. Ich trug Shorts und ein leichtes T-Shirt; Schuhe brauchte ich nicht. Ich befand mich auf einem Terrain, das mir völlig unbekannt war, und wollte die Gegend erkunden. Meine Beine haben mich immer an die richtigen Orte getragen. An jenem Tag hoffte ich, etwas Besonderes zu entdecken.

Gemächlich lief ich los. Da ich mich nicht auskannte, fühlte ich mich noch ein wenig fremd, doch irgendwie war mir die Landschaft auch bereits auf seltsame Weise vertraut. Der Boden war uneben, aber nachgiebig. Je sicherer ich mich fühlte, desto besser kam ich in den Rhythmus. Kurz darauf hatte ich bereits vergessen, dass ich lief. Der Boden bewegte sich gleichsam unter mir – die Meditation des Laufens –, während ich den Blick schweifen ließ.

Zuerst fiel mir ein mächtiger Baum ins Auge, dessen längste Äste sich in vier Richtungen gabelten. Einer der Äste schien auf einen rechts von mir gelegenen Pfad zu weisen. Also los.

Der Pfad wurde schmaler und schmaler. Zu meiner Rechten erblickte ich ein imposantes Felsmassiv und im Gestein Glimmerkristalle, die vor Millionen von Jahren entstanden waren. Dabei fragte ich mich, wie viele verschiedene Stämme wohl über dieses Felsmassiv gezogen waren. Auf einer Zuckerbirke kabbelten sich zwei Eichhörnchen.

Ich zog das Tempo an, neugierig, was das Terrain sonst noch für mich bereithielt. Der Pfad führte bergab, dann wieder bergauf. Schließlich kam ich an einem Teich vorbei. Zwischen meinen Zehen spürte ich immer wieder kleine, runde Kiesel, über die wahrscheinlich Generationen von Ureinwohnern gelaufen waren.

Die Sonne stand mittlerweile am Horizont. Ich erspähte einen weiteren Pfad und bog auf diesen ab. Die Bäume formten einen Baldachin aus Laub über mir. Ich hielt mich weiter nah am Wasser. Wo Wasser ist, da ist immer auch Leben. Ich fühlte mich allein, doch ich war es nicht.

Ich konnte sie spüren, all die Menschen, die von den angrenzenden Pfaden auf meinen Trail einschwenkten, Menschen wie ich, die mit der Natur in Einklang kommen wollten.

Als ich nach links abbog, stach mir die Sonne grell in die Augen. Ich lief etwa anderthalb Kilometer ostwärts, dann führte der Weg am Ufer nach Süden, und die Sonne blendete mich nicht mehr.

Ich konnte hören, wie mir immer mehr Menschen folgten. Ich warf keinen Blick hinter mich, doch ich wusste, dass sie da waren. Sie waren mir nicht auf den Fersen, machten auch keine Anstalten, mich zu überholen, es fühlte sich schlicht so an, als hätten sie sich mir angeschlossen.

Ich blickte auf. Vor mir, nicht mal achthundert Meter entfernt, tat sich eines der majestätischsten Gebilde vor mir auf, die ich je erblickt hatte. Es war aus Sandstein und so perfekt geformt, dass ich mein Tempo verlangsamte, um es genauer in Augenschein zu nehmen. Mir stockte der Atem, während mein Blick weiter und weiter nach oben wanderte.

Das Gebilde bestand aus einem Fundament und zwei riesigen Türmen, dazwischen lag eine Art Plateau. Die Türme schimmerten im Sonnenlicht. Die Felsformationen im Westen der USA waren nichts gegen diese Perfektion.

Staunend setzte ich meinen Weg fort. Das Ufer war nun dicht mit Rohrkolben bewachsen. Unweit entfernt hörte ich Hunde bellen, ohne sie sehen zu können.

Als ich erneut aufblickte, sah ich eine Reihe hoch aufragender, in der Sonne schimmernder Gebilde. Sie sahen aus, als wären sie aus Glas, und spiegelten sich ineinander. Gleich hinter ihnen ragte ein weiterer Turm auf, so kerzengerade und schlank, dass er nur von Menschenhand erbaut worden sein konnte.

Ich stoppte, verließ den Pfad und sah mich um. Hunderte von Menschen waren unterwegs, machten einen Morgenspaziergang oder joggten, während andere mit ihren Hunden Gassi gingen. Unweit von zwei jungen Burschen, die sich eine Frisbeescheibe zuwarfen, hatte ein Hotdog-Stand geöffnet. Ein paar Jogger liefen an mir vorbei. Meinen nackten Füßen schenkten sie keine Beachtung.

Es war das erste Mal, dass ich im Central Park joggen ging. Es war überhaupt mein allererster Morgen in New York.

Millionen von Menschen wachten um mich herum auf, um ihrem Tagwerk nachzugehen. Doch diese paar hundert im Central Park hatten begriffen, dass sich die Natur direkt vor ihrer Nase befand. Der Central Park ist das einzige Stück Land in New York City, das man fast unberührt nennen könnte.

Die Leute im Park schienen in zwei Kategorien zu fallen. Manche hatten einen Termin oder waren auf dem Weg zur Arbeit. Andere wiederum genossen ganz offensichtlich jeden einzelnen ihrer Schritte, sogen die Luft tief in ihre Lunge, ließen den Blick schweifen und fragten sich vielleicht, wie die hundertjährigen Magnolienbäume einen derart perfekten Baldachin bilden konnten. Wie auch immer, in einem Punkt schien unter allen Einigkeit zu herrschen: Wenn du außerhalb des Parks überleben kannst, kann der Park selbst kein allzu großes Problem sein.

Man muss nicht gleich seinen Job an den Nagel hängen und zum Jäger und Sammler werden, um zu erkennen, welche Geschenke die Natur für uns bereithält. Wir wissen, wie wertvoll die Natur gerade für Städter sein kann, dass sie dabei hilft, die körperliche Leistungsfähigkeit zu steigern, Wahrnehmung und Sinne zu schärfen.

Und da stand ich, blickte ehrfürchtig auf zu den schönsten Gebäuden, die ich je gesehen hatte, entworfen und erbaut von erstklassigen Architekten, wahren Könnern ihres Fachs. Und doch kann sich, so finde jedenfalls ich, keine architektonische Glanzleistung dieser Welt jemals mit der Schönheit der Natur messen.

Während ich den Blick schweifen ließ, fragte ich mich: Wie soll ich mit den Leuten hier klarkommen? Ich lebe sonst in einem winzigen Dorf mit ein paar hundert Einwohnern. Unsere Wurzeln könnten nicht verschiedener sein.

Mein Jäger-und-Sammler-Dasein hat mich in der modernen Welt durchaus schon das eine oder andere Mal in die Bredouille gebracht. Beziehungstechnisch zum Beispiel. Mit Frauen klappt es manchmal einfach nicht, weil ich den coolen urbanen Slang nicht draufhabe. Und selbst wenn eine Frau meinen Lebensstil versteht, kann es Komplikationen geben. Als ich vor einiger Zeit mit einer Freundin in der Wildnis von Utah campte, strich in der Nähe unseres Lagers ein Puma herum. Ich sah ihn als Freund, doch sie hatte so große Angst vor ihm, dass ich mich gezwungen sah, ihn zu vertreiben. Kurz danach war Schluss mit uns. Tja, und den Puma habe ich auch nie wiedergesehen.

Manchmal wird es regelrecht komisch, wenn ich über die alltäglichsten Dinge nicht Bescheid weiß. Als ich letztes Jahr in Los Angeles in einem hübschen Hotel abstieg, stellte ich erfreut fest, dass der Kühlschrank in meinem Zimmer bis zum Anschlag mit Snacks und Drinks gefüllt war. Noch mehr erfreute mich, dass immer wieder aufgestockt wurde, egal, wie viel ich in der Zwischenzeit verputzt hatte. Die böse Überraschung kam, als mir beim Auschecken die Minibar-Rechnung vorgelegt wurde. Satte fünfhundertfünfzig Dollar, also gut fünfhundert Euro, musste ich berappen. Ich hatte keine Ahnung gehabt, dass die Snacks nicht im Preis inbegriffen waren.

Wenn ich in fremden Städten bin, belastet mich das lange nicht so sehr wie andere Leute, denen der Stress deutlich anzumerken ist. Die Wildnis hat mich gelehrt, unverhofften Situationen mit breiter Brust zu begegnen. Trotzdem frage ich mich manchmal, wo mein Platz auf dieser Welt ist. Inwieweit soll ich meinem Lebensstil treu bleiben? Oder soll ich mich den gesellschaftlichen Konventionen anpassen? Wahrscheinlich liegt die Wahrheit irgendwo in der Mitte. Ich gelange jedes Mal zu demselben Schluss: Ich werde wohl ein Leben lang brauchen, um die Antwort zu finden.

Was mich antreibt, was mich beflügelt, sind Menschen, die den Weg in die Natur suchen, wie all die Leute, die an jenem Morgen im Central Park unterwegs waren. Wenn man den Gesetzen der Natur folgt, lässt sich das im Prinzip auf jede vergleichbare Umgebung übertragen. Ich habe im Dschungel von Kauai gelebt, in der kalifornischen Wüste, in den Bergen der Sierra Nevada. Ich hatte die Savannen von Tansania erkundet, den Regenwald Costa Ricas und den vietnamesischen Dschungel, und nun war ich auch noch durch den Central Park gejoggt. All diese Reisen haben mich eins gelehrt: Die Welt ist groß, aber so groß nun auch wieder nicht.

Obwohl sich mein Blick auf die Natur grundlegend von dem der anderen Besucher des Central Parks unterschied, hatte ich das Gefühl, mitten in New York auf Seelenverwandte gestoßen zu sein. Es spielte keine Rolle, dass sie sich nicht auf einem Walkabout in Arizona, auf dem Kaiparowits-Plateau oder in dreitausend Meter Höhe auf dem Pacific Crest Trail befanden. Sie erfreuten sich an der Wildnis, die direkt vor ihrer Haustür lag. Und wenn ich weiter durch den Central Park lief, so dachte ich, würden sich mir womöglich ganz neue Geheimnisse der Erde offenbaren.

DANK

Ich, Matt, danke:

Meinem guten Freund Dave Nessia, einem großartigen Kollegen, Walkabout-Partner und spirituellen Lehrer, sowie meinem Kumpel Breck Crystal, meinem treuen Begleiter auf meinen Survival-Trips.

David Holiday, der seine Kenntnisse über die Flora und Fauna in der Gegend um Boulder, Utah, mit mir teilte.

Der außergewöhnlichen Kirsten Rechnits, mit der ich in einem Erdhaus und einem Wigwam lebte und die mich so oft auf dem Trail begleitet hat.

Den amerikanischen Ureinwohnern: Sie haben mir Einblick in ihre uralten Traditionen und Lebensweisheiten gegeben.

Vikki Thorn, Hanna Owiler, Matt Thorn, Eric Scott und Raymond Shurtz, die eine stete Quelle der Inspiration für mich waren.

Meinem Vater für all die Wanderungen in den Bergen und meiner Mutter für die gemeinsame Zeit am Meer.

Meiner Großmutter und meinem Großvater für ihre Lebensklugheit.

Dave Wescott, der die urzeitlichen Überlebenstechniken einer breiteren Öffentlichkeit zugänglich gemacht hat.

Jamie Grossman Young, meinem Manager, der mir so viele Wege im Fernsehen und in der Verlagsbranche geebnet hat.

Larry und Judy Davis, die mich wie Eltern umsorgten, als ich nach Boulder, Utah, gezogen war.

Meinen Freunden und Kollegen beim Fernsehen, die mich bei dem Versuch begleitet haben, die Survival-Welt im TV zu etablieren.

Meinen Freunden und Kollegen an der Boulder Outdoor Survival School (BOSS) für die vielen gemeinsamen Trips, an denen wir alle gereift und gewachsen sind.

Meinen Freunden beim Winter Count für Kameradschaftsgeist und Zusammenhalt.

Meinen Schülern, von denen ich zuweilen mehr gelernt habe, als ich ihnen beibringen konnte.

Den Felswänden, die mich das »Tanzen« gelehrt haben.

Und der Natur, von der ich so vieles gelernt habe.

Wir beide, Matt und Josh, danken:

Unserem Agenten Andrew Stuart, der unser Projekt von Anfang an begeistert unterstützte, in all seinen Entstehungsphasen begleitete und uns half, den besten Verlag dafür zu finden.

Mitchell Ivers war unser Lektor erster Wahl, ein brillanter Kopf, der versteht, das Letzte aus einem Manuskript herauszuholen, egal, um welches Thema es sich handelt. Wir möchten ihm nicht nur dafür danken, dass er das Buch gekauft hat, als es lediglich als Exposé existierte, sondern auch dafür, dass er uns half, ein erzählerisches Gerüst für Matts Geschichte zu finden.

Dem erstklassigen Team bei Gallery Books: Louise Burke (die sagt, wo's langgeht), Verlegerin Jen Bergstrom, Pressechefin Jennifer Robinson, Pressereferentin Meagan Brown, Artdirector Lisa Litwack, den Lektorinnen Susan Rella und Jessica Chin, Marketing-Leiterin Liz Psaltis und nicht zuletzt Lektoratsassistentin Natasha Simons, die unser Buch durch alle Entstehungsphasen begleitete, und unserer Korrektorin Stephanie Evans.

Jesse Perry, dessen herzergreifendes Tagebuch uns immer wieder half, seine Wanderung mit Matt von Arizona nach Utah zu rekapitulieren.

Dr. Sam Parnia für seine Fachkenntnisse über die Reaktionen des menschlichen Körpers in Extremsituationen. Und Ryan Koch für seine Expertisen zur Ernährung in der Wildnis.

Dem Bulletin of Primitive Technology (www.btprimitives.com) für die Erlaubnis, Matts Originalzeichnungen hier noch einmal zu verwenden.

Barbara Lich

Der WALDEN
Field Guide

Das ganze Jahr unterwegs
in Deutschland

Taschenbuch.
Auch als E-Book erhältlich.
www.ullstein-taschenbuch.de

**Vier Jahreszeiten, zwölf Monate, mehr als
100 Naturtipps**

Der WALDEN FIELD GUIDE ist das Programmbuch für
Deutschlands Flora und Fauna. Wer balzt? Wer laicht?
Wer fliegt gen Süden? Wer kehrt heim? Was wächst?
Was blüht? Wer paart sich unterm Blätterkronendach,
in den Nordseefluten, in den Bergen? Und welches Na-
turschauspiel sollte man sich in welchem Monat unbedingt ansehen?

Reich illustriert, hochwertig ausgestattet – von den
Machern des erfolgreichen Magazins WALDEN.

ullstein